*Crepúsculo
de*
Outono

Crepúsculo de Outono

Antonio Demarchi
espírito Irmão Virgílio

"Crepúsculo de Outono"

Irmão Virgílio

médium
Antonio Demarchi

© Copyright – 2000 – 4ª Edição
5.000 Exemplares

Lúmen Editorial Ltda.
Rua Espírita, 34
São Paulo 01527-040 SP – Fone/Fax: (011)270-1353

Editoração Eletrônica e Capa – **Ricardo Baddouh**
Revisão – **Valeska Perez Sarti**
Fotolito da Capa – **Postscript**
Fotolitos – **Fototraço Ltda.**
Impressão – **Gráfica Palas Athena**

fale com a Lúmen
e-mail **lumened@uol.com.br**

Agradecimentos

A Deus, nosso Pai de amor e misericórdia.
A Jesus, o Divino Amigo das horas amargas.
A Chico Xavier e Divaldo Pereira Franco,
   irmãos da caridade cristã.
A Marlene Saes, amiga e conselheira das horas difíceis.
Ao Grupo de Jovens do "Irmão Nóbrega",
   do qual tive a honra de participar.
Ao senhor Valter Venâncio, da Caravana da Fraternidade,
   dedicada às visitas aos irmãos hansenianos.
Aos meus queridos irmãos Clarice e Joel Amaral,
   pela amizade e compreensão constantes.
Ao meu sobrinho, Dalcio Roberto (Beto),
   para que nunca desista de seus ideais.
Ao amigo Lázaro Elias Severino, pelo esforço e apoio
   de irmão de fé.
Aos meus filhos queridos, Nathália, Lívia e Thales,
   razão de meus dias.
A Ana Lúcia, pela paciência, compreensão,
   tolerância e caridade nestes 17 anos.
A todos os irmãos da caridade cristã, de quaisquer credos,
   que fazem a vontade do Pai que está no Céu.

Sumário

Marcas do passado	7
O Vale das Sombras	20
Uma dolorosa decisão	36
O resgate de Antonina	47
Um aprendizado diferente	64
Um ato de caridade	85
Reaprendendo a viver	92
Uma comovente história	103
Um grito silencioso	113
Uma corajosa decisão	121
Um projeto reencarnatório	129
Um reinado de ilusão	151
Uma noite de carnaval	160
Um socorro inesperado	174
O reencarne de Aprígio	186
Uma atitude consciente	201
Um resgate no Vale das Sombras	207
Amargas lembranças	217
Crepúsculo de Outono	243
A despedida de Demétrius	252

Marcas do passado

Era uma noite escura e asfixiante. O calor que se fazia intenso e o céu escuro como breu, coberto de nuvens, prenunciavam uma tempestade iminente. O vento começava a soprar forte, sibilando entre as árvores que circundavam a casa. Os relâmpagos cortavam o céu a todo instante, iluminando a paisagem com flashs instantâneos, seguidos do ribombar ensurdecedor dos trovões que troavam no silêncio da noite. Em alguns instantes, a chuva caía copiosamente, com uma violência que parecia querer inundar tudo.

Doutor Augusto levantou-se, pois não conseguia conciliar o sono. Olhou para a esposa que dormia placidamente apesar da tempestade que rugia. Olhou para o relógio, constatando que já passavam das vinte e três horas. Caminhou silenciosamente para o quarto, onde dormia sua filha de apenas quatro aninhos. Sorriu ao vê-la dormindo com a chupeta na boca, como um pequenino anjo que Deus lhe havia dado.

Lembrou-se de que havia mudado recentemente para aquela chácara, perto de uma das cidades satélites de São Paulo, porque decididamente não mais queria morar na Capital Paulista, depois de ter sua casa assaltada num fim de semana, quando se ausentara numa curta viagem ao litoral. Não estava presente, mas ficara traumatizado, com a impressão de que poderia sofrer novo assalto e tinha medo da violência. Era um médico bem postado, classe média, e clinicava em bons hospitais, mas decidira abandonar tudo, em troca de sua segurança e de sua família. Apesar de nunca ter disparado nenhum tiro, decidira comprar uma arma para de qualquer forma sentir-se mais seguro.

Insone, aproximou-se da janela afastando as cortinas para olhar a chuva que caía. De repente, sentiu-se angustiado, afastou-se um pouco da janela e, sem perceber, com a mão tateando no escuro, procurou a arma. Segurou-a com firmeza, como se a mesma representasse uma proteção. Aproximou-se de novo da janela, quando um raio mais forte provocou um curto-circuito, deixando tudo na mais completa escuridão. O coração do médico disparou sobressaltado; entre o clarão de um relâmpago e outro, percebeu um vulto que procurava a sua porta de entrada. Não teve dúvidas, abriu com cuidado a janela e, quando novo relâmpago riscou o céu, com o intuito de assustar o estranho visitante noturno, disparou a arma, cujo estampido foi abafado pelo trovão violento que soou em toda distância adormecida.

Com o coração aos saltos, fechou a janela e esperou. Quando a luz de novo relâmpago iluminou a escuridão, pôde vislumbrar o vulto estendido na varanda de sua casa. Ficou sobressaltado. Meu Deus, teria acertado o tiro? Teria matado o infeliz? Seria talvez algum ladrão?

Pensava, pensava, mas não tinha coragem para abrir a porta e verificar. E se o homem estivesse fingindo? Olhou sua esposa, que balbuciou alguma coisa e revirou na cama, envolta nos lençóis. O que fazer, meu Deus? – pensava desesperado o médico.

Passaram-se mais ou menos uns quinze minutos, que para ele pareceram uma eternidade, verificando que o vulto não se mexia, apesar da água que o inundava. Tomou coragem. Apanhou uma lanterna e dirigiu-se para a porta da frente, empunhando na mão direita a fatídica arma.

A chuva havia amainado o ímpeto, de forma que Augusto se aventurou a abrir a porta vagarosamente, espiando pela frincha, para prevenir-se de qualquer perigo. A débil luz de sua lanterna iluminou o corpo caído; percebeu que o homem respirava. Certo de que não havia mais razão para temer, aproximou-se do corpo e só então caiu em si diante do quadro que divisou, reconhecendo o homem estendido em sua frente, envolto em uma poça de sangue: era Aprígio, um camponês de um sítio vizinho, cujos serviços Augusto utilizara para arrumar sua chácara antes de sua mudança. Rapaz moço ainda, trabalhador e prestativo. Augusto simpatizara com ele de imediato, conhecendo sua esposa e seu filho de seis anos, que era a alegria de sua vida pacata e despretensiosa. Aprígio lhe dissera, num dos dias em que fora fazer uma vistoria nos serviços da chácara, que, se sua vida havia sido de trabalho duro na lavoura, pretendia oferecer ao filho o que não pudera ter: estudo. Haveria de fazer do filho um doutor, como o doutor Augusto.

Falava sorrindo com empolgação, sonhando em seus pensamentos com a figura do filho com um diploma e uma vida de futuro na cidade grande. A sorte haveria de sorrir para seu pequeno Carlinhos.

Augusto sentiu um aperto no coração: o que fazer? Aproximou-se, percebendo que o quadro era grave. Desabotoou a camisa do camponês, percebendo que o projétil atingira em cheio seu peito, muito próximo do coração. A chuva já cessara completamente e Augusto segurou a cabeça de Aprígio com as mãos, apoiando-a no braço. O ferido abriu os olhos e balbuciou alguma coisa:

— Doutor, me perdoe se vim incomodar o senhor esta hora da noite e com uma chuva desta, mas meu filhinho está muito mal, doutor. Está ardendo em febre. Eu vim aqui para pedir-lhe que fosse dar uma espiada no meu garoto. Mas não estou me sentindo bem: senti uma dor aguda no peito e desmaiei doutor, o que aconteceu? Minha vista está escura, não enxergo mais nada, será que vou morrer?

— Fique calmo, Aprígio – respondeu Augusto, tentando aparentar uma tranqüilidade que estava longe de sentir – eu vou cuidar de você. Vou pegar o carro e levá-lo para um hospital.

— Não, doutor, não me deixe. Estou sentindo muito frio e a sensação da morte. Estou com medo, por favor, não me deixe!!!

— Não, não vou deixá-lo, meu amigo. É apenas um segundo e volto já. Você não pode ficar assim!

— Ah, doutor, acho que não tenho tempo para mais nada. Se algo grave me acontecer, por favor, cuide de meu filho! Ele está mal, não deixe que lhe falte nada! Eu ainda queria lhe pedir que o senhor pudesse...

Não concluiu, pois uma golfada de sangue cortou sua voz. Seus olhos abertos e vítreos pareciam fitar o vazio, enquanto sua cabeça pendeu para sempre. Aprígio acabara de falecer.

Meu Deus, pensava consigo Augusto. O que fazer? Por uma fatalidade estúpida acabara de matar um homem. Como remediar tamanho mal?

Os pensamentos na cabeça do médico eram um turbilhão. Sentia uma angústia sem tamanho pesando em sua cabeça, que latejava. Não conseguia raciocinar com clareza. Sem saber direito o que fazia, dirigiu-se à garagem e, sem ligar o motor, empurrou o carro com esforço para fora da garagem.

Caminhou sobre a grama molhada, pegando em seguida o corpo do camponês que jazia estendido sobre a relva. Com dificuldade, acomodou-o no porta-malas, fechando-o cuidadosamente. Com a lanterna, certificou-se de que a água da

chuva havia lavado o sangue que minutos antes estava visível no local, onde Aprígio caíra. Entrou em casa, acordando sua esposa para avisá-la de que estava saindo para atender um paciente. A esposa acordou alarmada:
— Augusto, estava tendo um pesadelo terrível – disse ela. – Sonhava que nossa casa estava novamente sendo assaltada!
— Não se aflija, meu amor! Vou ter que dar uma saída, pois Aprígio, nosso vizinho, veio chamar-me; seu filho está passando mal. Vou e não demoro – disse o médico angustiado.
— Por favor, meu bem, não demore; estou assustada!
— Não demorarei, prometo. É apenas o tempo suficiente para ver a criança e estou de volta. Durma, pois aqui não há perigo. Está tudo em paz!
O médico falava maquinalmente. No fundo, sentia um desespero terrível e uma vontade de chorar que continha a custo. Como disfarçar tamanho drama?
Acalmada a esposa, saiu de casa. Ligou o motor do carro, saindo da chácara. Pegou a estrada que naquele momento era um lamaçal. O carro escorregava, mas o médico conseguia mantê-lo no curso com dificuldades enormes. Ao lado da estrada, divisou uma moita mais densa. Parou o carro, abriu o porta-malas e apanhou o corpo do infeliz camponês. Carregou-o e acomodou-o entre o mato mais espesso. Tivera o cuidado de levar uma camisa limpa, de forma que a trocou tão logo retornou ao carro. Em sua volta, a escuridão da noite e os relâmpagos que ainda cortavam o céu eram as testemunhas daquele acontecimento fatídico. Ligou o carro e seguiu. Dois quilômetros à frente, alcançou a residência de Aprígio, verificando que a mortiça luz de um lampião evidenciava que estavam acordados. Aproximou-se com o carro e, ante o barulho do motor do veículo, a porta abriu-se aparecendo a figura da esposa de Aprígio:

Antonio Demarchi – espírito Irmão Virgílio

— Graças a Deus, doutor, que o Senhor veio. Aprígio saiu naquela chuva para chamá-lo, porque nosso filho está ardendo em febre. Dei-lhe um chá, mas não está fazendo efeito. Mas onde está meu marido? Por que não retornou com o senhor?
O médico quase fraquejou. Teve ímpetos de confessar o que se passara, mas seria esta a solução? E como remediar aquele mal? Com esforço inaudito respondeu:
— Dona Milene, não sei de Aprígio. Ele apenas me chamou e explicou-me o caso. Disse-lhe que demoraria um pouco para me aprontar e ele resolveu voltar imediatamente para casa. Não quis esperar para vir comigo. Achei que estivesse aqui. Mas vamos primeiro ver como está o nosso paciente, depois pensaremos em seu marido.

Ante o argumento do médico, a mulher de Aprígio aquiesceu. Possivelmente o marido teria tomado algum atalho por entre a pastagem, enquanto o doutor viera de carro e, por esta razão, chegara mais rápido, pensou.

Doutor Augusto examinava o petiz. Carlinhos tinha apenas seis anos, era um menino esperto, mas estava abatido e murcho como uma flor sem água. As maçãs do rosto estavam avermelhadas e a testa suarenta indicava febre alta. O médico colocou o termômetro conferindo a temperatura elevada do corpo do garoto. Auscultou seus pulmões cuidadosamente, examinando em seguida a garganta. A glote excessivamente avermelhada denunciava as placas purulentas nas paredes da faringe. A criança tinha até dificuldade de respirar. Por sorte, pensou, tinha em seu carro alguns medicamentos de amostra grátis. Vasculhou encontrando um antibiótico que era o mais apropriado para aquele caso. Aplicou um antitérmico, seguido da primeira dose da medicação. Após as recomendações de praxe, prometeu que voltaria no dia seguinte para acompanhar a evolução do pequeno paciente e, ao mesmo tempo, trazer a medicação que completasse o período de tratamento.

Crepúsculo de Outono

Milene sorriu agradecida, deixando transparecer, todavia, preocupação em sua fisionomia:

— Doutor, agora não sei se estou mais preocupada com meu filho ou com meu marido, que não aparece. Que poderia ter acontecido?

— Minha senhora, procure se tranqüilizar. Daqui a pouco seu marido deve aparecer. O que poderia lhe acontecer aqui neste lugar tão tranqüilo? Deve ter-se atrasado por algum motivo. Não se desespere. Amanhã de manhã estarei aqui. Pode contar comigo!

Dizendo isto, entrou no carro e retornou para sua chácara com o coração apertado e a alma amargurada! A chuva voltara a cair torrencialmente, de forma que Augusto mal conseguiu chegar em casa, diante do estado enlameado da estrada.

Adentrou o recinto doméstico. Sua esposa levara para a cama de ambos Lucimar, sua filha. As duas dormiam abraçadas o sono dos justos. O médico olhou para ambas com o coração opresso e com os olhos cheios de lágrimas. Sentia naquele momento que perdera para sempre um tesouro imenso que nunca antes valorizara: sua paz de espírito. Entrou no banheiro e chorou copiosamente. Por que tamanha desgraça em sua vida? Nunca tivera coragem de tirar a vida de um animal, quanto mais a de um ser humano! Por quê, meu Deus? – perguntava para si mesmo, sem resposta.

O restante da noite transcorreu numa agonia sem fim. Quando os primeiros raios de sol filtraram pela janela do quarto, encontraram o médico insone, com olheiras profundas que denunciavam uma noite mal dormida. Sentia um peso enorme em sua alma, e um sentimento de culpa irremediável. Seu primeiro impulso depois da higiene pessoal, em que procurou disfarçar sua fisionomia cansada, foi dirigir-se à casa de Aprígio, para tomar pé da situação e, quem sabe, ajudar em alguma coisa, como maneira de amenizar seu peso de consciência.

Antonio Demarchi – espírito Irmão Virgílio

Quando se aproximou da casa do camponês, observou de longe um burburinho, que denunciava a descoberta do acontecimento. Manobrou cuidadosamente e desceu do carro. Alguns camponeses vizinhos se aglomeravam do lado de fora, de forma que Augusto pôde perguntar o que estava acontecendo. O matuto imediatamente respondeu:

— Doutor, aconteceu uma tragédia. Imagine que hoje de manhã levantei bem cedo para ir à lavoura preparar a terra para plantação, depois da chuva de ontem. Quando fui atravessando a pastagem em direção ao campo, meu cachorro começou a latir insistentemente na direção do mato. Achei que se tratava de algum bicho, alguma capivara, e caminhei com cuidado na direção que o cachorro apontava. O que eu encontro, doutor? O corpo de Aprígio. O pobre coitado foi morto com um tiro certeiro no peito.

— Meu Deus – exclamou Augusto, comovido! – Como isto poderia ter acontecido?

— Ninguém faz idéia, doutor. Aprígio era um bom homem e não tinha inimigos por estas bandas. Uma vez só ele teve uma discussão com um peão que morava num sítio aqui perto. Os dois brigaram feio e o peão ameaçou-o de morte. Mas faz algum tempo que o peão Juvêncio se foi embora. Só se ele voltou para se vingar de Aprígio, mas quem sabe?

Augusto bastante acabrunhado adentrou o recinto doméstico de Aprígio. O corpo do falecido estava estendido sobre a mesa, enquanto sua esposa inconsolável chorava discretamente no canto da sala. Aproximou-se de Milene sem ter coragem de fitar o rosto de Aprígio.

— Dona Milene, perdoe-me o momento de dor. Aceite meus sinceros pêsames nesta hora difícil que atravessa. Se puder ajudar em alguma coisa, pode contar comigo. Gostava muito de seu marido e o que puder fazer para ajudar, estou à inteira disposição.

O médico falava com sinceridade no coração. No fundo, desejava fazer algo para reparar o mal praticado. A viúva levantou os olhos, olhando-o profundamente. Augusto ficou condoído da situação de Milene: rosto molhado de lágrimas e os olhos vermelhos e inchados de tanto chorar.

— Ah, doutor! Aprígio gostava muito do senhor! Por que teve de se levantar naquela chuva para ir chamá-lo? Poderia esperar até amanhecer o dia. Nosso filho não iria morrer, mas ele estava demasiadamente preocupado com Carlinhos! Pensando na saúde do filho, foi encontrar-se com a morte. Por quê, meu Deus? Por quê?

— Dona Milene, infelizmente o fato já é consumado. Nestas horas, as palavras não bastam para consolo, pois imagino seu sofrimento! Gostaria de uma vez mais dizer-lhe que conte comigo para o que precisar. Perdoe-me, mas, apesar de compreender e compartilhar de sua tristeza, gostaria de ver o meu pequeno paciente. Como está Carlinhos?

— Ah, doutor! Eu é que peço perdão. Diante de tudo que aconteceu, até me esqueci de meu filho! Por favor, entre no quarto, que Carlinhos está sendo cuidado pela minha mãe. Eu não tenho condições emocionais para ficar com meu filho. Por favor, veja como está meu filhinho. Quem agora irá nos amparar, meu Deus?

Augusto entrou no quarto humilde do camponês. Carlinhos encontrava-se no colo de uma senhora idosa que se apresentou como mãe de Milene. O pequeno estava assustado com os acontecimentos e procurava abrigo nos braços da avó materna.

Cuidadosamente para não assustá-lo ainda mais, doutor Augusto afagou seus cabelos, passando a mão pela testa. O carinho do facultativo pareceu acalmar o menino, que se deixou examinar sem maiores problemas. Colocou o termômetro e constatou que a febre havia cedido, embora ainda estivesse em estado febril. Examinou novamente a garganta, constatando que o quadro, embora apresentasse leve melhora, ainda era grave. Medicou-o novamente, ministrando nova dose de antibiótico, seguido de um antitérmico. Saiu do quarto, dirigindo-se à sala, onde Milene inconsolável chorava em silêncio. Ao vê-lo, a jovem viúva tentou se recompor.

— Como está meu filho, doutor?

— Não se preocupe com Carlinhos. Está tudo sob controle e já está medicado. Se você permitir, Milene, irei até a cidade para informar o delegado sobre o acontecido. Afinal ocorreu um assassinato e a polícia precisa tomar providências!

— Não se preocupe, doutor; afinal de contas, nada trará de volta meu marido. O que a polícia pode fazer?

A voz de Milene mais parecia um lamento.

— Eu sei que nada poderá ser feito, nada que traga de volta Aprígio; mas é necessário que as autoridades sejam notificadas a respeito.

Dizendo isto, o médico uma vez mais enfatizou seu desejo de ajudar naquilo que fosse necessário. Em seguida, dirigiu-se à pequena cidade distante alguns quilômetros, procurando pelo delegado. O policial registrou a ocorrência, lamentando o fato de não ter recursos para qualquer tipo de investigação que pudesse esclarecer aquele infausto acontecimento. Seria mais um caso sem solução, a não ser que algum fato novo pudesse esclarecer ou acrescentar detalhes a respeito do crime.

Augusto respirou aliviado. Pelo menos não teria que prestar contas às autoridades. Sabia que fora uma fatalidade, mas, de qualquer forma, seria extremamente desagradável ser incluído numa eventual investigação como suspeito, uma vez que fora a última pessoa que vira Aprígio com vida.

No final do dia, após a simples cerimônia de enterro do camponês, o médico cuidou uma vez mais do seu paciente e retornou a casa. Sabia que Milene teria enormes dificuldades

Crepúsculo de Outono

para sustentar a família, com um filho pequeno e sua mãe, já idosa. Uma idéia começou a tomar forma em sua mente. Precisava ajudar a viúva e a criança de qualquer jeito. Procurou a esposa para expor sua sugestão e ouvir sua opinião:

— Helena – começou ele com a fisionomia séria – estou muito preocupado com a situação de Milene. A morte de Aprígio deixou-a numa situação dificultosa, pois além de não ter nenhuma economia ou posses, tem ainda de criar o filho e cuidar da mãe. Eles são muito pobres e fatalmente terão que se mudar, pois quem irá trabalhar na lavoura? O proprietário do sítio sem dúvida, cedo ou tarde, irá pedir que desocupem a casa. Estive pensando que eles poderiam mudar-se para nossa chácara, para a casa dos fundos do pomar. Milene poderia ajudar você nas tarefas da casa e a cuidar de nossa filhinha. Com isto, você poderia ter mais tempo e ajudar-me no consultório, como sempre desejou. O que acha? Além de ajudarmos Milene, teríamos uma solução para nosso problema. Isto sem contar que queria muito bem Aprígio e, dessa forma, estaria fazendo algo que realmente me gratificaria, além de honrar a memória do amigo.

Helena olhou admirada para o marido. Não pôde esconder que ficara satisfeita com a feliz idéia de Augusto. Abraçou-o comovida, pois sua vida se transformara completamente depois que se haviam mudado para a chácara. Ela que era enfermeira padrão, profissional das mais competentes, sentia-se inútil como dona de casa, naquela vidinha monótona. Enfim era uma oportunidade para que pudesse voltar à ativa, e ainda mais trabalhando com seu marido. No fundo, Helena sentia ciúmes dele, e o fato de trabalharem juntos a agradaria sobremaneira, de forma que concordou, acolhendo com simpatia a colocação do marido.

— Querido, estou feliz com sua idéia. Além de acolhermos aquela pobre criatura, eu também poderei ter a chance de voltarmos a trabalhar juntos! Tem minha aprovação, meu amor, completou dando-lhe um beijo.

Ambos se haviam conhecido no ambiente hospitalar, ele, como médico, e ela, como enfermeira dedicada. Apaixonaram-se e casaram-se em pouco tempo. A vida era bela e ambos a enfeitaram com muito amor, tendo como fruto a filhinha adorada que viera encher o lar de alegria. Todavia, após cinco anos de casamento, as coisas já não eram mais como no início. Augusto sentia a cada dia arrefecer seu amor; Helena tornara-se uma esposa excessivamente ciumenta e, às vezes, egoísta. Muitas vezes Augusto se questionava se não se haviam precipitado, casando-se tão rapidamente. Só não considerava seu casamento já como um fracasso, porque adorava sua filhinha, que era extremamente agarrada a ele e representava a alegria de seus dias. Tudo o que fazia era para agradar a filha, que se desmanchava em carinhos e dengos com o pai, feliz pelo apego de Lucimar.

Após a conversa com a esposa, Augusto dirigiu-se à casa de Aprígio. A tristeza e a desolação eram totais, de forma que o convite feito pelo médico trouxe um novo alento para o coração de Milene. A pobre moça, além do sentimento de perda irreparável, sentia-se sucumbir pela enorme responsabilidade que sentia pesar em seus ombros, sem saber o que fazer daí para frente sem a presença do marido! Aquela oportunidade oferecida pelo médico caía do céu. Seria eternamente agradecida àquele que lhe estendia a mão em momento tão doloroso.

E assim aconteceu. Milene se mudara para a chácara do doutor Augusto, enquanto Helena retornara ao trabalho no consultório que o médico montara na pequena cidade.

Dez anos se passaram, desde aquela fatídica noite de outubro de 1970. As crianças haviam crescido e Carlinhos tornara-se um belo rapaz, inteligente e esperto. Augusto custeava seus estudos, atendendo ao último pedido de Aprígio, e como

Crepúsculo de Outono

se fora uma maneira de aliviar sua consciência pelo mal involuntariamente praticado. Lucimar crescia linda e a amizade com Carlinhos era muito estreita. Ambos mais pareciam irmãos que amigos.

    Naquela noite, mais uma vez o céu se fez escurecer com pesadas nuvens de cúmulos e nimbus pairando no ar. Soprava uma aragem tépida e em pouco tempo nova tempestade desabou, com chuva torrencial. Era tarde da noite e doutor Augusto não conseguia dormir. Levantou-se enquanto Helena ressonava. Foi até o quarto da filha, olhando-a enternecido. Os anos haviam passado, mas ele não conseguira tirar de dentro do peito aquele sentimento de culpa e livrar-se da angústia que o perseguia. Olhou pela janela; tinha a impressão de ver lá fora o espírito de Aprígio, que o acusava. O que poderia fazer? – perguntava-se.

    A chuva que caía trazia tristes recordações ao médico que, em seu íntimo, procurava uma forma de alívio para sua consciência, a fim de se livrar das sombras do passado que teimava em persegui-lo.

O Vale das Sombras

A imagem do Instrutor Aurélio continuava viva ainda em minha memória, enquanto me dirigia ao Hospital da Colônia, onde nova tarefa me aguardava. A saudade do generoso amigo era forte em meu peito, e em pensamento agradecia a Deus pela oportunidade que tivera de conhecer irmãos tão queridos, como Irmão Aurélio, Petrônio, Irmão Cléris, Irmã Bárbara, enfim, todos aqueles amigos, cuja recordação guardaria com carinho em meu coração.

Adentrei o recinto do nosocômio, que atendia, em sua maioria, pessoas recém desencarnadas de forma não natural. Em cada leito, percebi que os pacientes estavam adormecidos, mas sob os cuidados desvelados de enfermeiros dedicados que respondiam pela harmonia do ambiente.

Perguntei pelo assistente Demétrius, sendo orientado a procurá-lo na "Ala do Reajuste Maternal". Depois de percorrer longo corredor, cheguei a uma enorme ala, onde, para minha surpresa, todos os pacientes eram mulheres, em sua maioria jovens. Um rapaz de aparência também jovem, vestido de branco, aproximou-se sorrindo com simpatia e simplicidade, cumprimentando-me:

Crepúsculo de Outono

— Irmão Virgílio? Sou o assistente Social do "Reajuste Maternal" – apresentou-se. – Meu nome é Demétrius e é com muita alegria que recebi a incumbência de assessorá-lo nesta sua tarefa. Seja bem-vindo, pois temos muito para fazer.

Simpatizei com Demétrius. Aparência jovem, mas extremamente culto, revelava muita simplicidade no trato com as pessoas. Retribuí o abraço com alegria no coração. Antes que eu formulasse alguma pergunta, o assistente esclareceu-me:

— Esta é a ala das mulheres que abreviaram a existência de forma triste e violenta. Estas pobres criaturas, que de forma direta ou indireta desencarnam pela prática do aborto, trazem consigo um verdadeiro tormento espiritual, pela violência praticada contra si mesmas. Nossa tarefa é ampará-las pela misericórdia divina, na medida em que ofereçam condições de serem auxiliadas.

Estava impressionado com o quadro que presenciava. Uma centena de leitos acolhia aquelas criaturas que, apesar da violência praticada contra as Leis Divinas, a misericórdia do Criador não desamparava. Em sua maioria, apesar de estarem em tratamento, deixavam transparecer no semblante o desespero íntimo que as invadia. Eu podia perceber o sentimento de tristeza que cada criatura trazia em seu âmago, como se um sentimento de culpa as consumisse à semelhança de uma auto tortura. As questões eram muitas, de forma que Demétrius percebendo meu espírito de pesquisa se prontificou:

— Virgílio, imagino o turbilhão de dúvidas que assomam à sua mente. Em primeiro lugar, é necessário esclarecer que estas pobres criaturas praticaram o aborto, algumas com razões justificadas, outras não, mas a Lei de Causa e Efeito é inflexível: ninguém condena ninguém, apenas nossa consciência nos aponta onde erramos. Podemos enganar todos aqueles que nos rodeiam, mas jamais conseguiremos nos enganar. Deus em sua infinita misericórdia oferece o amparo ao último dos réprobos, de forma que apesar do crime cometido perante a espiritualidade e às próprias consciências a mão do Criador também se estende a estas pobres mães que não souberam valorizar a bênção da maternidade, matando em seus próprios ventres vidas ainda indefesas e que, num futuro próximo, as chamariam pela palavra mais doce que existe na face da terra: Mãe.

A explanação de Demétrius provocava-me profundas reflexões. Realmente, pensava comigo mesmo, o dom da maternidade era uma bênção divina. Um ser gerando outro ser, no milagre da vida! Em minha concepção, não havia nada mais sublime que a mãe preparando no recôndito de suas entranhas uma nova vida, que depois embalaria em seus braços! A natureza se manifesta com sabedoria, pensava em meu íntimo. Um pequeno animal, para defender seu filhote, afronta perigos inimagináveis, como a frágil galinha diante do gavião faminto, ou a delicada gazela diante do lobo voraz. Por que o ser humano mata o próprio filho? Demétrius não esperou que eu formulasse novas perguntas. Continuou sua explanação:

— É interessante observarmos a índole humana, Virgílio. Podemos nos questionar muitas vezes se realmente somos mais evoluídos que os próprios bichos, no aspecto do sentimento. As criaturas humanas evoluíram, vencendo os instintos, fazendo o uso da razão e do livre-arbítrio. Entretanto, muitas vezes a evolução ocorreu apenas na aparência, não na essência. Alguns sentimentos que ainda mantemos adormecidos em nosso coração demonstram que nós ainda acalentamos uma fera dentro de nós. Quantas vezes nos surpreendemos com criaturas aparentemente pacatas que, de repente, num acidente de trânsito, são capazes de matar seu semelhante? A verdade é que nós ainda não nos conhecemos adequadamente. Muitas vezes demonstramos falsa aparência. Nossa reação diante de uma situação difícil, de uma prova ou de uma provocação, demonstrará o estágio de evolução que já conquistamos, ou não. Mas – concluiu Demétrius – quem somos nós para julgar? Jesus disse-nos que atirasse a primeira pedra aquele que estivesse isento de culpa. E, se formos olhar em nós mesmos, descobriremos que se hoje conseguimos ser melhores, no passado já erramos muito também!

— Demétrius, desculpe-me a insistência – inquiri interessado. – Não aprendemos que o espírito não retrograda? Como explicar então fatos como o aborto e outros crimes, cometidos por pessoas sensatas e equilibradas?

O assistente sorriu com tristeza diante de minha pergunta.

— Antes de mais nada é bom termos consciência de que a natureza não dá saltos. Cada alma em sua trajetória é a própria tecelã de seu destino, de suas alegrias, de suas tristezas. Depende do que cada um de nós cultiva e agasalha em seu coração. O espírito é eterno, e, em sua romagem evolutiva, reencarna pela misericórdia divina quantas vezes for necessário para seu aprendizado e aquisições espirituais. Assim, quem provocou alguma situação de desequilíbrio, seja consigo ou para seu semelhante, reencarna devidamente preparado para reparar aquele mal. Todavia, quando a criatura é colocada frente a frente com o problema, vai demonstrar efetivamente se já superou aquela deficiência ou não. Se a alma vence a provação, evolui um degrau a mais; se fracassa, não significa que não houve evolução: apenas ainda não conseguiu dominar sua dificuldade íntima, permanecendo no estágio que se encontra.

— E nos casos do aborto? Como poderíamos entender melhor?

— Para que possamos analisar o problema do aborto, Virgílio, é necessário antes de mais nada nos ampararmos no Evangelho do Cristo, que nos recomenda a mansuetude da pomba, mas ao mesmo tempo a astúcia da serpente! O Cristo

Antonio Demarchi – espírito Irmão Virgílio

ainda nos recomenda o perdão e a compreensão incondicional aos desequilibrados, e a misericórdia aos desviados do caminho. Por esta razão, não podemos condenar ninguém, embora o aborto, perante a espiritualidade, seja um ato abominável. Não estamos falando da mãezinha que vive uma gravidez de risco, quando o facultativo tem que optar por uma das duas vidas. Neste caso, a opção pela vida da mãe encontra amparo na Lei Divina. Não falamos também do caso de estupros hediondos, cujos atos provocam desequilíbrios mentais com uma gravidez gerada de forma brutal e indesejada. A espiritualidade não justifica, mas também não pode condenar, nestes casos, a prática abortiva. Todavia, não se justifica que criaturas bem formadas e educadas, que deliberadamente se entregam aos prazeres do sexo, depois recusem o fruto das ações a que voluntariamente se entregaram! Infelizmente, observamos nos dias atuais o crescente número de jovens que descobrem o sexo, ainda prematuramente, e são surpreendidas por gravidez indesejável! As clínicas clandestinas de aborto estão sempre abarrotadas de jovens, ainda imaturas para a vida, que buscam no aborto a solução de atos impensados. Os pais ainda são os grandes responsáveis, por não determinarem aos filhos os seus limites. É a geração que tudo pode, e que infelizmente descobre, às vezes muito tarde, que, se tivessem dos genitores posturas mais firmes, muitas dores poderiam ser evitadas.

Eu estava surpreso com a dissertação do assistente Demétrius! Apesar de sua aparência jovem, agora ele se me afigurava como um irmão mais velho. Notei que falava com muita tristeza íntima. Respeitei o silêncio natural que se fez, como se ele recordasse alguma coisa em seu passado, ou estivesse colocando seus pensamentos em ordem. Por fim prosseguiu:

— É inadmissível imaginarmos pessoas cultas, defendendo o aborto, para que a mulher preserve sua beleza e seu corpo. Antes de mais nada, demonstram sentimento de egoísmo e apego às formas materiais transitórias, o que por si só revela um sinal de baixa freqüência espiritual. Estas pessoas que assim agem deveriam pensar que, se suas mães no período de gravidez tivessem o mesmo pensamento, elas não estariam agora tendo a oportunidade de pregar suas idéias errôneas, pois simplesmente não estariam reencarnadas.

Era verdade, pensei. A mulher moderna havia efetuado conquistas importantes no campo da igualdade social. A nova ordem social realmente colocou a mulher no lugar onde sempre deveria estar: junto com o homem, seu parceiro de lutas em igualdade de condições. Mas daí dar-se o direito da prática do aborto, pelo simples prazer de manter a forma e a beleza aparente, era uma inversão de valores inadmissível. Por que isto ocorrera com a mulher, que sempre fora o ponto de equilíbrio do homem? A mulher que sempre fora o baluarte moral da sociedade e dos lares cristãos?

Uma vez mais, o assistente veio em meu auxilio, esclarecendo-me:

— A humanidade vive um momento de transição grave e solene, de final de um ciclo evolutivo. O que presenciamos, infelizmente, nada mais é do que a inversão de valores preconizada pelo apóstolo João Evangelista, em suas visões na Ilha de Patmos. Alerta-nos o Evangelista, em sua linguagem simbólica, que viu "uma mulher sentada sobre uma besta de cor escarlate, cheia de títulos blasfemos. A besta tinha sete cabeças e dez chifres. A mulher usava vestido cor de púrpura e escarlate". Sabemos que o plano astral inferior tem atuado explorando o lado sexual, fazendo crer que é muito natural, nos tempos modernos, o marido ter suas aventuras extraconjugais, bem como o mesmo direito estendido às esposas traídas. Infelizmente, muitas mentes fracas encarnadas têm sido instrumentos das mentes diabólicas que pregam a naturalidade da liberdade sexual, da liberação das drogas e da falsa moral. A espiritualidade superior conhece as fraquezas humanas, e sabe que o homem não se transformará em santo do dia para a noite; todavia, o desregramento sexual e a perversão de valores, que vive a humanidade como um todo, lembram-nos as Grandes Civilizações que atingiram seu apogeu e, após, subverteram a ordem, afrouxando os laços morais, entregando-se aos desregramentos e desvarios que culminaram com o final de cada um. Assim vimos ocorrer com Roma, com a Grécia, com o Egito e com o Império de Alexandre, o Grande.

Demétrius suspirou fundo. Calei-me respeitosamente, pois o assunto era palpitante. O assistente relanceou um olhar em volta, observando os vários leitos que eram assistidos por enfermeiros em sua faina incansável. Em seguida, prosseguiu:

— É com muita tristeza que observamos mocinhas, na idade dos quinze anos, entregando-se aos prazeres do sexo, sem ter ainda noção do que é a vida! Para melhor entendermos o que o Evangelista João queria nos dizer à respeito da inversão de valores, basta observarmos ao nosso redor. A garota de quinze, ou dezesseis anos, que confessa a suas amigas que ainda não teve nenhuma experiência no campo sexual é ridicularizada! A inversão de valores atinge outros ângulos: podemos ver num ônibus, quando entra uma pessoa idosa, um deficiente, ou uma senhora grávida, ninguém se levanta para oferecer o lugar, e, se isto acontece, a pessoa o faz com acanhamento e vergonha, pois ser educado passou a ser sinônimo de bobo. O que vale mesmo é ser esperto, levar vantagem em tudo. Assim, o político inescrupuloso, ou o cidadão que passa os outros para trás, tem sucesso na vida e para ele é estendido o tapete vermelho. Todos o respeitam e chamam de Doutor! Enquanto o trabalhador honesto e honrado vive espezinhado e ridicularizado. Claro que esta é a visão do mundo de César. Esquecem estas pessoas que Deus vigia e sabe até nossos pensamentos mais ocultos.

Crepúsculo de Outono

Enquanto o assistente dissertava, lembrei-me do grande mestre Rui Barbosa, que, num momento de descrença, disse que de tanto ver prosperarem as coisas erradas nas mãos dos maus, o homem chegava a descrer da virtude, rir-se da honra e ter vergonha de ser honesto![1]

Demétrius sorriu-me; acompanhava o teor de meus pensamentos, retrucando:

— O nosso querido professor naquele momento se esqueceu da Justiça Divina, pois aqueles que assim agem encontrarão na reencarnação a oportunidade de reparação. Quando Jesus nos disse que era necessário que viessem os escândalos, mas ai de quem fosse o instrumento, nos alertava para estas coisas. Nós que já temos a bênção do Evangelho como norma de conduta não devemos nos abater, mas exemplificar sempre, para nos alicerçarmos na fé raciocinada que nos permite vencer as dificuldades. João ainda nos avisa: quem é Santo, santifique-se ainda e quem é sujo, suje-se ainda. Quer dizer que, neste período de transição, não pode haver meio termo: ou o espírito é da direita, ou da esquerda, e todos os acontecimentos levarão para que cada um se defina. Dessa forma, aqueles que são propensos ao mal encontrarão todas as oportunidades de praticá-lo, mas aqueles que desejam o bem deverão envidar enorme esforço para perseverar no bem e na fé, pois as tentações serão muitas.

O assunto era por demais complexo e interessante. Desejaria continuar ouvindo o assistente, mas ele me avisou:

— Este assunto deverá ser melhor desenvolvido e explicado em ocasião oportuna. Hoje vamos aproveitar a opor-

---

(1) *"De tanto ver triunfar as nulidades, de tanto ver prosperar a desonra, de tando ver crescer as injustiças, de tanto ver agigantarem-se os poderes nas mãos dos maus, o homem chega a descrer da virtude, rir-se da honra e a ter vergonha de ser honesto."*

tunidade para uma visita ao Vale das sombras, juntamente com a Irmã Clarissa que faz parte da Caravana de Maria de Nazaré.

Fiquei vivamente interessado. O que era o Vale das sombras? Perguntei ao assistente, que me esclareceu:

— Quando uma criatura busca a fuga dos problemas da vida pelo suicídio, purga por anos e até décadas no Vale dos Suicidas. Todavia, quando o suicídio é cometido para solucionar um problema de gravidez, o crime é duplo: contra si mesmo e contra o ser reencarnante. O estado de alienação mental em que se prostra a mãe suicida leva-a ao tenebroso Vale das sombras, onde a consciência auto punitiva necessita de tempo para abrandar a auto punição; quando purgado o sentimento de culpa, estas criaturas então permitem nosso auxílio. Através da Caravana da Fraternidade comandada pela Mãe de Jesus, são resgatadas e trazidas à Mansão do Reajuste Maternal. Vamos, convidou-me, pois a hora já é avançada.

Saímos. Do lado de fora, Demétrius convidou-me a ligeira prece mental. Em seguida, alçamos vôo para a região do Vale das sombras. Enquanto volitávamos, sentia o impacto pesado das ondas negativas, à medida que adentrávamos esferas mais baixas. Invadiam-me pensamentos de angústia, desespero, dor, revolta e ódio, que emanavam daquelas criaturas situadas naquele plano. O assistente convidou-me a permanecer em oração, para que as descargas mentais desequilibradas de nossos irmãos em sofrimento não nos atingissem.

Finalmente chegamos num penhasco pontiagudo, cujo cume apontava para o mais alto, como querendo libertar-se daquele local de sombras e sofrimento. A neblina era densa e tudo ao nosso redor era escuro. De repente, olhei para o alto do penhasco e fiquei maravilhado diante de tanta beleza: uma estrela brilhava intensamente nos altos píncaros, enquanto dos raios daquela estrela desciam outras luzes pequeninas, à seme-

Crepúsculo de Outono

lhança de miríades em noite estrelada. Diante de minha curiosidade, o assistente esclareceu-me:

— Aquela estrela brilhante que você vê é Maria de Nazaré. A condição evolutiva da Mãe de Jesus não permite que ela possa vir, em pessoa, acompanhar os trabalhos de resgate no Vale dos Suicidas e das Sombras, mas ela irradia sua luz sobre as almas em sofrimento, e acompanha sua Legião de Obreiros que, em nome da Virgem Santíssima, descem ao fundo dos abismos para levantar para Jesus os caídos!

Fiquei emocionado! Numa atitude espontânea e de profundo respeito e reverência, ajoelhei-me e com os olhos em lágrimas proferi uma prece à Mãe de Jesus:

— Oh, Mãe Santíssima! Tende piedade e compaixão das criaturas sofridas que não souberam valorizar a bênção da maternidade! Dai-nos força, Mãe Bendita, para que possamos ser dignos do trabalho que confiastes a cada um de nós, obreiros! Sabemos, Mãe querida, que ainda somos indignos de nos chamar de vossos discípulos, ou de vosso filho!

Estava genuflexo e de olhos fechados em pranto; uma emoção inexplicável invadia todo meu ser. Abri os olhos e percebi que um raio de luz daquela estrela bendita nos envolvia, a mim e ao assistente. Demétrius também chorava de emoção. Sentia que eu, particularmente, não era merecedor de tamanha bênção.

Só então percebi que a Caravana já se encontrava próxima de nós. À frente, uma moça de beleza singular irradiava suave luz fosforescente. Era Clarissa, cuja simplicidade me impressionava mais que a beleza. Aproximou-se de nós e, após as saudações, Demétrius apresentou-me:

— Virgílio, nossa irmã Clarissa é um espírito devotado às fileiras de Maria de Nazaré; seu trabalho, junto às criaturas desesperadas no Vale das sombras, soma-se já vários lustros.

A emoção que me invadia era indescritível. Talvez, por encontrar-me ainda em estado de graça pela visão da Virgem, encontrava-me extremamente sensibilizado. Com os olhos orvalhados de lágrimas, tomei suas mãos e ajoelhado as beijei com respeito e reverência. Clarissa levantou-me, num gesto de carinho e amor, abraçando-me sem afetação.

— Irmão Virgílio, quando somos tocados em nossos corações pelo amor do Cristo, todos os outros sentimentos se tornam pequenos, porque o verdadeiro amor é o que o Mestre nos ensinou: amar, servir e passar, sem apego. A Mãe do Mestre nos exemplificou este amor e felizes aqueles que têm a sensibilidade de ser tocado na alma por este sentimento! A única forma de demonstrar que aprendemos e sentimos este amor é servir, em nome de Jesus e Maria, aos nossos irmãos desafortunados que ainda se debatem nas trevas da dor e da ignorância! Não existe alegria maior do que servir em nome do Cristo e de sua Mãe, iluminando as trevas, levantando os caídos, amparando os desvalidos, resgatando os desviados do caminho e esclarecendo os tristes e os aflitos. Deus em sua infinita bondade não relega nenhum filho seu ao esquecimento e ao abandono eterno, portanto, sejamos nós aqueles que trabalham no soerguimento dos irmãos mais necessitados, porque ontem fomos nós que precisamos de auxílio.

Dizendo isto, Clarissa tomou a dianteira da caravana, descendo para as regiões mais profundas daquele abismo medonho. À medida que descíamos, graduava sua luz, até que ficou apenas com os contornos de sua forma perispiritual luminosa. Todavia, parecia-me que conhecia muito bem aquela região, pois caminhava com desenvoltura. Meus olhos acostumados ao ambiente foram percebendo as criaturas ao nosso redor, todas em completo estado de alienação, gemendo, retorcendo-se como loucos e dementados. As cenas presenciadas não me causavam medo, apenas me infundiam piedade por aquelas criaturas em sofrimentos horrendos. Chegamos a um local onde havia uma espaço mais amplo, qual se fora uma enorme clareira, semelhante a um vulcão extinto. Clarissa se aproximou de algumas, estendendo a destra em oração. A reação era quase que imediata: aqueles seres, como que despertando de um pesadelo tenebroso, arrojavam-se aos seus pés em prantos e lágrimas de contrição.

— Pelo amor de Deus, Mensageira Divina! Tenha piedade de nós, pecadores, que sofremos neste vale de lágrimas! Socorre-nos em nome de Maria Santíssima, pois pecamos muito, mas aprendemos que o Sangue do Cordeiro haveria de lavar nossos pecados!

A cena era compungente. Clarissa amparava cada um, e, auxiliada por outros caravaneiros, acomodava-os em liteiras improvisadas, retirando-os daquele local imediatamente.

Eram milhares ao nosso redor, e o trabalho incansável daquela caravana fraterna parecia-me o labor de uma pequena formiga, diante de tantos necessitados. Demétrius, acompanhando o meu raciocínio, esclareceu:

— É verdade, Virgílio. É o trabalho da abelha incansável que produz a colméia perfeita; tanto pode acondicionar o mel que alimenta, como preparar o ambiente para as larvas que se transformarão em novas operárias! Entretanto, somente podem ser resgatados deste vale de sombras aqueles que já se encontram em condições de serem auxiliados; Clarissa sabe quais estão neste estágio. Dessa forma, é um trabalho de piedade e paciência, aguardando aquilo que somente o tempo pode operar nas criaturas humanas: o resgate de suas culpas perante suas próprias consciências, e o arrependimento sincero em seus corações. Sem estas premissas, de nada adianta nosso esforço, pois nossos irmãos ainda não registram impressões mais elevadas.

Os esclarecimentos de Demétrius eram oportunos. Mas sentia-me impotente diante de tanto sofrimento. Alguns ir-

Antonio Demarchi – espírito Irmão Virgílio

mãos infortunados batiam em suas próprias cabeças, outros rolavam pelo chão pantanoso; uns gritavam lamentos ininteligíveis, outros emitiam sons guturais, quase que desumanos. Tudo aquilo era impressionante. Os semblantes refletiam desespero e dor, como se cada um estivesse sentindo um tipo de tortura diferente. Aproximei-me de um infeliz que exibia o rosto dementado, com um buraco sanguinolento na base da têmpora esquerda. Parecia-me que aquele irmão sentia muita dor e, diante daquele quadro, meu desejo era auxiliar, minorar aquele sofrimento. Perguntei ao assistente se não havia como fazê-lo. Demétrius com um gesto significativo orientou-me:

— Veja por si mesmo. Estenda sua mão direita sobre o centro coronário de nosso irmão; procure a sintonia mental, de forma que possa entender o que ocorre. Saberá, então, se você pode auxiliá-lo ou não.

Agradeci ao assistente a oportunidade. Em oração sincera, pedi a Jesus que me inspirasse, para que pudesse oferecer a ajuda necessária ao irmão em sofrimento. Estendi minha mão em direção ao seu centro de força, concentrando-me em sua casa mental. Alcançando as ondas de pensamento daquele irmão, pude vê-lo em confortável residência, sentado em uma luxuosa escrivaninha, mas com o coração desesperado pela situação financeira de sua empresa. Em seu pensamento dizia: Só a morte é a saída para esta situação. A empresa está falida e a vergonha por não poder saldar os débitos junto aos meus credores é insuportável para mim! Pelo menos tenho um seguro de vida, e minha família não ficará desamparada! A mão esquerda empunhava na gaveta um revólver de cabo niquelado, mas ainda não tivera coragem suficiente para o gesto final. De repente, abre-se a porta e surge um homem, que nosso irmão identifica como sendo seu contador. Dá a notícia de que se encontra na recepção um oficial

Crepúsculo de Outono

de justiça, para arresto de seus bens! A notícia foi o golpe de misericórdia para o infeliz, que pede ao contador que se retire, pois em seguida irá atender ao oficial. Fecha-se a porta e, uma vez mais sozinho, segura a pistola com os olhos cheios de lágrimas. Olha para a foto sobre a mesa, onde ele se via com a esposa e duas filhas moças, descontraidos e felizes. Fecha os olhos evocando a figura da esposa e das filhas queridas e aperta o gatilho. Um estampido que em sua memória parecia interminável, seguido de um sofrimento inominável. Surpreendi-me, pois a memória daquele irmão parecia um micro fotograma, como que numa cena de cinema, que se fixou em sua mente, repetindo sempre a cena final, a dos últimos momentos de sua existência, com o estrondo da arma disparada e o baque surdo de seu corpo sobre o chão acarpetado. O torturado irmão não respondia aos estímulos sensoriais que eu procurava despertar em sua mente, para livrá-lo daquele círculo vicioso que, repetidamente, retratava o ato de auto destruição pelo suicídio.

Olhei tristemente para Demétrius. Ele consolou-me; já era trabalhador experimentado na caravana da fraternidade e, segundo me informou, freqüentava aquelas paragens fazia alguns anos e sabia que para tudo havia o tempo certo.

— Este nosso irmão, Virgílio, ainda traz em sua consciência o peso da culpa e da responsabilidade por ter atentado contra a própria vida. Sua mente permanece fechada, semelhante a um circuito interno de televisão; projeta sempre a mesma cena que marcou sua morte. Os sofrimentos seguem, quando os suicidas descobrem que a morte não os livrou dos problemas, e ainda os agravou, pois percebem que a vida continua; só que agora não têm mais condições de lutar para modificar a situação. Apegam-se ao corpo físico perecível, como refúgio, sentem a própria decomposição, e perdem a noção do tempo e do espaço. São trazidos para cá, para purgarem suas culpas e encontrarem condições de serem auxiliados; então, a Misericórdia Divina se faz presente e são resgatados e encaminhados para os Postos de Socorro localizados nas proximidades do Vale.

Enquanto ele me orientava, eu percebia que Clarissa, juntamente com outros obreiros, continuava resgatando outros irmãos. Demétrius convidou-me a seguir mais adiante. Notei que havia muitas mulheres com rostos disformes, completamente entregues ao desespero e dor.

— Aqui estão algumas irmãs nossas que buscaram o suicídio como solução para seus problemas de gravidez indesejável – disse-me entristecido o assistente. – Observe em cada uma, Virgílio, o estado lastimável em que se encontram.

Aproximei-me mais, procurando aguçar minha visão. Espantado, notei que aquelas infelizes criaturas apresentavam manchas escuras imantadas em seus perispíritos. Ante minha estranheza, Demétrius esclareceu-me que se tratava de espíritos inimigos. Eles iriam receber a bênção da reencarnação, para que, novamente nascidos delas, reencontrassem o reajuste. Explicou-me também que, após o suicídio dessas mães, imantaram-se a elas, sugando-lhes energias e contribuindo, assim, para a manutenção do estado de loucura em que elas se encontravam.

— Como isto pode ser possível? – perguntei espantado.

— Este é mais um problema do aborto, Virgílio. Se o espírito reencarnante já tiver certo grau de evolução e entendimento, perdoa a mãe pelo gesto tresloucado. Todavia, se ainda é espírito em condições inferiores, ou inimigo, não perdoa jamais aquela que frustrou sua oportunidade de reencarne e, freqüentemente, torna-se um inimigo terrível, perseguindo-a sem tréguas no plano espiritual. Novas oportunidades de resgate para mãe e filho às vezes levam décadas de sofrimento! Infelizmente, com tristeza observamos que muitos ainda não compreendem que, além de um ato de amor, a maternidade é uma oportunidade de evolução na grande caminhada da vida.

Olhei com sentimento e tristeza imensa para aquele sítio de dor e sofrimento. Enquanto o assistente auxiliava carinhosamente uma moça de aspecto jovem ainda, recordei Jesus que nos legara o Evangelho de Luz e libertação. "Conhece a verdade, e a verdade te libertará!" Sim, era necessário que todos pudessem ter conhecimento das verdades, pois, dessa forma, o Cristo libertaria as criaturas de tantos sofrimentos! Notei que ele atendia a moça com demonstração de inexcedível carinho, mas em vão, pois não apresentava ainda condições de receptividade adequada. Por fim, afagou a fronte da infortunada jovem, afastando-se entristecido.

A tarefa daquela noite já estava concluída. Irmã Clarissa nos acenava para deixarmos o Vale das sombras. Segui a caravana, juntamente com Demétrius, até o local onde originalmente havíamos encontrado nossa abnegada irmã. Despedimo-nos. Enquanto a caravana seguia em outra direção, o assistente e eu alçamos vôo de retorno à Mansão do Reajuste Materno. Elevamo-nos no espaço e, do alto, senti leve brisa soprando em meu rosto. O planeta Vênus ainda brilhava na alvorada; no horizonte, os primeiros raios de sol anunciavam que um novo dia começava!

Uma dolorosa decisão

Naquela tarde, doutor Augusto não sabia explicar, mas sentia-se melancólico, com um peso sobre seus ombros. Era respeitado na pequena cidade, e seu consultório estava sempre cheio. A clínica prosperava, sua vida material estava equilibrada e, profissionalmente, o médico sentia-se recompensado. Mas o que lhe faltava?

Havia atendido o último paciente e da janela de seu consultório podia ver a rua, onde alguns garotos brincavam de pega-pega, aproveitando os últimos raios do sol, que se escondia no horizonte entre extensas nuvens, com um colorido maravilhoso entre tons rubros e amarelados. O médico fitou a majestosa obra de Deus, admirando o arrebol como suprema arte do Criador, e os raios que filtravam entre as nuvens pareciam um sinal de aliança entre o céu e a terra.

Ficou meditando por alguns minutos, até que o astro rei se escondesse totalmente por trás dos montes e o manto negro da noite, cravejado de brilhantes, viesse alegrar os gritos das crianças que ainda continuavam brincando.

Sentia-se sozinho, como se alguma coisa lhe faltasse. Helena não fora auxiliá-lo no atendimento da enfermagem, e

Crepúsculo de Outono

os demais funcionários já haviam saído. Tirou o jaleco, colocando-o sobre o cabide em sua frente, apanhou sua maleta, fechou cuidadosamente a gaveta de sua mesa e saiu da clínica. Antes de entrar no carro, parou por instantes observando a alegria da garotada. Sentiu saudades de sua meninice num bairro pobre de São Paulo, onde sua alegria era brincar pelas ruas com os amiguinhos, nos folguedos naturais da infância despreocupada.

Estava recordando que, desde a noite em que acidentalmente matara Aprígio, não tivera mais paz em sua vida. Providenciara para que nada faltasse à viuva e ao filho, mas, mesmo assim, sentia que tudo que fizera era insuficiente para apaziguar seu espírito. Ultimamente, sentia um distanciamento cada vez maior de Helena, que, além de ciumenta, infernizava sua vida com futilidades. Procurava satisfazer os caprichos da esposa, mas no íntimo sentia falta da companheira que realmente pudesse entendê-lo; qual o quê, sua esposa pensava apenas em manter o corpo físico esbelto, cabelos e unhas bem tratadas, operações plásticas e tratamentos caros, para que as gordurinhas fossem eliminadas. Augusto já passava dos quarenta anos e os primeiros cabelos brancos, juntamente com as rugas, anunciavam a chegada da idade madura.

Lembrou-se de um amigo que passara um domingo em sua chácara. Francisco era espírita e trocara muitas idéias com ele, de tal forma que o médico se sentira impressionado. Havia falado em mediunidade, reencarnação, trabalho em favor dos mais necessitados e, sobretudo, falou de Jesus de uma forma que Augusto nunca ouvira antes: Que o Mestre não era o próprio Deus, como muitas religiões apregoam, mas um Espírito Perfeito que, em nome do Pai, estivera conosco para nos redimir dos nossos erros. Que seu maior sacrifício não fora ter sido crucificado, pois embora aquele ato representasse uma grande provação, outros mártires também passaram por provação semelhante, inclusive o apóstolo Pedro, que foi crucificado de cabeça para baixo. Não, na concepção de Francisco, o maior sacrifício de Jesus fora que Ele, na condição de Espírito Perfeito, habitante das regiões de Luz e já liberto da matéria e das formas, vergara suas asas diáfanas, reduzira sua energia sideral, e viera até nós animando um frágil corpo de carne. Augusto recordava que Francisco lhe havia dito que, à semelhança de um colibri que voa entre flores e luz, aceitou por amor à humanidade o sacrifício de reencarnar entre os homens e, nas densas e pesadas camadas de vibrações do nosso orbe, fez-se presente entre nós, em uma noite de luz e magia para toda humanidade. A energia do Cristo tivera que ser graduada para que seu corpo físico pudesse resistir o tempo necessário, a fim de completar sua missão entre nós. Era como se alguém pudesse aprisionar a luz do sol em um vaso de barro e, por esta razão, o Mestre tinha que se submeter a jejuns constantes, para que seu corpo material resistisse até o final de sua missão. Seu último grande esforço para impedir que seu Espírito de Luz se libertasse foi no Monte das Oliveiras, onde, numa concentração espiritual profunda, o Cristo transpirou sangue. Os tecidos de seu corpo físico ameaçavam romper-se, de forma que o Mestre teve que dispender ingente esforço para reter ainda um pouco mais seu espírito na carne: ainda não era chegada a hora de sua partida. A crucifixão foi o corolário de sua missão santificada.

 Augusto realmente ficara impressionado. Recordou que Francisco lhe havia dito que havia atividades no Centro Espírita, às quartas-feiras.

 Colocou o carro em movimento lento, como que não desejando chegar ao destino. Todavia, como a cidade era pequena, em poucos minutos estava à porta do Centro. Desceu do veículo, dirigindo-se à instituição que já estava com as portas abertas. Mal adentrou o recinto e Francisco veio recebê-lo com alegria:

— Doutor Augusto! Que satisfação em recebê-lo em nossa humilde casa! Podemos servi-lo em algo?

O médico voltou-se para o amigo com uma sombra de tristeza nos olhos.

— Francisco, espero que sua alegria e seu positivismo me contagiem, pois não sei o que está acontecendo comigo! Ultimamente tenho tido sentimentos de angústia e tristeza, mas hoje está demais. Tenho dentro de mim uma estranha sensação de que alguma coisa ruim está para acontecer, mas não sei o que poderia ser, por isso resolvi passar por aqui; quem sabe tomando um passe e ouvindo o Evangelho eu possa melhorar.

Francisco olhou-o demoradamente, respondendo por fim:

— Foi bom que veio, meu amigo! O Evangelho da noite irá lhe fazer bem, com certeza. Depois tomará um passe e água fluida. É necessário que esteja fortalecido espiritualmente!

Como o relógio marcava apenas dezenove e trinta, Francisco convidou-o para conhecer a instituição. O médico ficou admirado, pois, embora pequeno, o Centro dirigido por Francisco tinha um ambiente agradável; tudo bem organizado e limpo. Verificou a pequena biblioteca, com o acervo de livros, a sala de passes, a sala de desobsessão, a sala onde trabalhadores voluntários davam evangelização infantil, enquanto os pais participavam das reuniões. Conheceu o pequeno auditório, onde as primeiras pessoas já se acomodavam para a palestra da noite. Sentiu-se bem impressionado pelo trabalho e desprendimento daquela gente que parecia fazer tudo com satisfação e espontaneamente. Sentiu que talvez pudesse colaborar de alguma forma, inquirindo o amigo:

— Vejo que as atividades aqui são muito intensas. Gostaria de colaborar de alguma forma. É possível?

O amigo sorriu prazerosamente.

— Claro que sim, doutor Augusto! Eu ainda não lhe mostrei o consultório que temos, mas que infelizmente até hoje não foi utilizado por falta de um voluntário médico. Acompanhe-me, por favor. Não quis lhe mostrar antes para que não se sentisse na obrigação de fazer algo que não quisesse; mas como se manifestou, é com muita satisfação que lhe mostro.

Dizendo isto, foram até o fundo do corredor, onde Francisco abriu uma porta e convidou o médico a entrar. Doutor Augusto ficou encantado. O ambiente era apertadinho e singelo, mas tinha uma pequena escrivaninha, uma balança para pesar crianças, uma maca e, do lado, uma pequena farmácia com alguns medicamentos de amostra grátis. Tudo organizado e limpo, o que provocou no médico uma boa impressão.

— Francisco, acho que poderia atender aos sábados. Mas, como obstetra, o que poderia fazer?

O amigo sorriu feliz com a espontaneidade do médico, respondendo:

— Nossa instituição é modesta, mas damos atendimento para mais de cento e cinqüenta famílias pobres. Sempre desejei que as mães tivessem além de acompanhamento médico também orientação. Infelizmente, a maior pobreza ainda é a ignorância humana. Fico penalizado ao ver muitas mocinhas em tenra idade, grávidas, sem marido, procurando o aborto como solução para seus problemas. Lamentavelmente, esta é uma ocorrência muito grave e que está se tornando prática muito comum nos últimos tempos. Então acho que seu trabalho poderá ser de grande valor, orientando os pais e os filhos e mesmo dando assistência médica. Sei que as condições de atendimento são precárias, mas confio em sua boa vontade, meu amigo. Tenho certeza de que com o tempo também se sentirá gratificado por tudo que fizer a estas pessoas humildes. Obrigado, mais uma vez!

— Ora, Francisco, não precisa me agradecer de nada, pois ainda não comecei o trabalho. Minha satisfação será gran-

de, quando me sentir útil de alguma forma, fazendo algo em favor destas pessoas.
— Doutor Augusto, vamos ao recinto para o Evangelho, pois a hora se aproxima. Depois combinaremos os detalhes, mas tenha certeza de que seu trabalho será abençoado por Deus!

Seguiram para o pequeno auditório que àquela altura já estava quase todo tomado pelos assistentes. O médico acomodou-se, enquanto Francisco subiu até a tribuna. Apagaram-se as luzes; o médium proferiu uma sentida prece para abertura da reunião da noite. Suave música de fundo tocava o coração de todos. Terminada a prece, as luzes foram acesas e Francisco, com belíssima inspiração, falava sobre o Evangelho:

"Se alguém vos bater na face direita, apresentai-lhe também a outra."

"Se alguém quiser demandar contra vós para tomar vossa túnica, dai-lhe também vosso manto."

"Se alguém quiser vos obrigar a andar mil passos como ele, andai mais dois mil."

Em nossa existência dividimos nossos dias e nossos minutos com aqueles a quem prejudicamos no passado, e agora na figura de um familiar, de um filho, de uma filha, da esposa ou do marido, ou então de um parente difícil, que vem nos cobrar nossas faltas do passado. Irmãos, temos que nos armar da paciência, da tolerância, perdoar sempre e incondicionalmente, pois estaremos sendo sempre chamados a dar o testemunho, muitas vezes de forma dolorosa. Não nos esqueçamos que o Divino Mestre nos recomendou oferecer sempre a outra face, mas comumente nos esquecemos do ensinamento e revidamos, tornando nosso lar um tormento. Não esperemos compreensão, antes, compreendamos. O inesquecível Francisco de Assis nos ensinava que é dando que se recebe. Nós esperamos sempre compreensão dos outros, mas dificilmente nos despimos da túnica para oferecer àquele nosso familiar que nos pede a capa. Não nos dispomos a caminhar um passo ao lado de nosso filho, que nos pede atenção e carinho; ou de nossa esposa, que consideramos intransigente. Falhamos clamorosamente com os compromissos, quando deveríamos estar caminhando as léguas de nossa existência junto aos nossos entes queridos, porque chegamos do trabalho extenuados, ou porque algum compromisso social assim o exige, e nos esquecemos do próximo "mais próximo", que está ao nosso lado em nosso lar! Entretanto, irmão, se você está com a consciência tranqüila pelo dever de pai bem cumprido, pelo dever de esposo, ou esposa, e, mesmo assim, vê baldados seus esforços, entregue a Jesus seu fardo, pois o Querido Amigo nos encorajava, dizendo que quem com Ele caminhasse, teria seu jugo abrandado, e o fardo se tornaria leve. Entreguemos ao Mestre nossas dores e a incompreensão sem remédio, que somente o Cristo é o refúgio sagrado dos momentos difíceis. Vamos aprender no exercício constante da tolerância, da abnegação, da renúncia, do perdão, a servir sem exigências e a amar com desapego, pois dessa forma estaremos certos de que aqueles que hoje não nos compreendem, um dia perceberão que o tempo se encarrega de transformar a pedra bruta em diamante refulgente; mas, para tanto, necessita sofrer os golpes do cinzel e do buril, que lapidam as almas em sua caminhada de ascensão a Deus! Que a paz de Jesus esteja em seus corações.

A palestra havia terminado. Augusto sentia como se o Evangelho fosse direcionado para ele, porque vinha de encontro às suas angústias e incertezas. Percebera, naquelas breves palavras, que tinha apoio incondicional nos ensinamentos da noite. Sentia que não estava sozinho em sua caminhada! Deveria caminhar com Jesus, dividindo com o Mestre suas dores e incertezas.

Após breve prece de encerramento, levantou-se mais confortado. Acontecesse o que fosse, já sabia onde procurar refúgio.

No íntimo, sentia-se mais aliviado. Tomou água fluida e dirigiu-se ao amigo, que estava rodeado pelos presentes desejosos de ouvir algum conselho ou simplesmente cumprimentá-lo. Augusto esperou pacientemente que Francisco atendesse cada um, até que finalmente restou apenas ele.

— Francisco, agora sou eu que gostaria de agradecer-lhe. A palavra do Evangelho fez-me bem, mas confesso que ainda preciso compreender melhor a Doutrina. Todavia, tenho plena convicção de que estou no caminho certo. Obrigado!

O médium olhou o amigo profundamente. Em seguida, deu-lhe um abraço afetuoso.

— Doutor Augusto, estarei orando por você. Prepare-se para os reveses da vida, consciente de que nunca estará sozinho! Deus, o Pai Maior, está conosco em todos os momentos de dificuldade! Arme seu coração de paciência e de resignação, e tenha certeza de que depois da noite tenebrosa vem sempre um novo dia, renovado pela alegria da luz do Sol, que ilumina e aquece. Que Deus o acompanhe, meu irmão!

O médico retirou-se meditativo. Enquanto o carro rodava em direção à sua casa, ia rememorando o que Francisco lhe dissera. O que quisera dizer com "reveses da vida"? Chegou em casa verificando que já passava das nove e meia. Estacionou o carro na garagem e adentrou o recinto doméstico.

Estranhou a presença da esposa na sala, aguardando-o. Normalmente Helena não se dava a esta atenção, ficando sempre entretida assistindo a alguma novela, ou lendo algum livro. O semblante carregado não agradou a Augusto, que imediatamente se lembrou do Evangelho da noite. Estaria preparado. Qual seria o sermão desta vez?

— Augusto, precisamos conversar. Por que está chegando tão tarde?

— Desculpe-me, meu bem, mas hoje resolvi ir até o Centro do Francisco ouvir uma palestra, e confesso que fiquei impressionado. Aliás, acho que vou começar a freqüentar e atender aquela gente necessitada,

— Esta é boa – reclamou a esposa em tom de enfado! – Era só o que faltava, você se tornar espírita! Mas o que queria conversar com você é outra coisa. Quer jantar primeiro e depois conversamos?

Augusto não se sentiu bem com o tom de voz de Helena, mas como estava disposto a oferecer a outra face, redargüiu pacientemente:

— Não, querida. Nem estou com fome. Depois tomo um copo de leite e pronto. Vamos conversar agora; de que se trata?

— Sabe, Augusto, eu tenho pensado muito ultimamente, e custa-me tomar esta atitude, creia-me! Eu já procurei um advogado, pois estou me separando de você. Lucimar irá comigo, considerando que ainda é uma criança de 16 anos. Mais tarde ela haverá de decidir com quem vai ficar.

Augusto ficou plantado no meio da sala, sem reação! A explosão de uma bomba atômica em sua cabeça não faria tanto estrago, como aquela notícia dada por Helena de forma tão insensível! Perdeu completamente a ação, deixando cair no chão a maleta, sentando-se atordoado na poltrona! Estava confuso, não sabia o que dizer! Entretanto, lembrou-se novamente do Evangelho e das palavras de Francisco: "preparar-se para os reveses", mas assim, de repente? Apenas conseguiu balbuciar alguma coisa em resposta.

— Helena, se assim você deseja, que assim seja. Que mais posso lhe dizer? Você já tomou a decisão, não é mesmo? Todavia, tenha certeza de uma coisa: irei sofrer muito com a ausência de vocês, principalmente de Lucimar. Ah! Meu Deus! Como poderei viver sem ver minha filha crescendo ao meu lado? Como poderei apoiá-la nas horas difíceis e nos momentos de incertezas? Como posso estar longe de minha filha, quan-

Crepúsculo de Outono

do ela precisar de meu apoio, ou quando chorar? Como poderei enxugar suas lágrimas estando longe? O médico tinha os olhos cheios de lágrimas, ao mesmo tempo que sentia um nó na garganta sufocando suas palavras. No peito, o coração sangrava de dor e tristeza. Mas fazer o quê? Helena observava a reação do marido, respondendo de forma insensível sua manifestação:

— Ora, Augusto, poupe-me de cenas ridículas. Você é um homem inteligente. Sejamos racionais e vamos deixar de dramas! Lucimar poderá vir vê-lo de tempos em tempos e você também poderá visitá-la de vez em quando! Não iremos fugir, vou deixar-lhe meu endereço. Estou voltando para a cidade. Chega de sítio e cidade pequena.

Augusto não sabia mais o que dizer! Foi até o quarto e abraçou a filha com o coração em frangalhos. Lucimar também estava abalada e chorou copiosamente no ombro do pai.

— Papai, eu não posso entender esta atitude da mamãe. Já falei com ela, mas está irredutível, não dá a mínima atenção para o que penso! Só diz que sou criança e não posso entender nada ainda, mas não é verdade!

— Eu sei, filhinha. Tenho certeza de que tanto quanto eu você irá sofrer com esta separação. Mas o papai irá procurar sempre estar por perto para vê-la, está bem? Vamos orar para que sua mãe ainda possa cair na realidade.

— O Senhor ainda a ama, não é verdade, papai?

— Sim, filha, ainda amo muito sua mãe, apesar de nossas diferenças. Mas o que podemos fazer? Vamos dar tempo ao tempo. Quem sabe um dia sua mãe possa arrepender-se, e então possamos novamente estar juntos, não é mesmo?

Augusto estava desolado. Se assim falava com sua filha, era mais para consolá-la por uma hipótese na qual ele não acreditava e, daquela forma, tornar aquela separação menos dolorosa.

Naquela noite, Augusto não conseguiu conciliar o sono. Ficou na sala até altas horas da noite, enquanto no quarto Helena dormia a sono solto. Verificou que no quarto de Lucimar a luz estava acesa e que sua filha estava acordada, chorando. Entrou, abraçando-a com uma tristeza infinita no coração, como se não a fosse ver nunca mais. Sentia como se alguém estivesse violentamente arrancando um pedaço de seu coração. Não podia entender a razão daquela decisão tão absurda de sua esposa. As horas foram passando lentamente e, quando foi vencida pelo cansaço, Lucimar repousou a cabeça sobre o ombro paterno. Adormeceu como uma criança que encontra em braços amigos a segurança e a paz que necessita.

Quando o dia amanheceu e os primeiros raios do sol tingiram de rubro o horizonte, Augusto, em vigília no leito da filha querida, tinha os olhos vermelhos de chorar. Chegara à conclusão que, diante do irremediável, tinha de ser forte e tomar atitudes corajosas. A vida seguiria seu curso, apesar de sua dor e de sua incompreensão. Tinha que tomar uma decisão muito importante em sua vida. Mas precisava ser uma decisão tão dolorosa?

O resgate de Antonina

Naquela noite, encontrei-me com Demétrius na Mansão do Reajuste Materno, exatamente às nove horas da noite. O movimento de macas era intenso, causando-me estranheza e não me parecendo usual. O que estaria ocorrendo? Notei que o assistente se desdobrava no atendimento, enquanto médicos e enfermeiros eram requisitados a todo instante. Procurei observar atentamente e ao mesmo tempo não prejudicar o trabalho com intervenções inoportunas. Embora tivesse notado a presença de algumas jovens recém desencarnadas, pude observar que a maioria dos pacientes atendidos apresentava ainda a forma fetal. Aguardei um pouco mais, quando o assistente finalmente conseguiu um espaço de tempo e chamou-me:

— Virgílio, infelizmente esta época do ano é o período em que temos o maior número de abortos e de jovens mães desencarnadas.

O esclarecimento do assistente causou-me espanto. O que tinha o período de tão especial? Demétrius não esperou minha pergunta, respondendo de imediato:

— Se por um lado o ser humano evoluiu em muitos sentidos, em outros ainda permanece enraizado nas sensações dos instintos inferiores. Temos festas de amor e luz, período em que a humanidade enobrece seus sentimentos e se entrega aos anseios mais elevados de amor e caridade, em que o ser humano se irmana, ajudando uns aos outros, como o Natal. Entretanto, existem ainda na terra outros tipos de festas que arrastam o ser humano aos padrões vibratórios mais baixos da sensualidade, como o carnaval, quando, a título de alegria e diversão, o ser humano libera todos seus instintos, afrouxa os laços morais e diante dos apelos provocativos entrega-se desbragadamente ao despudor e às sensações sexuais imediatas. O homem vive seu momento de liberação, percorrendo caminhos perigosos do sexo irresponsável; certamente um dia se arrependerá amargamente dos atos praticados em um momento de "alegria" e "descontração". Não é nosso intuito condenar nem criticar ninguém, pois nós também temos nosso passado delituoso. Todavia, o lado mais triste de tudo isto é o resultado que está vendo: transcorridos alguns meses da grande festa carnavalesca, é assustador o número de jovens que procuram as clínicas de aborto clandestinas, para livrarem-se da gravidez incômoda, resultante de uma noite de amor entre uma Colombina e um Pierrot apaixonados. Perdem-se vidas preciosas de jovens incautas iludidas pela falsa impressão de liberdade sem limites nem responsabilidade. Perdem-se oportunidades de reencarne de espíritos necessitados, que poderiam transformar uma loucura de um momento impensado em um ato de amor, se estas mesmas jovens tomassem a decisão de embalar nos braços o fruto de um amor passageiro, mas que gerou conseqüências incalculáveis. Repito uma vez mais, não somos ninguém para criticar nem condenar, mas apenas lamentamos com tristeza a realidade que vivemos, pois estas criaturas não imaginam os caminhos espinhosos que estão cultivando para si mesmas.

Crepúsculo de Outono

Realmente, pensei. O ser humano abusa dos prazeres imediatos sem pensar nas conseqüências de seus atos impensados.

Lamentavelmente, a mulher, que sempre representou o baluarte de padrão de moral, acabou por fraquejar no afã de ter direitos iguais aos homens e, nestas condições, acabou por ser a mais prejudicada.

O assistente observava alguns berços, onde repousavam *"adormecidas"* as formas perispirituais dos fetos abortados. Notei que alguns, embora em estado profundo de inconsciência, agitavam-se como que querendo fugir de perseguidores invisíveis.

Diante de meu questionamento, o assistente esclareceu:

— Estes irmãos devem permanecer em sono profundo por algum tempo, pois o trauma que trazem dentro de si, pela rejeição sofrida e pelo ato de expulsão do seio materno, causou-lhes seqüelas incalculáveis. Necessitarão de tempo, auxílio e acompanhamento psicológico de nossa Mansão para se reequilibrarem e recuperarem sua forma perispiritual. Estes nossos irmãos certamente perdoarão suas mães, mas existem aqueles que, por não apresentarem ainda condição de entendimento, se tornarão algozes de suas próprias genitoras, obsidiando-as com ódio arrasador. Em muitos casos, ficam jungidos de tal forma, que acabam por levar aquela que seria sua mãe à loucura.

Em seguida complementou:

— A mulher sempre teve sensibilidade mais aguçada que o homem e, por esta razão, a maternidade representa uma forma de ascensão e evolução mais rápida. Todavia, deixando-se levar pelos enganos das conquistas dos direitos iguais, não percebeu que a ela cabe sempre o ônus maior deste episódio. No ato sexual, o homem simplesmente vai embora, enquanto ela passa a carregar consigo o resultado de uma gravidez indesejada. Quando, por uma razão ou outra, resolve buscar uma solução drástica pela prática do aborto, é a vida dela que

Antonio Demarchi – espírito Irmão Virgílio

está em risco, não a do pai que muito convenientemente, na maioria das vezes, nem quer saber de conversa. Ah! Virgílio, nós que também já fomos pais, podemos avaliar as angústias que invadem corações de jovens que ainda não estão preparadas para enfrentar realidades tão duras; infelizmente, por falta de orientação e apoio dos pais que vivem, nestes tempos modernos, tão ausentes, e por medo ou falta de apoio, acabam buscando soluções desesperadas em clínicas que são verdadeiros açougues humanos, colocando suas vidas nas mãos de médicos inescrupulosos que vêem, nas desgraças dos outros, apenas uma forma de ganhar dinheiro fácil!

Notei que Demétrius falava com sentimento profundo. Ficou em silêncio meditativo por alguns instantes, como que recordando algum episódio no recôndito de sua alma, enquanto duas lágrimas rolaram pelo rosto entristecido. Enxugou discretamente os olhos, continuando a explanação:

— Em nosso pronto-socorro, atendemos a região terrestre que corresponde a São Paulo e a regiões circunvizinhas. Apenas hoje, tivemos mais de 30 abortos efetuados, com 4 mortes. É uma estatística sombria e melancólica para uma humanidade que deveria cuidar de sua juventude e de suas crianças. Alguns críticos defendem que é melhor abortar do que encher as ruas de crianças, mas cometem grave erro de interpretação, pois, em primeiro lugar, nem todas as jovens que procuram clínicas de aborto são pobres, e, em segundo lugar, está correto simplesmente buscar a solução mais cômoda, matando um ser que ainda não pode se defender? Não seria mais correto educar? Dar uma formação cristã aos nossos filhos, para que aprendam no respeito com o semelhante a respeitarem a si mesmos? Infelizmente, no mundo moderno cometemos um erro básico: a maior parte das vezes, por comodidade deixamos a educação de nossos filhos a cargo dos professores, que já têm seus problemas pessoais de sobrevivência; deixamos nossos filhos aos cuidados de empregadas, que não têm condições nem obrigação de educar, nem aturar a malcriação de crianças que desde cedo não conhecem limites, pois os pais simplesmente são ausentes; ou ainda, deixamos simplesmente nossos filhos ainda bebês diante da televisão, que assume o papel de educadora, com filmes e desenhos violentos e com fortes apelos sexuais. Qual a mentalidade de uma criança que cresce assistindo a filmes em que se mata com a maior naturalidade? Onde se pratica sexo de forma indiscriminada? É com tristeza que reconhecemos que faltou amor, carinho, atenção e uma formação cristã à maioria dos jovens que se entregam às drogas, ao sexo desenfreado e irresponsável, sem prever as conseqüências de suas atitudes. Algum crítico gratuito poderá dizer que assumimos o papel de falsos moralistas. Não nos importa, podemos dizer apenas que somos realistas. Basta olhar para o resultado do dia-a-dia que presenciamos aqui em nosso hospital! Volto a repetir que a maioria da humanidade evoluiu apenas na aparência, não na essência. O homem das cavernas, o *"Pithecanthropus Erectus"*, na luta pela sua sobrevivência, matava com um tosco cajado, mas ainda não tinha o uso da razão, nem o conhecimento do Evangelho. O homem moderno mata friamente seres indefesos em clínicas de aparência requintada, por profissionais que exibem nas paredes seus diplomas acadêmicos. Tudo isto, depois de quase dois mil anos que o Cristo nos trouxe o maior legado de amor à humanidade: o Evangelho.

    O assistente calou-se com a tristeza estampada em sua fisionomia. Respeitei seu silêncio, pois necessitava meditar na profundidade dos ensinamentos recebidos. Lamentavelmente reconheci que Demétrius tinha razão: o homem das cavernas matava por necessidade, mas ainda não fazia uso do livre-arbítrio. Para manifestar-se dava um grito. Sua alegria era um urro e sua tristeza era um gemido, não fazia sequer o uso da palavra articulada para exprimir seus sentimentos! E o que justifica a atitude do homem moderno? A humanidade efetuou importantes conquistas no campo da Ciência e Tecnologia, desenvolveu a Medicina, faz viagens espaciais para além dos limites do orbe terrestre, mas ainda não conseguiu viajar para dentro de si mesmo. Ainda desconhece que abriga em seu íntimo uma fera adormecida.

Notei que o assistente examinava alguns apontamentos em uma agenda que estava ao lado de sua mesa. Em seguida, esclareceu-me:

— Esta noite temos uma missão a cumprir na crosta. Estou recebendo algumas informações de infortunada irmã que está no quinto mês de uma gravidez indesejada, e já há algum tempo vem alimentando idéias de suicídio. Sua família é muito pobre, mas de princípios rígidos; com formação evangélica, porém de fanatismo exacerbado, considera que a mulher deve manter-se virgem até o casamento. Antonina sente-se desamparada e não tem coragem de contar seu infortúnio a ninguém, nem para Josué, seu namorado, que também professa a mesma fé religiosa de sua família. Os pais de Antonina moravam em pacata cidade do interior. Há cinco anos atrás, diante das dificuldades que viviam e pelo fracasso do trabalho no campo, resolveram mudar-se para São Paulo, movidos pela necessidade e pela ilusão de que a cidade grande oferecia pelo menos o salário mínimo ao trabalhador. Venderam o pouco que tinham e, quando chegaram na grande metrópole, grande foi a decepção de Ernesto, o pai de Antonina. Acabaram por residir em região paupérrima da periferia de São Paulo. Levantar de madrugada todos os dias e percorrer grandes distâncias, para Ernesto não era difícil. O que lhe magoava era ver sua esposa, juntamente com Antonina, ter também que se levantar cedo, para trabalhar de faxineira em casas de família da classe média, numa região distante daquela em que moravam. Antonina tinha então doze anos e sonhava um dia poder estudar para melhorar de vida. Mas o ganho dos pais era escasso e, em pouco tempo, a menina moça teve de sepultar seus sonhos mais sagrados para também transformar-se em auxiliar de faxina, ajudando sua mãe e contribuindo, assim, para o sustento da casa. Dessa forma, Antonina foi crescendo, conheceram alguns amigos da igreja e aos quinze anos namorava Josué, moço pobre mas honesto. Quando completou dezesseis anos, conseguiu um emprego em uma empresa de limpeza. A mocinha ficou feliz, porque o salário era um pouquinho melhor; apenas tinha um agravante: seu horário de saída era dez horas da noite. Tomava o ônibus e até chegar ao ponto final já eram altas horas. Quando podia, Josué ia esperá-la, mas nem sempre isto acontecia; de vez em quando, era obrigada a fazer grande caminhada em ruas mal iluminadas e assustadoras. A pobre mocinha sempre fazia aquele percurso orando e preocupada. E tinha razão para a preocupação. Uma noite em que se dirigia para sua casa, surge das sombras um indivíduo estranho e de má aparência. Antonina pressentiu o perigo e ainda tentou correr e pedir socorro, mas naquela região, àquela hora da noite, ninguém se atrevia a abrir uma janela e ver o que estava ocorrendo, de tal sorte que o facínora a agarrou à força, tapando-lhe a boca, arrastou-a até um matagal próximo, abusando da inocência da vítima indefesa. Quando, enfim, o bandido se satisfez, deixou-a e sumiu na escuridão da noite. Antonina, em estado de choque, não sabia o que fazer. Recompôs-se como pôde e em pranto convulsivo dirigiu-se à sua casa. O que dizer aos pais? Como seria interpretada? Como seu pai, homem severo, reagiria? O medo foi mais forte e aquela alma, já tão maltratada, ainda agradeceu a Deus por seus pais estarem dormindo e, assim, não presenciarem seu estado físico. O travesseiro foi testemunha de suas lágrimas. Quando o dia amanheceu, encontrou Antonina em estado febril. Os pais foram trabalhar e a moça ficou sozinha com seus problemas. Faltou ao trabalho, justificado posteriormente com atestado médico do posto, por médico que nem sequer a examinou. Com os problemas do dia-a-dia, nem o pai e nem a mãe notaram que a filha se tornara triste e calada. Apenas Josué queria saber o que acontecia, mas Antonina não sentia segurança de relatar ao namorado o acontecido, de forma que não tinha um amigo que a ouvisse e com quem pudesse dividir seu martírio. Passaram-se três meses e Antonina percebeu que seu ciclo menstrual não se repetira; aos poucos chegou à conclusão do pior: estava grávida. A pobre moça sentia-se acuada, pois já chegara ao quinto mês de gestação e era praticamente impossível ocultar o volume do abdome, mesmo apertando a barriga com faixas. O namorado percebia qualquer coisa estranha, mas Antonina justificava estar engordando um pouco. Até quando poderia esconder sua situação? Com certeza seria expulsa de casa e rejeitada pelo namorado. O que fazer? Entregava-se à oração de forma mecânica e sentia que sua fé não era suficiente para mostrar-lhe uma saída. Para agravar ainda mais seu quadro, alguns espíritos maldosos passaram a insuflar, na mente da desesperada moça, o suicídio como a única saída para seu problema. Sintonizada nas vibrações de desespero e angústia, Antonina era presa fácil para estas criaturas doentias e desequilibradas que a todo instante bombardeavam sua tela mental com sugestões de incompreensão, infelicidade, fuga e morte.

  O assistente fez uma pequena pausa em sua dissertação. Confesso que me sentia penalizado com a situação da jovem. Esperava Demétrius concluir seu raciocínio para saber como agir para ajudar Antonina.

  — Sabe, Virgílio, se todos conhecessem o valor e o alcance da oração sincera, descobririam um poderoso canal de ligação entre o ser humano falível e o Criador perfeito. Dias atrás, Antonina, no auge do desespero, orou com sentimento profundo, de tal forma que chegou às lágrimas. Suas preces foram ouvidas e ato contínuo encaminhamos um trabalhador de nossa Mansão para estudar as alternativas de auxílio à moça.

Irmão Eliezer tem-na acompanhado de perto, mas novamente sua mente foi dominada pelos obsessores, que voltaram com sugestões insistentes e poderosas, para que busque a saída no suicídio. Tal foi a intensidade do bombardeio mental, que Eliezer nos pede auxílio imediato, pois eles planejam levar a moça ao suicídio esta noite, por causa de um desentendimento tido entre ela e o namorado, durante o dia.

O tempo urge, Virgílio, vamos.

Segui-o pelo espaço com muita esperança no coração. Minha vontade era estar junto de Antonina o mais rápido possível, para que com a permissão de Deus pudéssemos evitar nova tragédia em sua vida. Será que chegaríamos a tempo do socorro devido?

Demétrius respondeu-me de imediato:

— Vamos conseguir, Virgílio. Para Deus, nada é impossível e Ele está conosco nesta tarefa de amor e paz. Antonina será libertada do jugo desses nossos irmãos menos felizes!

Eram dez e quarenta e cinco da noite quando aportamos em uma avenida próxima ao centro de São Paulo. De imediato, identificamos Antonina caminhando a esmo em estado de total perturbação. Eliezer veio ao nosso encontro preocupado:

— Ainda bem que vocês chegaram; estou tendo dificuldades em sintonizar o campo mental de nossa protegida. Infelizmente, entregou-se ao desespero total e nesta faixa de vibração oferece farto campo de atuação aos nossos irmãos que estão dispostos a levar a cabo um plano maquiavélico, para que nossa infeliz irmã se jogue do alto de um viaduto. Fazem-na crer que a morte é a única saída plausível. Bombardeiam incessantemente sua mente com sugestões de que a morte não a fará sofrer: basta apenas um mergulho no vazio e está tudo acabado. Antonina registra estes pensamentos de forma tão intensa como se os mes-

Antonio Demarchi – espírito Irmão Virgílio

mos fossem seus, e está decidida a tomar esta atitude extrema.

Nossos irmãos – continuou Eliezer – fazem-na crer que ela é muito infeliz, que ninguém a compreende, que sua vida não vale nada e, nestas condições, realmente, a moça sente-se a última das últimas e acha que sua morte não será lamentada por ninguém.

Aproximamo-nos sem ser notados pelos irmãos que atormentavam Antonina, em virtude de nossa condição vibratória.

O assistente procurou graduar sua vibração, concentrando-se para atingir as ondas mentais da moça e, dessa forma, transmitir sugestões que a impedissem de cometer aquele ato desesperado. Todavia, ao graduar sua vibração nos padrões do pensamento de Antonina, por uma fração de segundo, Demétrius foi visto pelos obsessores que esbravejaram:

— Veja, Libório, os bons estão tentando salvar esta pobre ovelha desgarrada! Coitados, porque não vão conseguir!!!

— Já saquei qual é a deles, Alcebíades. Vamos mostrar quem somos nós.

Ato contínuo, aqueles dois irmãos infelizes se colocaram cada um de um lado, intensificando ainda mais os apelos que eram integralmente assimilados por Antonina.

— Você é uma infeliz! – dizia Libório. – Vamos mais depressa, logo aí adiante há um viaduto. Não prolongue ainda mais seu sofrimento, pois tudo acabará rápido e não será doloroso.

— Sim – reforçava Alcebíades. – Você logo vai perceber que com a morte tudo se resolve. Quando você estiver do nosso lado, nós vamos apoiar você. Aqui você terá valor, pois nós, sim, gostamos de verdade de você. Tenha coragem; não vale a pena continuar vivendo assim, para quê? Para criar um filho que você não pediu para ter?

— Ah! Ah! Ah! – gargalhava sinistramente Libório. – Não adianta eles tentarem interferir; agora a dominamos completamente. Nada a demoverá de sua idéia suicida; está totalmente à nossa mercê.

Percebemos que Antonina registrava mentalmente as sugestões, estugando o passo para atingir logo o local, onde levaria a efeito aquele plano mórbido. Notei que o assistente estava com o semblante preocupado. Segundo eu percebera, dificilmente conseguiríamos acessar a mente da moça e a demoveríamos de seu pensamento de morte, que agora se manifestava como um desejo cristalizado.

Alguns transeuntes passavam por nós, mas ninguém podia imaginar a batalha que se travava naquele momento, para se evitar tragédia tão dolorosa. Antonina caminhava mecanicamente, como um autômato. Nós a acompanhávamos volitando, e pude observar que Demétrius orava em silêncio e em concentração profunda. Do alto uma luz azul clara envolvia nosso grupo, inclusive Antonina e os dois obsessores.

Percebi que estávamos recebendo ajuda dos planos mais elevados. Naquele exato momento, passávamos defronte imponente igreja, quando os sinos dos carrilhões começaram a tocar as badaladas anunciando as onze horas. As batidas sonoras dos sinos tiveram um efeito surpreendente em Antonina. Como se acordasse de uma hipnose angustiante, num instante caiu em si, momento em que Demétrius a envolveu em forte vibração de amor e paz. A moça despertando daquele pesadelo medonho e, vendo-se diante de perigo desconhecido, começou a chorar. Sem perceber, atravessou a rua como se quisesse fugir de seus algozes. Vários carros desviaram, mas um não conseguiu frear a tempo, atingindo a moça, que caiu no asfalto, desfalecida. Um rapaz desceu do veículo, todo atarantado, tentando socorrer a vítima, que apresentava pequeno filete de sangue a escorrer de sua fronte. Uma pequena aglomeração se formou, enquanto Alcebíades e Libório praguejavam:

— Diabos, como foi que conseguiram? Assim não está certo. Nada mais a demoveria de seu desejo de suicídio. Diabos! Diabos! Diabos! – continuava praguejando Libório.

— Se pensam que vamos desistir, estão enganados – vociferava Alcebíades. – Vamos fazer da vida dela um inferno, até que se suicide!

O rapaz que atropelara involuntariamente Antonina apresentava-se para nós em boas condições vibratórias, inclusive com proteção espiritual de uma entidade, uma respeitável senhora de cabelos brancos como neve, que registrou nossa presença.

— Sou a avó materna de Felipe. É um bom menino, devotado à prática do bem, com apurada sensibilidade mediúnica e incorporação, que está desenvolvendo com muita alegria no coração. Aparentemente o que vemos como uma obra do acaso neste episódio, nada mais é do que a ação da Providência Divina. Esta moça será amparada e daqui para frente sua vida será diferente.

Diante de meu espanto, o assistente me esclareceu:

— Quando estava em prece, entrei em sintonia com Irmã Clarissa que me orientou a continuar orando, envolvendo nossa irmã na luz que vinha do alto, pois, nesta condição, Antonina seria despertada com o som do repique dos sinos, enquanto Felipe já caminhava em direção ao seu destino. Ao que nos parece, um desastre, na verdade, foi a libertação de nossa protegida.

Feliz, agradeci a Deus, que não desampara ninguém, estendendo Suas mãos a todos seus filhos, até o último dos últimos. Enquanto isto, no plano material, desenrolava-se o burburinho próprio de acontecimentos infaustos; muita gente se aglomera apenas com objetivo de observar a desgraça alheia, e bem poucos dispostos a realmente ajudarem.

— Meu Deus – dizia Felipe, consternado – Não tive culpa; ela surgiu não sei de onde. Pelo amor de Deus, ajudem-me a colocá-la no carro. Vou levá-la ao hospital mais próximo, mas, por favor, alguém venha comigo, pois preciso de testemunhas.

Dois senhores se prontificaram a ir com o motorista, para registrarem a ocorrência. Auscultei o coração de Antonina e percebi que, embora estivesse inconsciente, ela respirava normalmente. Fora apenas um susto, mas precisava de cuidados médicos, inclusive pelo seu estado de gravidez.

Chegaram rapidamente ao hospital, sendo Antonina encaminhada de imediato ao pronto atendimento. Felipe muito calmo e equilibrado preencheu um boletim de ocorrência, relatando para efeito policial o acontecido, corroborado pelas testemunhas. Acompanhou os procedimentos médicos até ter certeza de que nada mais grave havia ocorrido, retornando para sua casa, como o propósito de no dia seguinte fazer uma visita à vítima.

A avó acompanhou o rapaz, enquanto o assistente e eu permanecemos ao lado de Antonina, acompanhando a evolução do caso. Os médicos do lado espiritual assessoravam os facultativos encarnados, inspirando-os, de forma que o atendimento ocorria em harmonia. Um médico simpático, que coordenava o trabalho em nosso plano, prontificou-se a nos esclarecer as eventuais dúvidas. Observei que Demétrius já conhecia o doutor Eleutério, pois a conversação se estabeleceu de forma simples e objetiva. O facultativo nos informou sobre o estado de Antonina.

— O estado geral da paciente está bom. O bebê não sofreu abalo mais contundente, de forma que a gravidez prosseguirá normalmente. Os exames ainda estão em andamento, mas já pudemos verificar pequena fratura na base da tíbia da perna esquerda. Por outro lado, e este é o mais grave no momento, durante a queda bateu com a cabeça na calçada, no lado do temporal esquerdo. Por sorte não ocorreu nenhum traumatismo craniano, pois aí, então, a história seria outra. Não sabemos ainda quais serão as conseqüências, mas nada que não possa ser resolvido adequadamente com um bom tratamento. Apenas temos certeza de uma coisa: nossa irmã ficará com amnésia temporária.

Ante a manifestação de nosso interesse particular naquele caso, doutor Eleutério nos tranqüilizou. Todos os pacientes normalmente têm um acompanhamento médico espiritual, mas ele, pessoalmente, estaria acompanhando Antonina.

Agradecemos a amabilidade do médico, enquanto saíamos do hospital. Aproveitei para inquirir o assistente a respeito do porquê do problema vivido por Antonina, bem como do envolvimento dos obsessores para que ela se suicidasse.

Enquanto caminhávamos pelas ruas já quase desertas, Demétrius contou-me a história de Antonina.

Vivera no Rio de Janeiro durante o reinado do Imperador D. Pedro II. Filha de abastado fazendeiro, Antonina era o orgulho do pai. Possuía uma beleza natural que encantava os pretendentes; eles a cortejavam, sonhando com um casamento que, além da beleza da moça, poderia oferecer-lhes as posses materiais de seu pai. Antonina era então a única herdeira, pois seu irmão mais velho fora convocado para a guerra do Paraguai, encontrando a morte contra o exército de Solano López. Bela, rica e vaidosa, Antonina era caprichosa. Gostava de ver aos seus pés cortesãos apaixonados, que prometiam mundos e fundos para conquistar seu coração; mas debalde, porque a moça apenas brincava com os sentimentos dos outros, divertindo-se em ridicularizar os pretendentes apaixonados. Todavia, por ironia do destino, um dia em passeio pelas fazendas do pai, conheceu o filho do administrador da fazenda. Antonina não sabia explicar, pois logo que seus olhos fitaram os do rapaz, de imediato sentiu uma atração inexplicável da qual quase não conseguia se controlar. Insistiu junto ao pai que, surpreso, via

Crepúsculo de Outono

sua filha preferir a vida no campo a freqüentar a corte do Imperador. Achando ser mais um capricho passageiro da filha, o pai concordou que freqüentasse mais assiduamente a fazenda, na companhia das aias, que foram orientadas severamente para cuidar de sua segurança.

Este rapaz era Felipe que, incapaz de imaginar que a filha do patrão estivesse interessada nele, nem ousava levantar os olhos para admirar a beleza de Antonina. Ela passou a exigir a presença de Felipe para os passeios a cavalo. Dos passeios despretensiosos para um envolvimento mais caloroso foi um passo. Antonina, apaixonada, entregou-se a Felipe sem pensar nas conseqüências. Todavia, a paixão tresloucada dos jovens não passou despercebida pelos dois feitores da fazenda: Alcebíades e Libório. Tiveram conhecimento do fato e procuraram tirar partido da situação, passando a ameaçar Antonina para auferir vantagens monetárias. A moça entregou-se ao desespero, principalmente quando percebeu que estava grávida. Seu pai não poderia saber, pois seria a desonra completa. Conheceu uma velha escrava que trabalhava com magia, mexia com espíritos, bem como preparava beberagens que curavam picadas de cobras, e remédios poderosos que provocavam aborto. Não teve dúvidas: procurou-a na senzala escura, encontrando-a envolta em fumaça de fumo e incensos. Após ouvir a história de Sinhazinha, Sinhana sorriu: tinha a solução para todos aqueles problemas. Deu-lhe a beberagem para provocar o aborto, que ocorreu em poucos dias, após dores atrozes. Alcebíades e Libório eram feitores cruéis; quando Antonina encomendou um trabalho contra os dois – e com satisfação Sinhana se encarregou – ficaram em completa alienação. Enlouquecidos, os feitores um dia simplesmente desapareceram. Como ninguém gostava dos dois, não se preocuparam com o paradeiro dos infelizes, mas, passados alguns dias, o fazendeiro vizinho encontrou os corpos boiando rio abaixo. O "trabalho" de Sinhana fora tão violento, que Alcebíades e Libório, sem defesa espiritual em razão da conduta de cada um, acabaram por se suicidar hipnotizados pelas sugestões dos espíritos perturbadores.

 Entretanto, os problemas para Antonina não estavam resolvidos. O aborto acabou por provocar grave problema uterino: forte hemorragia e uma séria infecção. O pai, preocupado com o acontecido, levou-a imediatamente ao Rio de Janeiro; através de prolongado tratamento com os melhores médicos, acabou curando-se da infecção. Todavia sua saúde estava abalada. Antonina apresentava-se com anemia profunda e debilitada. Tão logo foi possível, o senhor Alvarenga questionou a filha: queria saber quem era o responsável por aquela tragédia. Temendo as conseqüências e querendo proteger seu amado, Antonina colocou a culpa em um pobre negro que trabalhava na lavoura. Inventou que fora atacada, estuprada, e acabara engravidando. O pai não teve dúvidas: prendeu o negro que, inocente, não sabia a razão do castigo. Amarrou-o no tronco, mandando castigá-lo impiedosamente. Com as costas ensangüentadas e inconsciente, Tonico foi levado à senzala onde Sinhana passou ungüento para minorar as dores e as feridas. Mas o castigo fora duro demais e Tonico não resistiu aos ferimentos, acabando por desencarnar.

 Felipe tudo assistia penalizado, mas nada podia fazer. Para acalmar a fúria paterna, Antonina desposou rico comerciante da corte, sendo completamente infeliz em seu casamento. O aborto provocara seqüelas irreversíveis, de forma que não pôde ter filhos. Felipe desgostoso com os acontecimentos nunca quis se casar, contraindo tuberculose e desencarnando ainda moço. Antonina agora reencarnada em condições difíceis começa a aprender a dura lição do reajuste. Vítima do estupro, prepara-se para receber em seu seio Tonico. Se foi a responsável por sua morte no passado, agora lhe oferece a oportunidade da vida. Alcebíades e Libório, no plano espiritual, passaram a mover

Crepúsculo de Outono

terrível perseguição contra a moça e têm suas razões, mas se esquecem que a justiça não se faz pelas próprias mãos. Chegará também a hora de Alcebíades e Libório. Como vemos, Felipe, toda ação que praticamos provoca uma reação. Assim é a Lei. Mas a favor de todos nós, espíritos falíveis, existe a Lei da Misericórdia Divina. Quem de nós suportaria o peso de nossas culpas do passado? Quem de nós seria capaz de resgatar todos os erros, se não fosse a ação da Misericórdia? Antonina aprendeu a sofrer e a reparar seu passado sem lamuriar-se e sem revolta, o que representa um crédito a seu favor. Agora, encontra-se com Felipe novamente e devem preparar-se para o devido reajuste com Alcebíades e Libório.

Eu ouvia a história de Antonina impressionado. As Leis Divinas são sábias, pensei comigo mesmo, e tudo na vida está certo. Nós é que desconhecemos o porquê das coisas. Por esta razão, Kardec nos dissera com sabedoria que, em sua evolução, o ser humano nasce, cresce, aprende, morre, renasce de novo, progredindo sempre – esta é a Lei. Antonina estava tendo a bênção do resgate de suas faltas do passado pela misericórdia de Deus, através da reencarnação.

Um aprendizado diferente

Naquele dia, Augusto acordara muito cedo. Olhou para o lado do leito onde era o lugar de Helena, sentindo enorme vazio em seu coração. Já transcorrera alguns dias que a esposa e a filha se haviam mudado e, para ele, readaptar-se novamente às atividades do quotidiano estava sendo muito penoso, pois o sentimento de ausência que dominava seu coração era qual veneno que matava aos poucos.

Sentia que Milene procurava dar-lhe apoio, tratando de alguma forma compensar a perda da esposa, mas para aquela sensação de impotência e abandono não havia remédio que amenizasse a dor. Carlinhos nutria um sentimento de gratidão profunda pelo médico. Considerava-o como se fosse seu pai, e também naqueles dias difíceis procurava ficar mais junto de Augusto, o que de alguma forma o confortava. Mas a sensação de vazio em sua vida era um guante impiedoso a açoitar-lhe a mente, sem descanso nem trégua. Augusto sentia que poderia enlouquecer. No fundo, uma grande mágoa instalara-se em seu coração e o impedia de olhar a vida em frente. Era incapaz de entender o porquê da atitude de Helena. Lembrou-se de Aprígio. Será que a vida escolhera aquela forma de castigo pelo crime involuntariamente cometido?

Crepúsculo de Outono

Dirigiu-se ao consultório; o dia transcorreu lento e penoso. Era outra quarta-feita e Augusto decidiu que deveria procurar orientação de Francisco, no Centro. Terminado o expediente e sozinho no consultório, olhando para a escrivaninha onde a foto da esposa e da filha sorriam, não se conteve: chorou copiosamente. Sentia desfalecerem suas forças e imaginava que a vida perdera o sentido para ele. Sempre amara Helena e tivera grande afeição e amor pela filha, mas a ausência de ambas dera a ele a perfeita dimensão do sentimento que nutria por elas. Afinal, eram as pessoas por quem ele na vida sempre lutara, a razão de sua existência.

Abriu a gaveta e deparou com um exemplar de *O Evangelho Segundo o Espiritismo* que lhe fora dado por Francisco. Como que maquinalmente abriu o livro, verificando que a página era uma exortação de Jesus ao perdão: *"Bem-aventurados os que são misericordiosos. Se perdoardes aos homens as faltas que cometem contra vós, vosso Pai celeste também perdoará vossos pecados."* Achou interessante o conselho do Evangelho e continuou lendo: *"Se vosso irmão pecou contra vós, ide acertar a falta em particular, entra vós e ele. Se ele vos ouvir, tereis ganho o vosso irmão."* Então, chegando-se Pedro a Ele, perguntou: *"Senhor, quantas vezes perdoarei ao meu irmão quando pecar contra mim? Será até sete vezes? – respondeu-lhe Jesus: Não vos digo que apenas sete vezes, mas até setenta vezes sete vezes."* (Mateus, 18:15, 21 e 22)

Augusto sentiu um estremecimento. Não, aquele ensinamento não viera por acaso. Era como se alguém estivesse querendo dar-lhe uma mensagem. Sim, deveria perdoar a atitude de Helena. Seu coração sofria, mas não podia guardar ressentimento daquela que era ainda sua esposa e a mãe de sua filha querida.

Já passavam das dezenove horas. Augusto saiu da clínica, fechando cuidadosamente as portas. A garotada na rua divertia-se correndo atrás de uma velha bola, já bem desgastada. Sentiu saudade da época em que não tinha aquelas preocupações nem mágoas. Entrou no carro e, por breves minutos, ficou olhando a alegria despreocupada daqueles meninos. Deu um suspiro profundo de saudade, lembrando-se do tempo em que sua vida eram sonhos, esperança e alegria. Por que a vida nos prega estas peças, meu Deus? – perguntava ele em seus pensamentos.

Acionou a ignição e deu partida no veículo. Chegou ao Centro ainda cedo e Francisco foi recebê-lo:

— Estou feliz por ter vindo, doutor Augusto. Tenho pensado muito no senhor e orado. Vamos entrando, por favor!

— Obrigado pela gentileza, Francisco. Realmente estou necessitando de esclarecimento e auxílio. Infelizmente tenho passado momentos difíceis ultimamente e sinto que preciso de um amparo espiritual. Você já deve saber, pois em cidade pequena tudo se comenta; caso contrário, vou informá-lo: Helena, minha esposa, resolveu separar-se levando consigo minha filha. Ah, Francisco, isto tem sido um tormento que parece não ter fim. Não consigo dormir à noite, tenho pesadelos e abateu-se sobre mim um desânimo que dá vontade de abandonar tudo e fugir do mundo. Até já me passou pela cabeça a idéia de suicídio!

— Doutor Augusto, ainda bem que o Sr. veio para cá hoje. Na verdade, encontra-se necessitado de amparo e fortalecimento espiritual. Infelizmente nossos inimigos desencarnados se aproveitam de nossas fraquezas e dos acontecimentos infaustos de nossa vida, para nos golpearem nos momentos de desespero. Quando nos entregamos ao medo, à desesperança e à descrença, abrimos nossa guarda, ao mesmo tempo que nossa mente passa a vibrar em baixas freqüências, dando campo à atuação de espíritos inescrupulosos; aí, então, ficamos à mercê desses nossos irmãos menos felizes, que nos incutem na mente

Crepúsculo de Outono

pensamentos de fuga, de suicídio e de outras loucuras. Temos de estar vigilantes, meu irmão.

— Obrigado por me ouvir, Francisco. Realmente preciso de um ombro amigo, de alguém que possa me orientar. Sinto-me completamente desnorteado em minha vida!

— Não se preocupe por hora, meu irmão. Ainda esta noite começaremos a cuidar do seu problema. O mais importante é que esteja disposto a encontrar o caminho da verdade. Ninguém pode viver neste mundo conturbado sem o apoio de uma fé sincera. E neste aspecto, o senhor já está procurando na Doutrina Espírita um ponto de apoio. Digo mais: seu ponto de apoio é Jesus, que, aliás, nunca nos falta. Nós é que nos distanciamos Dele, mas o Mestre é paciente e sempre nos aguarda! Quem não caminha pelo amor, caminha pela dor. Felizmente, o senhor já se dispõe a buscar no Evangelho o entendimento para os porquês da vida, ao mesmo tempo em que se dispõe a trabalhar em favor dos menos afortunados. Diante das tristezas, dos infortúnios, dos acontecimentos infaustos e das desilusões, o trabalho e o Evangelho são um santo remédio para todos os males.

Augusto tinha os olhos umedecidos de lágrimas. Reconhecia o acerto das ponderações de Francisco. Nunca antes tivera preocupação com religião nenhuma, nem se interessara em fazer nada em favor dos menos favorecidos da sorte. Será que tudo aquilo em sua vida tivera que acontecer daquele jeito para que despertasse? Além do mais, carregava consigo ainda a culpa pela morte de Aprígio. Tudo fizera por Milene e por Carlinhos, mas mesmo assim não sentia sua consciência limpa daquele sentimento. Por fim respondeu:

— Obrigado por tudo, Francisco. Sinto que talvez este acontecimento infeliz me leve para um caminho diferente; quem sabe o caminho que sempre deveria ter trilhado? Passando por esta experiência, por este novo aprendizado, quiçá eu reencontre a alegria de viver.

Francisco abraçou Augusto com carinho e emoção. Percebia naquele momento, por sua mediunidade, que Augusto era um amigo querido, uma alma afim e que encontrava finalmente o caminho do aprisco. Era o filho pródigo que retornava à casa paterna.

— Augusto, deixe-me dizer-lhe que, enquanto conversávamos, alguns espíritos amigos já estavam cuidando de você. Tenha certeza de que você não está sozinho neste momento difícil. Um dos irmãos espirituais aqui presente está pedindo que eu lhe diga um pensamento de Emmanuel, que serve adequadamente ao seu caso: *"Deus colocou na natureza as quedas d'água, para que o homem pudesse observar quanta energia ele pode tirar de suas próprias quedas"*. Então, meu irmão, confiemos em Deus, que tudo pode. Agora vamos nos dirigir ao salão para que assista ao Evangelho da noite. Depois irá tomar um passe de equilíbrio, um copo de água fluida. Hoje excepcionalmente, depois da palestra, estaremos organizando uma reunião de assistência espiritual para você, meu irmão. Confie em Deus, pois a partir de agora estará esculpindo um novo homem, um homem espiritualizado e que busca no Criador a fé que ainda lhe faltava. Ah! E não se esqueça: neste próximo sábado já agendamos algumas pacientes, portanto, esqueçamos o mal que nos aflige. Se estamos com Jesus, vamos arregaçar as mangas e botar as mãos na charrua.

De fato, Augusto sentia-se mais reconfortado, mais leve. A conversa com Francisco lhe fizera bem. Dirigiu-se ao salão onde outras pessoas já aguardavam, e acomodou-se em uma fileira próxima à tribuna. Uma pessoa preparava o ambiente com uma prece sentida; ao fundo, a Ave Maria de Schubert tocava suavemente. Augusto entregou seu pensamento a Deus e emocionado pela música e pelo ambiente chorou, mas não mais lágrimas de desolação ou desespero: era uma emoção que

Crepúsculo de Outono

o fortalecia em seu coração. Sentia que encontrara seu verdadeiro caminho, na dor impiedosa.

Naquela noite, na hora aprazada para o encontro com o assistente, dirigi-me à Mansão do Reajuste Materno, mas já encontrei Demétrius me aguardando na porta de saída da recepção. Cumprimentou-me, informando-me, em seguida, que teríamos uma nova incursão na crosta terrestre. Enquanto volitávamos em direção ao local, ele me explicava que iríamos visitar um Centro Espírita, onde se desenvolveria naquela noite uma reunião especial de auxílio a um espírito amigo encarnado, que passava por momentos difíceis. Estava investido de importante tarefa a cumprir, mas, por um acontecimento infausto, carregava enorme sensação de culpa que o impedia de ser feliz, bem como de abraçar a tarefa que lhe fora confiada na espiritualidade. Com uma sensibilidade apurada, mas por falta de evangelização, acabou por perturbar-se, ao mesmo tempo em que sua esposa, obsediada, e por sugestões de espíritos contrários ao desenvolvimento do trabalho de nosso irmão, acabou por separar-se causando enorme desgosto em nosso companheiro.

— ... Todavia – continuou o assistente – o que nossos irmãos das sombras muitas vezes ignoram é que, mesmo de uma ação voltada ao mal, podemos tirar lições inesquecíveis e um aprendizado inestimável. Jungido pela dor e pelo desespero, nosso irmão, que já recebera convite anterior mas ainda relutava, acabou por procurar socorro na Instituição que hoje vamos visitar.

Eu acompanhei o esclarecimento de Demétrius, admirado. Era verdade, até de um mal aparente, podemos verificar que haverá como conseqüência o bem. Quantas vezes precisamos cair, para aprender, na dor, que temos que levantar e continuar? Recordei o caso de Antonina: uma violência cometida não representara um resgate do passado, ao mesmo tempo que proporcionara a oportunidade de reencarne de um credor? Não fora um aparente atropelamento a oportunidade de encontrar um novo caminho? O assistente tinha razão, pois, após a tempestade impiedosa e a fúria dos elementos, a atmosfera apresenta-se sempre mais purificada e leve. Aproveitei para questionar Demétrius a respeito da separação do amigo em pauta:

— Até que ponto nossos irmãos mais necessitados têm condição de obsediar uma criatura, alterando o curso de alguma prova, resgate ou tarefa? No caso da separação do casal, pelo que me consta, não deveria ter ocorrido. Isto não altera de alguma forma e interfere na seqüência natural das tarefas abraçadas por cada um?

O assistente sorriu com benevolência. Em seguida respondeu-me:

— Sua pergunta é muito pertinente, mas temos de ter muito cuidado e conhecimento do Evangelho para não confundir as coisas. Em primeiro lugar, no plano material estamos sempre rodeados de espíritos sofredores, necessitados, zombeteiros, brincalhões e também inimigos. O Espírita evangelizado tem conhecimento e não pode colocar a culpa de seus atos equivocados por conta da ação malévola dos espíritos. Existem pessoas que creditam todos os acontecimentos como se fossem causados pela obsessão. Na verdade, cada um de nós tem seus pontos fracos, suas debilidades, seus defeitos, e nossos "amigos" desencarnados nos conhecem muito bem e sabem explorar estes nossos pontos fracos. Como ainda não somos vigilantes o suficiente, e ainda não temos o hábito de orar, abrimos campo para a perturbação espiritual; por esta razão, a ação destes espíritos provoca discórdia, descontentamento entre casais, brigas e até a separação. Foram os nossos irmãos menos felizes que provocaram a dissensão? Com certeza eles têm parcela importante de culpa, mas a culpa maior é a nossa, que permitimos que isto aconteça. Por mais terrível ou tenebroso que seja

Crepúsculo de Outono

o espírito, ele não conseguirá atear fogo onde não houver material de combustão; infelizmente, somos nós mesmos quem fornecemos a eles o combustível necessário para o incêndio que devora, impiedosamente, lares aparentemente bem formados. Quanto a alterar o curso de alguma tarefa, ou prova, podemos dizer novamente que tudo é um aprendizado para o espírito eterno. Não afirmamos anteriormente que até na presença do mal aparente tiramos lições inesquecíveis? Pois bem, após a separação é que muitas vezes, sentindo a ausência da esposa desprezada, o marido acaba por valorizá-la? A esposa que não valorizou o marido, quantas vezes não se arrepende após sofrer duros reveses? A vida é um aprendizado constante, e feliz é aquele que aprende. Errar todos erramos, Virgílio, pois ainda não somos perfeitos, mas temos que valorizar o erro reajustando nossa trajetória e não os cometendo novamente. Depois, quem pode dizer sobre o amanhã? O futuro a Deus pertence, e muitas vezes após triste experiência, em que casais se separaram, voltam novamente mais amadurecidos. Vamos confiar em Cristo e aguardar.

    O relógio terreno registrava que ainda faltavam quinze minutos para as vinte horas. Ainda tínhamos algum tempo. Adentramos o recinto de respeitável Instituição Cristã. Era um ambiente minúsculo pelo lado material, mas extremamente acolhedor. A atmosfera encontrava-se higienizada e a movimentação entre nosso plano e o material era intensa. Grande fila de espíritos necessitados, orientados por um irmão do nosso plano, aguardava para que pudessem também ouvir o Evangelho e auferir os benefícios do mesmo. Pude ainda verificar a presença de irmãos índios, caboclos e pretos velhos que davam a retaguarda e a sustentação, a fim de que o ambiente tivesse a segurança necessária, evitando invasões dos inimigos das sombras que rondavam do lado de fora. Se a Instituição era pequena no aspecto material, era impressionante observar que, pela ótica espiritual, aquelas paredes adquiriam dimensão extraordinária, abrigando grande número de necessitados desencarnados.

Cumprimentamos todos com respeito. Em seguida, fui apresentado ao mentor da Instituição, que nos acolheu com demonstração de alegria e simpatia.

— Irmão Demétrius, que alegria em revê-lo. Seja bem-vindo uma vez mais à nossa humilde casa.

O assistente sorriu carinhosamente, retribuindo o abraço.

— Obrigado mais uma vez por nos acolher, Irmão Enoque. Gostaria que conhecesse nosso Irmão Virgílio, que nos acompanha em tarefa de estudos.

— Agradeço por estarem aqui nesta noite, pois o trabalho é extenso. Podemos considerar, Virgílio – disse-me Enoque – que somos privilegiados. O trabalho com Jesus, além de nos proporcionar alegria ao coração, oferece a oportunidade bendita para resgatarmos nossos débitos do passado.

Sorri considerando a ponderação judiciosa de Enoque. Sem dúvida éramos privilegiados; havíamos recebido a oportunidade bendita de servir em Seu santo nome.

Naquele instante, as luzes principais apagaram-se permanecendo leve iluminação, produzida por lâmpadas azuladas, enquanto a prece de abertura era proferida pelo nosso irmão encarnado. O ambiente apresentava-se todo impregnado de energias etéreas de elevado padrão vibratório. Os presentes encarnados e desencarnados, que conseguiam atingir a sintonia do ambiente, já recebiam o auxílio do alto. Pude observar que, em alguns casos, operavam-se importantes transformações no campo perispiritual.

O orador da noite foi-me apresentado como sendo Irmão Francisco. Bem amparado espiritualmente, mantinha uma estreita sintonia com seu protetor, Irmão Enoque, que o sustinha em elevado padrão de vibração. Dissertou com eloqüência a respeito da paciência, da tolerância e da resignação. Percebi que o orador se tornara um foco centralizado, irradiando suave energia balsamizante, à semelhança de ondas circulares que observamos nas águas de um lago sereno, quando atiramos algum objeto. Estas ondas se ampliavam de forma suave, rítmica e harmoniosa, de forma que a todos atingia. Alguns irmãos encarnados infelizmente dormiam, uma vez que mantinham singular ligação com obsessores que haviam ficado fora do ambiente, mas que, mesmo assim, continuavam controlando seus obsediados; no entanto, os que acompanhavam a palestra recebiam a mancheias os benefícios espirituais.

Querendo elucidar a questão dos que dormiam no ambiente, discretamente pedi esclarecimento ao assistente, que me elucidou:

— Onde está nosso pensamento aí estamos nós. Estes nossos irmãos vieram até esta casa de caridade e oração em busca de auxílio, mas mantêm suas mentes ligadas às coisas comezinhas do dia-a-dia; não conseguem se desvencilhar dos problemas que os afligem e, muitas vezes, sentem-se entediados diante de uma oração mais prolongada, ou uma palestra por mais interessante que seja. Dessa forma, seus corpos estão no ambiente, mas seus espíritos viajam para outras paragens. Por outro lado, existem aqueles casos de obsessão mais crônica, em que, mesmo não estando presente, o obsessor mantém estreita ligação com o obsediado, conseguindo controlar a mente a distância; enviam sugestões de cansaço, de aborrecimento, o que provoca sono irresistível em momento inadequado, pois o necessitado acaba por não ouvir o Evangelho e nem receber o benefício que veio buscar. Aliás, é exatamente o propósito do obsessor. Entretanto, podemos considerar que nada é perdido; se a pessoa persiste, chegará o momento em que será auxiliada, seja pela vibração do ambiente, seja pela água fluida, seja pelos passes que são ministrados, ou até mesmo através de um tratamento de desobsessão. Por esta razão, a pessoa que procura uma casa de oração deve fazer grande esforço para não ceder às sugestões de cansaço, de sono; poderá estar atendendo sugestões daqueles que não têm interesse em que o Evangelho seja ouvido.

Terminada a reunião, com o ambiente todo iluminado por luzes feéricas, observei que a maioria deixava o ambiente com a aura apresentando suave luminosidade peculiar a cada um. A água que estava sobre a mesa fora fluidificada no momento em que foram proferidas as vibrações da noite, apresentando delicada coloração azulada. Era servida a todos no momento da saída. Demétrius chamou-me a atenção para a figura de respeitável cavalheiro que me pareceu ser médico. Era o doutor Augusto, esclareceu-me. Embora tivesse recebido os eflúvios do ambiente, mais o benefício da água fluida, apresentava-se acompanhado de uma entidade sofredora extremamente necessitada. A angústia que o médico sentia era em sua maior parte devida à presença daquele espírito sofredor que o acompanhava. Demétrius esclareceu-me que o processo obsessivo era mais complexo, pois os verdadeiros mentores intelectuais não se apresentavam; apenas se utilizavam de espíritos que lhes eram convenientes para tal fim.

Quando a assistência se retirou, no ambiente, permanecemos nós, da equipe espiritual, mais os trabalhadores encarnados. Fomos para o salão preparado para o trabalho da desobsessão. Enoque nos esclareceu que não havia necessidade, ali, da presença do doutor Augusto, porque os trabalhadores estariam sintonizando o médico e, dessa forma, seriam trazidos os espíritos necessitados de doutrinação; isso já lhe proporcionaria um alívio imediato.

O número de trabalhadores era pequeno, mas de boa vontade; foi possível formar apenas um grupo. Enoque nos esclareceu que Francisco seria o primeiro médium a dar passi-

Crepúsculo de Outono

vidade para a psicofonia, enquanto que o irmão Salvador, médium experiente, seria o doutrinador da noite. O ambiente foi uma vez mais preparado por breve oração. Francisco elevou seu pensamento em prece, colocando-se a serviço da caridade, desejando que sua mediunidade fosse colocada a favor dos necessitados, conforme a vontade de Jesus. Notei que seu cérebro passou a irradiar uma luz cristalina tão intensa, que o perispírito do médium estava à semelhança de um desencarnado. Observando mais cuidadosamente, verifiquei que a origem daquela luminosidade era a epífise, que se ligava à hipófise e ao hipotálamo, como se fora poderosa usina geradora de energia. O centro de força do coronário, o frontal e o cardíaco aceleraram de forma intensa seu movimento de rotação, envolvendo o médium em luz translúcida. De repente vimos Francisco desligar-se parcialmente do seu equipamento físico e, em espírito, postar-se ao lado, amparando o espírito sofredor que era trazido para a incorporação. Notei que o médium mantinha plena lucidez do que acontecia no ambiente, tanto material quanto espiritual. À semelhança de um Cirineu abnegado, envolveu o espírito comunicante em uma poderosa onda de amor e luz. Tão logo sentiu-se em condições de falar, o nosso irmão necessitado desabou em lágrimas comoventes. O doutrinador dirigiu-lhe a palavra, encorajando-o para o esclarecimento do que acontecia.

— Meu irmão, em primeiro lugar serene seu coração e confie em Deus. Aqui estamos para auxiliá-lo, portanto tenha fé em seu coração; não está mais sozinho. Por acaso não crê em Deus?

Enquanto o doutrinador conversava com o irmão necessitado, os demais médiuns vibravam amor, de forma que, aos poucos, ele foi adquirindo condições para o diálogo.

— Obrigado por tudo. Não sei como agradecer a vocês todos, pois faz muito tempo que ninguém falava comigo assim com respeito e carinho! Você me falou de Deus, e tenho de reconhecer que há muito tempo nem tenho pensado Nele, e nem orado. Só tenho tido espaço em meu coração e em meu pensamento para tristeza e desolação.

— Graças a Deus, meu irmão. Felizmente hoje você está aqui, pois em nome de Deus terá a oportunidade de renovação, encontrando novo caminho a seguir. Não acha que já é o momento de deixar nosso irmão em paz e também ser feliz? Não gostaria de seguir com nossos irmãos que, em nome de Jesus, o irão encaminhar para local onde possa se restabelecer? Não gostaria de ser útil? De poder voltar a trabalhar, só que agora em nome de Cristo?

— Ah, eu não mereço tanto! Meu Deus, eu o acompanhava, mas não tinha por ele nenhum sentimento de ódio. Sei que ele não tem culpa de nada, pois tudo foi uma fatalidade; mas ele sentia-se tão culpado, que eu queria ficar junto dele. Eu queria ajudá-lo. Aí vieram outros que o ameaçavam e me ameaçavam também, então eu não sabia o que fazer.

— Olhe, meu irmão! Sabemos que você apenas queria ajudá-lo, mas não está em condições para tal. Sua presença junto de nosso irmão provocou desarmonia e desequilíbrio em sua sensibilidade e, por esta razão, você irá agora com estes amigos que irão auxiliá-lo. Confie, quando estiver em condições de equilíbrio e conhecimento, então poderá ajudar nosso irmão encarnado.

— Deus lhes pague! Eu vou com estes irmãos que estão me chamando. Não quero mais ser motivo de perturbação para o meu amigo. Como você está me dizendo, se Deus permitir, um dia voltarei para ajudá-lo. Ele merece!

— Vá com Deus, meu irmão! Que Jesus abençoe seus bons propósitos.

Enquanto o espírito era desligado do médium e encaminhado para o Pronto Socorro, Demétrius esclareceu-me:

Crepúsculo de Outono

— Este nosso irmão foi morto de forma involuntária pelo nosso irmão Augusto. O médico procurou minorar as conseqüências de seu ato, amparando a viúva e o filho que hoje já é moço, mas não conseguiu fazer as pazes com sua consciência, que o acusava o tempo todo. Como vimos, nosso irmão não lhe devotava ódio, mas a simples presença junto de um médium com sensibilidade apurada, não evangelizada e não equilibrada, abriu portas para o desequilíbrio e para a obsessão daqueles que, nas sombras, arquitetam quedas espetaculares de muitos médiuns menos avisados.

Enquanto o assistente me esclarecia, observei que novo personagem era trazido ao nosso palco. Era alto, forte e extremamente violento, apresentando-se barbudo e com uma vestimenta suja e pegajosa. Fazia grande esforço para resistir, gritando em altos brados, mas, envolvido pelas vibrações do ambiente, uma corrente de luz se fez em sua volta; sentiu-se tolhido em suas manifestações, como se estivesse amarrado.

Foi o próprio Francisco quem uma vez mais deu passividade para que aquele espírito pudesse ser acolhido. Manifestei ao assistente minha preocupação com a segurança do médium de incorporação, diante do quadro desenrolado.

— Não há o que temer. Primeiramente, o médium é muito experiente e espiritualizado. Segundo, o ambiente encontra-se saturado pelas vibrações de amor, paz e harmonia, além do que, temos aqui toda segurança da assistência espiritual, que isola completamente este ambiente do externo. É de se notar que um trabalho desta natureza não pode ser realizado fora destas condições; aí realmente é perigoso.

O espírito já começara sua manifestação, sendo assistido pelo doutrinador, que o ouvia pacientemente. Mas eu ainda entendia que o assunto era de muita importância, de forma que solicitei mais uma vez maior esclarecimento por parte de Demétrius.

— Quais seriam as conseqüências da realização de uma reunião com manifestação mediúnica de incorporação, em ambiente não adequado?

— Virgílio, o relacionamento com o plano invisível é extremamente complexo. Se temos nossas dificuldades em identificar a índole da pessoa que está do nosso lado, imagine abrirmos as portas para quem não estamos vendo. É completamente desaconselhável reuniões de incorporação fora do Centro Espírita, onde todo ambiente está previamente preparado e existe todo um sistema de segurança, objetivando a proteção dos necessitados, bem como dos médiuns. É importante frisar que, em reuniões de Evangelho no Lar, não sejam permitidas manifestações de espíritos pela incorporação. As reuniões de incorporação sem a preparação adequada e a proteção necessária podem trazer danos imprevisíveis ao médium de incorporação; vão desde uma perturbação mais simples, até uma obsessão crônica, além das conseqüências aos assistentes e ao próprio ambiente do lar, que poderá ficar impregnado das vibrações e dos fluidos dos espíritos perturbados que passam pelo ambiente.

Estava satisfeito com a explanação de Demétrius. Enquanto isto a doutrinação prosseguia:

— Eu não sei o que está acontecendo comigo – reclamava o espírito. – A sorte de todos vocês é que estou amarrado, senão veriam só quem sou eu. Meu nome é Rhodes e desafio qualquer um de vocês a me encontrarem fora daqui. O que estão fazendo é covardia, mas eu tenho força e não tenho medo de ninguém! Vocês não perdem por esperar. Se pensam que vou desistir de perturbar o médico, estão enganados. Recebi ordens expressas e vou cumpri-las.

— Lamentamos muito que pense assim, meu irmão – dizia o doutrinador; nós apenas gostaríamos de ajudá-lo. Você recebeu ordens para prejudicar aquele nosso irmão, mas quem

Crepúsculo de Outono

lhe deu estas ordens não está preocupado com você e não gosta de você, não percebe?
— Ah! Ah! Ah! – gargalhou sinistramente. Vocês nem imaginam quem está por trás disto. Eu obedeço ordens superiores e, se pensam que sou um soldado raso, estão enganados! Eu também sou respeitado, meus superiores me respeitam. Repito mais uma vez: vocês não sabem onde estão se metendo. Somos uma grande falange e, se não for eu, serão outros. Nenhum de vocês deverá resistir aos nossos ataques. Abaixo os espíritas! Vocês posam de bonzinhos, mas no fundo nós conhecemos bem a podridão que existe dentro de cada um. Conhecemos suas fraquezas e seus pensamentos inconfessáveis. Deveriam pelo menos reconhecer que não são melhores que nós, não. Vocês são fracos e nós vamos pegá-los um por um!

Neste instante, observei que aquele espírito era de difícil diálogo. Tinha um objetivo definido, sabia perfeitamente o que fazia. Notei que despendia enorme esforço para se libertar, enquanto Francisco, postado ao seu lado, estava atento a tudo e tinha completo controle da situação. O assistente esclareceu-me que, se necessário fosse, Francisco poderia reassumir o controle do seu corpo físico, bem como filtrar o vocabulário proferido por Rhodes.

— Droga! – ele reclamava. – Por que não deixam que eu fale o que desejo? Gostaria de praguejar à vontade e mandá-los todos para o inferno, mas com minhas palavras. O que me impede? Eu não consigo entender!

O quadro que presenciava era por demais interessante. Observava que as vibrações emitidas pelos trabalhadores encarnados, bem como as nossas, envolviam o espírito comunicante, mas não conseguiam penetrar sua sensibilidade. O corpo perispiritual de nosso irmão parecia envolto em uma espécie de couraça, que o tornava refratário. Todavia, as vibrações de Francisco, de cujo corpo Rhodes se servia para

dar sua comunicação, conseguiam atingi-lo mesmo que de forma débil, mas com eficiência. O assistente notando meu espanto esclareceu-me:
— Aqui temos um belíssimo exemplo da mediunidade com Cristo. É de suma importância que o médium tenha disciplina, evangelização, amor e moral ilibada. Vejamos o presente caso: trata-se de um espírito lúcido, pois pratica o mal por opção, tem conhecimento de causa e é portador de grande inteligência. Quando reclama que não pode dizer o que gostaria, e que se sente tolhido, na verdade o que ocorre é que a ascendência moral do médium sobre o espírito faz com que ele se sinta incapaz de proferir palavras de baixo calão ou provocar tumulto no ambiente. Além do mais, as vibrações de amor que impregnam o ambiente ajudam no controle, mas não conseguem penetrar a defesa que, como um ímã de polaridade invertida, repele a energia recebida. Novamente aí, devemos enfatizar a capacidade de amor do médium de incorporação, pois o mesmo está em estreita ligação com o espírito e, nestas condições, apenas ele pode dirigir este sentimento de amor, que é sentido por Rhodes.

Neste instante, o espírito lutava contra o fluxo de luz e amor que o envolvia. Fazia enorme esforço e se contorcia como querendo fugir de algo que temia. Nestas condições, Enoque entendeu que seria melhor liberá-lo, pois o corpo físico de Francisco estava sendo submetido a grande desgaste inútil naquele momento.

— Eu vou embora, vocês não vão poder me segurar mais tempo!!! – urrava Rhodes. – Afastem esta luz de minha frente, porque não adianta! Eu me sinto queimar por dentro – gritava, enquanto se contorcia. – Me deixem ir embora! Eu juro que me vingarei de cada um aqui presente, juro!

Bem amparado espiritualmente, o doutrinador finalizou a doutrinação com palavras de amor, mas ao mesmo tempo firmes:

Crepúsculo de Outono

— Está bem, meu irmão, você está sendo liberado neste instante, mas tenha certeza de que não conseguirá fugir de si mesmo, pois você também é um filho muito querido de Deus. Não adianta fugir de sua essência por mais tempo, você sabe, sentiu hoje que contra o amor do Criador ninguém pode mais. Sabemos que em breve retornará a esta casa, após o tempo que tiver para refletir sobre tudo o que aconteceu com você no dia de hoje. Que Deus o abençoe, meu irmão!

— Não!!! – Não quero ouvir mais!!! Chega!!!

Ato contínuo, Rhodes foi desligado, saindo do ambiente em fuga desesperada. Olhei bem para a fisionomia daquele irmão e percebi que ele estava apavorado. O assistente esclareceu-me:

— Foi melhor assim, Virgílio. Ele ainda não apresentava condições necessárias para o entendimento, nem estava disposto a abrir-se defesas para o amor. Seu passado o mantém em fuga de si mesmo; teme o dia da verdade, e então se desespera com a realidade que terá de enfrentar. Mas nada foi em vão. O nosso irmão deixou esta casa muito abalado em suas convicções íntimas. Por dias deverá meditar em tudo o que aconteceu, e aí, então, quem sabe?

Terminara a reunião de auxílio. Francisco se apresentava extenuado, bem como alguns médiuns, dado o esforço despendido na noite. Todavia, no momento da prece, fez-se presente no ambiente uma chuva de pétalas de rosas, que refletiam luzes de tonalidade azul claro. Ao contato com os médiuns, desfaziam-se em energias que eram absorvidas, recompondo as energias dos trabalhadores. Ao retirar-se do ambiente, cada trabalhador refletia no semblante a satisfação do dever cumprido.

Despedimo-nos de Enoque. O amigo nos abraçou com carinho, finalizando com o comentário:

— Obrigado pela presença, irmãos. Pela graça de Cristo concluímos o trabalho da noite com alegria no coração. Os trabalhadores encarnados também se retiram satisfeitos, pois

Jesus nos disse um dia que não perderia seu galardão aquele que oferecesse um copo de água em Seu nome.

Já do lado de fora, manifestei ainda uma dúvida que persistia em minha mente. O que aconteceu com Rhodes? Qual sua reação nos momentos que se seguiram à doutrinação? Para onde havia se dirigido, de forma tão desorientada? Sofreria alguma conseqüência de seus superiores?

Demétrius sorriu com benevolência ao meu questionamento. Por fim me respondeu:

— Gostaria de fazer uma visita a um determinado local, que, aliás, você já conhece?

Senti um arrepio percorrer minha coluna; de imediato percebi qual era o local ao qual Demétrius tencionava ir. Todavia, recompus-me rapidamente, respondendo afirmativamente. Alçamos vôo e em poucos minutos adentramos uma região envolta por densa neblina do umbral, já minha conhecida. Aproximamo-nos do galpão onde, algum tempo atrás, havíamos conhecido Razor[2]. Mantínhamos nossa condição vibratória, para que pudéssemos circular pelo ambiente sem maiores preocupações. Tudo estava no mais absoluto silêncio. Seguindo Demétrius, dirigimo-nos à região das cavernas onde deveriam estar reunidos. Não nos enganamos. Todos estavam presentes, e discutiam as estratégias de ataque às Instituições de Caridade, especialmente aos Centros Espíritas. Rhodes estava presente com a fisionomia transtornada. Notei que Trevor assumira a chefia na ausência de Razor, e demonstrava ser um líder ainda mais cruel que seu antecessor.

— Vamos mais uma vez recapitular as instruções, para que ninguém venha depois reclamar! Não podemos mais sofrer baixas em nossas fileiras, como as que têm ocorrido ulti-

---

(2) Razor, espírito líder das sombras, cujo trabalho de resgate é relatado no romance "Além do Infinito Azul". Nota do Autor Espiritual

mamente. O Grande Imperador tem demonstrado suas preocupações, depois da capitulação de Razor. Temos de ser mais firmes! Nenhum de vocês pode mais ser apanhado desprevenido para ser doutrinado em um Centro Espírita! Isto é uma vergonha e uma desonra! Não é mesmo, Rhodes? O que tem a dizer em sua defesa? Como pôde ser apanhado?

Rhodes estava apavorado, diante do questionamento do líder das sombras. Conseguiu balbuciar algumas palavras:

— Não tive culpa, Trevor. Estava seguindo suas instruções para impedir que aquele médico procurasse ajuda no Centro, mas o efeito foi exatamente o contrário. Nossa atuação foi um sucesso, inclusive conseguimos a separação de sua esposa, mas ele sentiu-se tão angustiado, que acabou procurando auxílio no Centro. Aí então me apanharam desprevenido, mas eu resisti, e acabei fugindo!

Rhodes explicava-se todo encolhido, com receio da reação de Trevor. O líder olhou bem fundo nos olhos de Rhodes, que estremeceu diante do olhar inquisidor e afiado como uma lâmina. Em seguida deu um murro na mesa tosca que havia ao lado, seguido de um forte grito de irritação:

— Imbecil!!! – Idiota!!! – Incompetente!!! Vocês se deixam apanhar e acham que ainda tiveram vantagem pelo fato de terem resistido! Estúpido, você não conseguiu fugir, eles é que o deixaram fugir e, neste instante, devem estar nos observando para acompanhar nossos planos. Eu sei que eles já sabem, mas os detalhes não interessam! Temos que ter sempre um fator surpresa a nosso favor e vocês sempre botam tudo a perder!

Rhodes abaixou a cabeça submisso. Trevor sentou-se, enquanto toda assembléia permanecia em silêncio. Ninguém ousava comentar nada, enquanto o líder não o determinasse. Por fim, completou:

— Lamentavelmente, o médico já procurou auxílio. Vamos esquecê-lo por algum tempo, pois, no primeiro momento, ele se agarrará à doutrina como um náufrago em uma tábua de salvação e, sem dúvida, deverá elevar seu padrão vibratório, o que tornará difícil nosso trabalho. O risco também será grande, porque deverão fazer outras reuniões em seu favor, e mais algum trapalhão de nós poderá ser encaminhado para *"doutrinação"*. Seria muita vergonha, uma desonra um de nós acabar sendo doutrinado.

Todos continuavam em silêncio. Trevor fez uma pequena pausa e sorriu de forma malévola:

— Vamos dar um tempo, para que ele pense que já se livrou de nós e novamente relaxe a vigilância. É normal que isto aconteça. Todos nós conhecemos muito bem a índole dos encarnados. No momento de perigo, apegam-se a Deus; passado o desespero, esquecem de tudo e baixam a guarda. Aí o pegaremos pra valer e ele então sentirá a ira de Trevor. Está bem?

Todos concordaram satisfeitos; afinal o chefe encontrara uma solução. Demétrius e eu saímos do local, enquanto ele comentava:

— Infelizmente somos obrigados a concordar com Trevor. A dor nos obriga a buscar o caminho do bem, mas tão logo melhoramos nossa condição, afrouxamos nossa vigilância e novamente ficamos sujeitos às investidas das forças negativas. Eles conhecem sobejamente as fraquezas humanas.

Concordei entristecido, reconhecendo que neste mister ainda estávamos aprendendo com os nossos irmãos das trevas. Por esta razão a dor ainda é necessária; caso contrário, nós nos entregaríamos à preguiça e à indolência. Enquanto nos dirigíamos para nosso domicílio, respirei fundo sentindo o ar fresco da madrugada. As estrelas ainda refulgiam no firmamento enquanto o sol ainda não despontara no horizonte, oferecendo sua luz e calor. Fitei as luzes cintilantes de Órion, que nos acenava no infinito do céu na alegria eterna do Criador.

Um ato de caridade

Naquela tarde Felipe manifestava-se nervoso e inseguro, pois iria até o hospital para ver Antonina juntamente com sua mãe. Embora já estivesse com seus vinte dois anos completos, ainda assim tinha certa dificuldade no trato com o sexo feminino. Rapaz de boa aparência, correto, trabalhador, educado e aplicado nos estudos. Era o orgulho de seus pais; jamais dera trabalho no período da adolescência. Começara a trabalhar cedo e, com sacrifício, comprou um carro com seu próprio esforço. A cada dia, depois do expediente, ia direto para a faculdade, chegando em casa sempre depois das onze horas da noite, cansado. Dava um beijo nos pais e ia direto para o chuveiro. Quando saía, a mamãe já tinha preparado seu jantar. Aos sábados, freqüentava o Centro Espírita de seu bairro, participando do grupo de jovens.

Enfim, era o rapaz que toda mãe gostaria que sua filha namorasse. Todavia, sentia-se como um peixe fora d'água para os jovens do seu tempo. Vez ou outra, arrumava alguma namorada, mas era extremamente comportado e tímido, e logo as moças perdiam o interesse no namoro. Por esta razão, Felipe ainda não havia encontrado ninguém que efetivamente tivesse despertado nele algum sentimento mais profundo.

Antonio Demarchi – espírito Irmão Virgílio

Depois do episódio do atropelamento de Antonina, Felipe esteve no hospital algumas vezes. A moça havia recuperado a consciência, mas parecia desmemoriada. Lembrava-se apenas do nome, dizendo chamar-se Antonina. O médico disse-lhe que era um acontecimento justificado pela batida forte sofrida na base craniana, mas que havia possibilidades de que a moça pudesse recuperar a memória aos poucos. Sentia-se culpado pelo acidente e penalizado também pela figura da moça, que lhe parecia de origem simples e humilde. Naquela tarde, levou sua mãe para conhecer a moça. O pessoal da enfermagem, notando o interesse do rapaz e da mãe pelas condições de saúde da paciente, resolveu informar-lhes que Antonina estava grávida já de uns cinco meses, aproximadamente. Dona Celina, além da simpatia que Antonina lhe inspirava, mostrava-se também penalizada pela situação daquela pobre moça que nem sabia direito quem era, grávida e sem ter para onde ir. Naquele instante, trocou algumas palavras com Felipe, tomando em seguida uma decisão: levaria Antonina para casa, até que ela recuperasse a memória e pudesse retornar para a casa dela. Seria tratada com todo carinho e respeito, como se fora a filha que não tivera.

Chegando em seu lar, Celina estava radiante com a decisão tomada. Faltava apenas obter a aquiescência do marido. Mas tinha certeza de que Artur não iria criar dificuldades; ela conhecia de sobra a personalidade e a benevolência do marido. Às vezes parecia casmurro e turrão, mas tinha um coração de ouro e, por esta razão, Celina entendia as atitudes do marido que, acima de tudo, era extremamente honesto e honrado. Por essas razões, eram felizes na simplicidade de suas vidas. Ambos abraçaram desde cedo a Doutrina Espírita, participando das reuniões e das promoções dos chás e outras festividades que visavam a angariar recursos para a assistência das famílias necessitadas.

Quando Artur chegou do trabalho à noitinha, Celina recebeu-o no portão com um beijo. O pai de Felipe sorriu com o gesto da esposa, pois a conhecia muito bem, perguntando de súbito:

— Querida, você está me agradando muito. O que está querendo que eu faça?

Celina sorriu com a perspicácia do marido.

— Você me conhece mesmo, não é? – ela disse, enquanto entrava segurando seu braço como se fossem ainda namorados. – Pois bem, eu arrumei uma filha para nós!

— Não me diga, que novidade fantástica – respondeu o marido sorrindo. – E posso saber quem é esta nossa filha?

— Sim, é a moça que nosso filho atropelou. Artur, eu lhe peço encarecidamente, deixe que eu a traga para nossa casa, pelo menos até que recupere a saúde e a memória. Além do mais, está grávida. Não podemos deixar esta pobre criatura desamparada! Por favor, não me diga não!

— Pedindo deste jeito, como poderia dizer não? – argumentou. – Felipe tem conhecimento desta sua intenção? O que ele acha?

— Felipe estava comigo no hospital hoje à tarde. Ele concorda plenamente com esta idéia. Então, querido, qual é sua resposta?

Artur abraçou a esposa sorrindo. Em alguns momentos sua esposa parecia uma adolescente.

— Acho que já respondi, querida. Por mim, não há problema nenhum. Só espero que não venha nos trazer complicações mais tarde.

Celina estava exultante de alegria. Deu um beijo apaixonado no marido, abraçando-o com carinho e emoção.

— Obrigada, minha intuição diz que não vamos nos arrepender deste nosso gesto.

Antonina estava recuperada. Sentia-se bem, mas com a cabeça um tanto quanto confusa. Não recordava o que havia acontecido. As enfermeiras haviam informado que sofrera um acidente, mas a moça não tinha nenhuma noção do que realmente ocorrera. Sentia no íntimo uma angústia que não sabia definir, mas aquele rapaz que a visitava, juntamente com sua mãe, lhe faziam bem. Percebera que eles se importavam com ela. Não sabia agora o que fazer da vida, pois fora informada que, naquele sábado, estaria recebendo alta hospitalar; mas ir para onde? Por volta das dez horas da manhã, foi orientada para se preparar para deixar o quarto. Uma aflição dominou seu espírito, sem saber o que fazer. Aprontou-se esperando que o médico viesse assinar seu prontuário. Ir para onde, meu Deus? – pensava consigo mesma. Ainda mais grávida, o que faria da vida? Perna engessada, mal podia se locomover.

Estava naquele dilema terrível, com enorme angústia lhe atormentando a alma, quando assomaram à soleira da porta dona Celina e Felipe. Seu rosto se iluminou num sorriso de alegria. Pelo menos alguém se importava com ela, mas quem eram eles? Será que poderia esperar daquelas pessoas algo mais que não fosse um gesto de caridade? Instintivamente correu em direção à dona Celina, abraçando-a em choro emocionado.

— Calma, minha filha. Calma. Não precisa chorar, pois aqui estamos para ajudar no que você precisar, não é Felipe?

— É verdade, Antonina – respondeu o rapaz meio sem jeito. – Você irá conosco até ficar completamente curada. Afinal, eu fui o responsável pelo acidente.

A moça descontraiu-se aliviada. Agradeceu a Deus em pensamento; agora já tinha para onde ir. Comovida e com lágrimas nos olhos Antonina não sabia como agradecer aquele gesto de carinho.

— Obrigada gente, que Deus lhes pague! Prometo que vocês não irão se arrepender de tudo que estão fazendo por mim. Tenho certeza que, de alguma forma, algum dia vocês serão recompensados.

Dona Celina sentia em sua alma que aquela moça desamparada lhe era querida. Abraçou-a com carinho qual se fora sua filha.

— Fique sossegada, minha filha. Não esperamos nenhuma recompensa pelo que estamos fazendo. Ficaremos felizes, quando estiver completamente recuperada e seu filho nascer bem.

Seguiram para casa levando Antonina. Felipe não sabia o que fazer para agradar a moça. Seus sentimentos estavam confusos. Não sabia o que acontecia com ele, mas a verdade era que, além de muito carinho, sentia uma forte atração por Antonina.

Passados alguns dias, todos já estavam habituados com a presença da moça em casa. Era como se já fizesse parte da família. Seu Artur se desfazia em atenções, enquanto Celina preparava sopinhas e canja para que a moça fosse bem alimentada. Um dos cômodos da casa passou a ser o quarto de Antonina, que diariamente agradecia a Deus por tanta felicidade. Embora não se recordasse de nada, no íntimo parecia-lhe que nunca fora tão feliz assim antes.

Ainda que tivesse dificuldade de locomoção, procurava ajudar dona Celina no que podia, nos afazeres domésticos, de forma que pudesse sentir-se útil; não desejava ser um peso para aquela família que de maneira tão caridosa a acolhera. Todavia, um sentimento de culpa pesava em sua alma: não sabia como explicar sua gravidez. O que teria acontecido? Com o passar dos dias, sentia-se cada vez mais apaixonada por Felipe e percebia que seus sentimentos eram correspondidos. Não, ela não podia agasalhar nenhum tipo de pretensão a esse respeito. Todos naquela família eram muito bons e haviam-na acolhido por carinho, por piedade à sua situação e ela tinha que ser grata por isto, mas nada mais do que isto. Não poderia nunca esperar nenhum outro sentimento de Felipe, mesmo porque, além de desmemoriada, estava grávida. Quem era o pai de seu filho? Decididamente, o rapaz merecia uma moça que fosse de seu nível e que não tivesse nenhum tipo de problema como os dela. Notou que além de bondosos tinham o hábito de fazer o Evangelho no lar. Toda quinta-feira reuniam-se, para oração, leitura e comentários do Evangelho, exceto Felipe, que estava na Faculdade. Dona Celina explicou que eram espíritas, que acreditavam na reencarnação e que, possivelmente, ela não estava lá por acaso. Deveriam já ser conhecidos de outras existências. Tudo aquilo era novidade para Antonina que, extasiada, via um novo mundo se abrir para ela. Começou a ler o Evangelho e alguns romances que dona Celina lhe deu, sentindo-se como alguém que encontra uma fonte inesgotável de paz de espírito. As leituras lhe faziam bem e fortaleciam sua alma. Dona Celina recomendou-lhe algumas obras de fácil entendimento, que Antonina leu com sofreguidão: *Há dois mil anos, 50 anos depois, Renúncia*[3], sentindo-se emocionada com os exemplos de amor, desprendimento, fraternidade. Sentia-se como se fizesse parte dos personagens daquelas histórias. Foi profundamente tocada por todos, mas quando leu *Paulo e Estevão*[4], alguma coisa mudou dentro de si. Um novo entendimento se apossava de Antonina; tinha vontade de conhecer mais a respeito daquela doutrina.

    Manifestou seu desejo e dona Celina, feliz, prometeu que a levaria ao Centro, para tratamento, e para que aos poucos pudesse ir aprendendo através dos cursos ministrados.

    Seu sono era tranqüilo, mas, às vezes, acordava sobressaltada com estranhas visões e pesadelos. Era como se alguém a perseguisse; em seus sonhos, corria em direção a uma luz, que

---

(3) Obras de Emmanuel, psicografia de Francisco Cândido Xavier.
(4) Obra de Emmanuel, psicografia de Francisco Cândido Xavier.

Crepúsculo de Outono

nunca conseguia alcançar. Dona Celina a acalmava, dizendo que após um tratamento espiritual tudo aquilo deveria acabar.

Felipe continuava a tratá-la com carinho e atenção e ela estava cada vez mais apaixonada. Uma dúvida martelava sua mente: seria apenas um carinho de irmão, ou algum sentimento de culpa? Ao mesmo tempo que se sentia feliz por estar naquela casa, sabia que um dia ainda poderia ser muito infeliz, pois tinha plena convicção de que Felipe nunca iria corresponder ao seu sentimento. Sua barriga já estava volumosa e começava a perceber a criança, movendo-se dentro dela. Acariciava o filho instintivamente; não poderia imaginar se aquele ser indefeso, que crescia em seu ventre, ainda seria a causa de sua felicidade ou tristeza. Será que Felipe poderia querer uma mãe solteira?

Reaprendendo a viver

Já havia transcorrido mais de quinze dias que Helena se fora. Augusto sentia-se bem mais confortado, principalmente depois que começou a freqüentar regularmente as reuniões do Centro. A sensação de angústia e desespero havia desaparecido e aos poucos tentava reordenar sua vida; mas a saudade ainda o fazia sofrer, principalmente quando chegava e encontrava a casa vazia. No entanto, a solidão não durava mais que dois minutos, porque Milene vinha imediatamente para servir-lhe o jantar.

A viúva de Aprígio sentia um carinho especial por Augusto. Apesar dos quarenta e poucos anos e dos cabelos brancos que começavam a aparecer, o médico tinha boa aparência e era bem conservado. Mas, acima de tudo, Milene admirava a beleza interior do médico, além do que lhe era muito grata por tudo que ele fizera para ela e para o filho. Não podia compreender a razão da separação de Helena, pois, para ela, Augusto era o melhor homem do mundo.

Já havia transcorrido muitos anos da morte do marido e Milene, apesar de sofrida, ainda era muito atraente. Jamais pensara em procurar outro companheiro; não lhe passava pela cabeça que outro homem pudesse ocupar na cama o lugar que

Crepúsculo de Outono

pertencera a seu marido. Embora não quisesse admitir, no fundo, além do sentimento de gratidão, sabia que amava o médico. Por este motivo, vivia em conflito constante. Temia que seu sentimento fosse percebido por Augusto e Helena, mas não conseguia dominar seu coração. Procurava se policiar e controlar-se. Não poderia trair a amizade de Helena e Augusto.

Agora que estavam separados, Milene sofria vendo a tristeza de Augusto, sem poder fazer nada. Gostaria de abraçá-lo, falar de seu amor, recompensá-lo com compreensão, que ele não tivera de Helena, cobri-lo de beijos e encher seu coração de alegria. Milene seria capaz de qualquer coisa para vê-lo sorrir novamente, mesmo que para isso fosse necessário dar sua própria vida. Até renunciar, como até então fizera, desde que Augusto fosse novamente feliz.

Naquela noite, assim que o médico chegou, Milene já o esperava com o jantar pronto. Augusto sentou-se à mesa pensativo. Em outros tempos, era alegre e falante, mas depois da separação ficara muito calado. Como uma forma de distraí-lo, Milene puxou conversa:

— Então, doutor Augusto, como tem passado? Tem chegado tarde ultimamente.

O médico olhou-a com o semblante triste.

— Tenho procurado me distrair no trabalho, Milene. Mas queria que não se preocupasse comigo quando chego tarde. Não precisa vir servir-me, pode deixar que me viro sozinho.

— De jeito nenhum, doutor. Imagina, em minha vida só tenho meu filho e agora o senhor, depois que dona Helena se foi, e acha que não viria servi-lo? O senhor merece muito mais que isto. Queria que soubesse que tanto eu como Carlinhos lhe queremos muito bem, doutor!

— Desculpe-me, Milene, mas com meus problemas todos nem tenho dado atenção a vocês. Como Carlinhos está indo na escola?

— Ah, doutor, o senhor já tem tantos problemas, e ainda tem que se preocupar conosco? Carlinhos tem ido muito bem, e este ano termina o colegial.

— Meu Deus – respondeu –, como o tempo passa Milene. Carlinhos já é um moço quase formado. Ele já tem alguma idéia do que gostaria de fazer?

— O senhor não vai acreditar, doutor, mas meu filho o considera como pai e o admira muito. Sempre me diz que quer ser médico como o senhor, mas eu sempre digo que é muito dispendioso. Como poderia meu filho estudar Medicina?

Augusto já havia acabado a refeição. Enquanto Milene servia um cafezinho, o médico ficou pensativo por algum tempo. Lembrou-se de Aprígio agonizante em seus braços. Prometera ao amigo que cuidaria de seu filho. Sim, se Carlinhos desejava fazer Medicina, ele iria prover os recursos materiais necessários. Sorriu com a possibilidade, pois gostava muito daquele menino que já se tornara moço, sem que ele, Augusto, percebesse. Lembrou-se daquela noite fatídica em que fora atendê-lo, com febre altíssima e olhinhos tristes, sem saber que naquele momento seu pai estava morto.

— Milene, amanhã quero conversar com Carlinhos. Se ele quiser cursar Medicina, terá todo meu apoio. Vocês sabem que eu também lhes quero muito bem. Agora você e Carlinhos são minha família – ele disse com lágrimas nos olhos.

— Não fale assim, doutor. Tenho certeza de que dona Helena também o ama. Só não sabemos o que se passa com ela e por que age dessa maneira. Quem sabe ela também está sofrendo muito, não é mesmo? Nós não sabemos o que vai no coração de cada um. Não se esqueça de que também tem Lucimar, que é sua filha querida. Ela o adora doutor. Tenho certeza de que ela jamais se esquecerá do pai que tem.

A lembrança da filha fez com que as lágrimas rolassem pelo rosto do médico. Milene era naquele momento alguém

Crepúsculo de Outono

que o confortava. Olhou-a nos olhos e viu que ela também chorava. Abraçou-a comovido, enquanto Milene, emocionada, encostou a cabeça em seu peito, sentindo o pulsar daquele coração amado e generoso. Enlaçou-o nos braços, apertando-o de encontro ao coração. Ficaram assim calados por alguns minutos. Por fim, Augusto já recomposto argumentou:

— Acho que estamos ficando velhos. Obrigado por me ouvir e confortar-me. Você é uma boa pessoa e também lhe quero muito. Sei que tenta justificar a atitude de Helena, mas é difícil. Não que ela seja má pessoa; qualidades ela as tem e muitas, mas não mais me ama. A realidade é dura e triste, porém eu vou superar tudo isto.

— Gostaria muito de ajudá-lo doutor – redargüiu, enxugando as lágrimas – O senhor sabe que pode contar comigo e com Carlinhos para tudo. Só espero não ser inconveniente; se isto acontecer, por favor, avise-me – concluiu humildemente.

Augusto conseguiu sorrir diante da simplicidade de Milene. Comovido, retrucou:

— Fico-lhe muito grato por seu interesse. Gostaria que soubesse que realmente aprecio sua atenção e carinho. Só lhe peço que daqui em diante pare de chamar-me de doutor e senhor. Chame-me de Augusto, somente. Estamos entendidos? Dessa forma, você poderá me ajudar, combinado?

Milene sorriu feliz. Para ela, era uma ponta de esperança. Sentia que Augusto também lhe queria bem, que lhe dedicava uma amizade pura e sincera. Quem sabe com o tempo...?

O médico dirigiu-se à sala, apanhando um livro que começou a consultar. Milene retirou a mesa e limpou a cozinha. Despediu-se com um boa-noite, e dirigiu-se à sua casa. No trajeto, sentia-se como uma pluma que flutuava e o céu, salpicado de estrelas, parecia-lhe sorrir. Não, Augusto não precisava amá-la, ela já se sentia feliz se pudesse amenizar seu sofrimento de alguma forma.

Antonio Demarchi – espírito Irmão Virgílio

Os dias foram correndo. Além do carinho e da dedicação constante de Carlinhos e Milene, Augusto encontrara com o apoio de Francisco uma nova razão para esquecer seus problemas pessoais: era o atendimento às mães e às gestantes. Todos os sábados, às oito horas da manhã, atendia no consultório, sentindo-se útil por fazer algo para aquelas criaturas que, apesar de toda miséria e problemas, ainda conseguiam sorrir.

Naquele sábado, começara o atendimento pontualmente às oito. Eram mães pobres, normalmente com grande número de filhos, querendo uma palavra, uma orientação. Se tinha uma grande virtude, sem dúvida nenhuma era a paciência. O médico ouvia as lamúrias daquelas criaturas e as instruía, conforme a necessidade de cada uma. Consulta gratuita, médico atencioso, e já se formava uma pequena fila lá fora.

O trabalho fora intenso naquele dia. Estava terminando o atendimento, quando chamou para o consultório a última paciente, acompanhada da filha, menina ainda. O médico orientou a mãe para que a mocinha ficasse do lado de fora, ao que a mãe redargüiu:

— Não, doutor, a consulta é para minha filha.

— Está bem, qual é o problema da mocinha? – perguntou sorrindo.

— O problema, doutor, é que Joaninha tem treze anos e vem para ela desde os onze, mas já faz três meses que não desce. Estou preocupada e queria que o senhor a examinasse.

O médico fitou o rosto de Joaninha penalizado. Menina ainda, deveria estar brincando de boneca. Com certeza estava grávida. Meu Deus, pensou, que responsabilidade! Sentou-se do lado da mãe e da filha, começando preliminarmente a bater um papo.

— Muito bem, Joaninha, conte para mim o que está acontecendo com você. Tem certeza de que já passaram três meses sem menstruação?

— Sim, doutor. Tenho certeza, porque já faz algum tempo que não tenho precisado usar a toalhinha que mamãe me dá.

— Está bem. E, além disto, você tem sentido alguma coisa?

— Sim, eu tenho sentido muita tontura e vontade de vomitar.

— Certo. Então o tio Augusto vai ter que examinar você. Concorda?

— Sim, doutor, só que não queria que minha mãe ficasse aqui. Tenho vergonha dela.

— Que vergonha qual o quê – respondeu a mãe rudemente. – Para fazer o filho não sentiu vergonha nenhuma, não é? Olha, doutor, eu quero saber quem foi que fez isto com minha filha, mas ela é teimosa, não quer dizer de jeito nenhum. Qualquer dia vou dar uma surra nela, grávida e tudo! E tem mais, ela vai ter de botar esta criança fora de qualquer jeito! Nós não vamos ter condição de sustentar mais uma boca em casa.

O médico olhou penalizado para a garota. A menina baixou a cabeça e começou a chorar. O médico interveio:

— Olhe, minha senhora, por favor, pode deixar-me com sua filha a sós. Eu sou médico e, se Joaninha não se sente bem, é melhor que a senhora espere lá fora. Não tenha receio, pois tudo irá bem.

Diante da ponderação firme do facultativo, a mãe retirou-se meio contrariada. A sós com a pequena paciente, o médico, antes de mais nada, quis conversar para que ela ficasse mais à vontade. Era de dar pena. Figura franzina, carinha triste e amedrontada. Doutor Augusto sentiu que Joaninha guardava algum segredo que não podia revelar. Com jeito e carinho insistiu:

— Vamos, minha filha, para o tio Augusto você pode falar. Foi seu namorado?

A menina recomeçou a chorar em silêncio. Por fim, com voz tímida conseguiu dizer:

— Eu não tenho namorado.

— Joaninha, você não precisa dizer, se não quiser, mas eu quero ajudá-la. Pode contar-me, que fica em segredo entre nós. Eu sou médico e vou respeitar sua vontade, mas eu preciso saber. Na verdade, sou o único que pode mesmo ajudar.

A menina soluçava. O médico estava compungido diante daquela situação inesperada. Insistiu um pouco mais e a menina respondeu:

— Eu não posso contar. Ele ameaçou me matar se eu contasse para alguém.

O médico por instantes parou para refletir. Como agir diante daquela circunstância? De qualquer forma, resolveu não insistir mais, respeitando a delicada situação que vivia aquela criatura ainda tão criança e já enfrentando drama tão terrível.

— Está bem, Joaninha. Não precisa contar. Eu somente queria ajudar você de alguma forma. Desculpe o tio Augusto, sim?

A menina parou de chorar por instantes, olhando fundo nos olhos do médico.

— Está bem, tio. Para o senhor eu vou contar, porque o senhor é o único que não falou em me bater; o senhor é bom. Quem fez isto comigo foi o meu padrasto. Mas minha mãe não pode ficar sabendo.

Augusto sentiu-se desmoronar diante da revelação de Joaninha. Pobre criatura, indefesa e ainda incompreendida pela própria mãe. Abraçou-a com carinho, qual se fora sua filha.

— Conte para o tio Augusto, filha, como ele fez isto com você? Sua mãe nunca percebeu?

— Não, minha mãe não percebe nada, pois sai de casa cedo e meu padrasto sempre foi um desocupado e ficava em casa. Ele se aproveitava, dizendo que me mataria se não fizesse

Crepúsculo de Outono

o que ele queria. Chegou a me ameaçar com uma faca. Por favor, não conte isto para ninguém.

— Não, filha, não vou contar. Fique sossegada; isto será nosso segredo. Venha todos os sábados que eu quero acompanhar sua gravidez com cuidado, para que tudo possa correr bem. Enquanto isto, irei pensar em uma solução para o problema. Fique tranqüila, está bem?

Terminou a consulta. Joaninha saiu mais descontraída, enquanto a mãe olhava desconfiada para o médico, que recomendou:

— Sábado que vem quero novamente que a senhora traga sua filha. Precisa de acompanhamento médico.

Malcriada, a mãe retrucou de cara feia:

— O que ela precisa mesmo é de umas boas chibatadas, doutor, isto que ela precisa.

A sós, Augusto ficou pensativo. O que fazer diante daquela situação? Denunciaria aquele cafajeste? E se não fosse preso? Vingar-se-ia da menina com certeza. Deixar a situação como estava e aquele crápula impune? Meu Deus, difícil não era lidar com a miséria. Difícil era lidar com a bestialidade do ser humano ignorante.

Esperou um pouco mais, aguardando a presença de Francisco. Haveria atividades à tarde e, com certeza, não tardaria a chegar. Precisava trocar algumas idéias com o médium, ouvir sua palavra equilibrada e uma orientação de como proceder naquele caso.

Augusto relatou a ocorrência tão logo Francisco chegou. Após ouvir atentamente, ficou alguns minutos em silêncio, respondendo em seguida:

— É uma tarefa extremamente melindrosa, Augusto. Esta garota está sofrendo um enorme trauma. Denunciar o responsável poderá acarretar outros desdobramentos e outras conseqüências. Melhor seria tirá-la daquela casa, mas como?

O médico havia assumido o caso de Joaninha e gostaria também de achar uma solução para o problema. Como que por uma inspiração, teve uma idéia:

— Francisco, estou pensando que Joaninha poderia ir para casa de Milene. Poderia dizer à mãe que é uma gestação de risco e precisa de acompanhamento e tratamento especial. Dessa forma, ela iria para casa, enquanto pensamos em um procedimento contra o padrasto inescrupuloso.

— Augusto, você foi altamente inspirado. Sim, esta é uma boa solução. Quanto ao responsável por tudo isto, quem somos nós para condenar? Vamos orar e deixar nas mãos de Deus a justiça.

Assim fizeram. Augusto combinou com Milene que levaria Joaninha para a casa dela. A mãe de Carlinhos ficou feliz, pois ela seria uma companhia para passar as horas, e, depois, Milene sentia que aquela seria uma forma de agradar em silêncio o seu amado.

No sábado seguinte, lá estava dona Quitéria, de cenho carregado, esperando a vez da consulta de Joaninha. Quando chegou o momento, entrou junto no consultório, já esbravejando:

— Desta vez vou ficar de qualquer jeito na consulta, doutor. Minha filha ficou mudada depois de sábado passado. Quero ouvir o que vocês tanto conversaram.

O médico sorriu diante da estupidez daquela mãe que, infelizmente, não tinha a mínima condição de compreender nem de apoiar a filha naquele instante tão difícil.

— Ótimo, dona Quitéria. Hoje eu queria mesmo conversar com a senhora — respondeu pacientemente o facultativo.

A mulher notando o interesse do médico, mudou de fisionomia e curiosa perguntou:

— É mesmo? E o que o senhor quer conversar comigo? É sobre minha filha?

— Sim, respondeu o médico. — Sua filha está vivendo uma gravidez de risco e precisa de tratamento e acompanhamento constante.

— Mas como vou fazer, doutor? Não tenho recursos para comprar remédios.

— Deixe por minha conta, dona Quitéria. Joaninha irá para minha casa, e terá o tratamento necessário. A senhora não precisará gastar nem um centavo com sua filha.

A mulher além de sovina era perspicaz. Qual o interesse do médico naquilo tudo? Pensou numa forma de tirar alguma vantagem da situação:

— Olha, doutor, agradeço suas boas intenções, mas não posso deixar Joaninha ir, não. Quem cuidará dos irmãos menores enquanto trabalho? Só se o senhor der algum dinheiro para que eu pague alguém para tomar conta das crianças; não é justo, doutor?

Augusto olhou bem fundo nos olhos daquela mulher e sua vontade era agarrá-la pelo pescoço. Conteve-se a custo, mas respondeu energicamente:

— Escute aqui, minha senhora! Por quem está me tomando? Quem pensa que sou? Olhe, vou dizer-lhe uma coisa: estou apenas tentando ajudar sua filha; sua irresponsabilidade permitiu que as coisas chegassem neste ponto. E tem mais – concluiu o médico –, pode ficar com sua filha. Mas se alguma coisa acontecer com Joaninha, juro que denuncio a senhora para a polícia, entendeu?

Dona Quitéria ficou de boca aberta e atarantada diante da reação do médico. Quando conseguiu falar, respondeu:

— Me desculpe, doutor. Não quis lhe ofender não. Se o senhor ainda quiser levar Joaninha, pode levar. Eu sei que é para o bem dela.

— Ah, agora estamos nos entendendo melhor – retrucou o médico. – Quero que vá buscar as coisas da menina e volte aqui, pois Joaninha já vai hoje mesmo comigo. Ela estará aqui todos os sábados e a senhora poderá ver sua filha, isto é, se a senhora quiser.

Dona Quitéria deixou o consultório como se perseguida por um busca-pé, retornando rapidamente com uma pequena trouxa de roupa.

A menina estava feliz e, em lágrimas de agradecimento, abraçou o médico. Augusto abraçou-a como se aquela pobre garota desamparada fosse Lucimar. Lembrou-se da filha, com saudades, e uma lágrima rolou por sua face. Naquele fim de semana ela iria passar o domingo com ele. Sentia que aquele seu gesto devolvia uma pouco de alegria e satisfação ao seu coração.

Apesar da dor e do sofrimento, no trabalho com Jesus, dedicando seu tempo aos mais necessitados, Augusto encontrava um novo sentido em sua vida. Estava reaprendendo a viver.

Uma comovente história

Naquela noite, enquanto o assistente passava visita às mães em desequilíbrio e tratamento na ala do Reajuste Materno, eu o acompanhava discretamente, para não interferir nem atrapalhar seu trabalho.

Notava que Demétrius era querido por todas como um pai muito estimado, ou um irmão dedicado. Aqui e acolá, dirigia uma palavra de conforto para cada uma. Ouvia os dramas vividos pelas mães e piedosamente procurava transmitir lições de estímulo e carinho, para que pudessem novamente readquirir a confiança perdida, com sensibilidade e caridade; importante era que aquelas criaturas tivessem a mente livre da auto-acusação e da auto punição.

Eu procurava anotar as ocorrências como um aprendizado doloroso. Afinal, aquelas mães, pela prática do aborto, além de matarem seus próprios filhos também haviam perdido a vida.

Notei que apesar de todos os anos de trabalho frente àquela instituição, o assistente se emocionava com o relato de cada mãe, algumas porque erraram pela inexperiência, outras pelas circunstâncias da vida. Todas se mostravam profundamente arrependidas e lamentavam a violência praticada contra um ser que seria seu próprio filho, e contra elas mesmas. Pude verificar que aquela atitude marcaria de forma indelével a mente e a alma de cada uma.

Sabiam elas que as conseqüências daquelas atitudes exigiriam reparações dolorosas em encarnações vindouras, mas preparavam-se para enfrentar a dura realidade, num futuro próximo.

Notei em um leito uma mocinha jovem ainda, que me parecia não ter mais que dezesseis ou dezessete anos. Olhos tristes e semblante melancólico. O assistente dirigiu-se a ela carinhosamente: "Então, minha filha, como está se sentindo?" Sua resposta foi um sorriso com os olhos cheios de lágrimas.

— Estou me sentindo muito melhor hoje. Tenho recebido muito carinho e atenção por parte de todos. Nem sei como agradecer por tudo que tenho recebido nesta casa de caridade. Confesso que antes nunca tive o hábito de orar, mas, ultimamente, as preces têm para mim outro sentido; sinto-me aliviada cada vez que elevo meu pensamento em agradecimento à Virgem Santíssima e a Jesus.

O assistente apresentou-me. O nome dela era Denise e parecia-me uma flor de rara beleza, cuja haste de sustentação se rompera antes do tempo. Ao saber de minha tarefa de estudos, prontificou-se a nos relatar sua história.

Fiquei impressionado com o relato de Denise e por sua coragem em encarar frente a frente acontecimento tão infausto:

"Minha família era de classe média e meus pais sempre fizeram todos meus gostos, embora não fosse isto que eu quisesse; mas ambos trabalhavam fora e pouco tempo tiveram para se dedicar à minha educação e à de meu irmão. Colégio particular, escola de dança e ballet, cursos de inglês, enfim, entendiam que nos oferecendo as melhores escolas seria a melhor forma de nos preparar para a vida. Desde cedo nos acostumamos a contar apenas com a presença de nossa em-

Crepúsculo de Outono

pregada e, no tempo que tínhamos disponível, assistíamos à televisão ou jogávamos videogame, com aquelas batalhas violentas. Comecei a fumar com onze anos e meu irmão com doze. Meus pais não perceberam nada, pois não tinham tempo para nos observar. Às vezes eu comentava com meu irmão a razão de nossos pais que, ao chegarem em casa, em vez de dedicar um pouquinho de tempo para ver nossas tarefas ou perguntarem como íamos na escola, preocupavam-se apenas em ler o jornal, assistir a reportagens na televisão, ou ler algum livro. Quantas vezes eu me aborrecia por apenas nos darem um beijo quando chegavam, ou quando iam dormir. Meu irmão justificava dizendo que estavam cansados e não tinham tempo para nós. Eu entendia esta argumentação, mas achava que um pouquinho de atenção ou uma palavra amiga poderia nos ajudar, pois precisávamos de apoio e compreensão. Um dia combinei com meu irmão: faríamos um teste com nossos pais. Após o jantar, que transcorria enquanto assistíamos novela ou reportagens – havia uma televisão colocada estrategicamente em frente à mesa – meu pai apanhou o jornal e começou a ler. Minha mãe folheava uma revista de moda. Eu aproveitei aquele momento e perguntei:

— Mamãe, sábado minhas amigas irão a um baile na discoteca. A idade é de quinze anos, mas a senhora deixa que eu vá?

A resposta não tardou. Mamãe me respondeu mecanicamente, nem sequer parou de ler:

— Sim, minha filha, pode ir.

Aquela resposta me deixou triste; eu tinha apenas treze anos, e o mínimo que eu esperava era que ela me repreendesse, uma vez que eu não tinha idade suficiente para ir. Em seguida, foi a vez de meu irmão:

— Papai, meus amigos me convidaram para descer até a praia este fim de semana para pegar umas ondas. O irmão do meu amigo tem dezoito anos e já tem carta; ele me prometeu que depois vai me dar uma "canja" e me ensinar a dirigir. O senhor deixa que eu vá com eles?

— Não há problema, meu filho. Mas tome cuidado.

Esta foi a resposta lacônica. Continuou lendo seu jornal. Fomos para o quarto. Meu irmão estava arrasado. A impressão que tinha era que eles não queriam ter trabalho conosco, e concordar era a melhor forma de resolver a questão. Eu achei que isto era verdade, mas o que mais me entristecia era perceber que eles não se preocupavam com o que acontecia conosco. Se dissessem um não e ficassem bravos, era diferente; mas eu tinha convicção de que infelizmente eles não tinham prestado nem atenção no que havíamos pedido. Tinha certeza de que, se perguntasse ao meu pai ou minha mãe, eles não saberiam responder a respeito do assunto que havíamos conversado há poucos minutos antes.

Pois bem – continuou a mocinha com os olhos cheios de lágrimas –, a vida nos ensina lições duras e tristes. Eu e meu irmão éramos acima de tudo muito amigos. Eu o adorava e, juntos, procurávamos nos compreender e dar apoio um ao outro. Nós só tínhamos um ao outro. Tentávamos entender nossos pais, mas ficava um grande vazio em nosso coração. Meu irmão desceu aquele fim de semana para o litoral, onde iria surfar com os amigos. Ele até que estava feliz, pois o amigo prometeu que iria dar o volante do carro, para que ele aprendesse a dirigir. Eu estava preocupada, mas, diante da alegria de meu irmão, dei-lhe um beijo e desejei-lhe boa sorte. À noite, encontrei-me com minhas amigas e fomos à discoteca. Apesar de meus treze anos, passei facilmente pela recepção, já que aparentava ter mais de quinze anos. Dançamos, fumamos e bebemos à vontade. Alguns rapazes se aproximaram e cada uma de nós ficou com um garoto. O meu par disse-me que tinha dezessete anos e que o pai lhe havia dado o carro, e todo taga-

Crepúsculo de Outono

rela exibia a chave da ignição, como se fosse uma arma poderosa. Era tolo, tagarelava demais, mas boa companhia. Depois de uns copos de cerveja e muito cigarro, convidou-me a sair. Estávamos todos alegres e descontraídos. Eu topei. Fomos até uma rua escura, onde começamos a nos beijar e trocar muitas carícias. Aquela noite foi minha primeira experiência sexual. Fiquei perdidamente apaixonada pelo rapaz. Quando me deixou em casa, passava das duas horas da manhã. Meus pais dormiam e nem perceberam quando entrei. Deitei, quando o telefone tocou. Atendi sobressaltada, nem imaginava quem poderia estar ligando àquele horário.

Do outro lado, reconheci a voz de um dos amigos de meu irmão. Dizia que haviam sofrido um acidente. Meu irmão estava dirigindo quando perdeu a direção e o carro bateu violentamente contra um poste. Seu estado era grave e deveríamos ir imediatamente até lá. Tive uma crise nervosa e, aos prantos, acordei meus pais. Descemos até o litoral e encontramos meu irmão já falecido. Não resistira aos ferimentos recebidos.

Não preciso dizer que minha vida ficou completamente vazia sem o apoio e o carinho de meu irmão. Percebi que meus pais ficaram abalados. Freqüentemente via meu pai chorando e, às vezes, percebia um gesto de carinho para comigo, mas ainda continuava faltando diálogo. Tinha que viajar muito a trabalho e comecei a notar que aquelas viagens passaram a ser uma fuga para ele. Com o tempo acabaram se separando, pois nossa casa nunca mais foi a mesma depois da morte de meu irmão. Fiquei morando com minha mãe, que logo arrumou um namorado. Eu sentia-me mal. Constantemente ele vinha para casa e dormiam juntos no quarto que era de meu pai. Aquilo me agredia, de forma que também busquei em meu círculo de amizade uma forma de fugir daquele problema. Namorei muitos rapazes, passei a beber com freqüência e experimentei drogas com quinze anos.

Freqüentava festas de embalo e, apesar de minha pouca idade, já era mais vivida que muitas moças de dezoito anos. Namorava então um rapaz muito bonito, mas vazio por dentro. Era filhinho de papai e gostava de desfilar com os carros que ganhava do genitor. Saíamos constantemente, quando comecei a desconfiar que estava grávida. Quando ele ficou sabendo, sua reação foi violenta: "Tem que tirar esta criança de qualquer jeito! Você acha que vou assumir? Nem pensar!" – ele me dizia.

Apesar de levar uma vida fútil, a forma como meu namorado colocou a condição do aborto me fez muito mal. Senti-me agredida em minha condição de mulher. Queria ter aquele filho de qualquer jeito, mas ele ficou enfurecido. Começou a fazer chantagem emocional comigo, dizendo que seu pai estava ameaçando expulsá-lo de casa e poderia até ser deserdado. A solução era o aborto.

Tanto falou que, mesmo contrariada, concordei. Marcamos o dia e fomos a uma *"Clínica"* cuja aparência era "chique". Entramos. Sentia-me sozinha, incompreendida e desamparada. Uma angústia dominava meu coração. O que iriam fazer comigo? Meu namorado mostrava-se insensível. Sua única preocupação era que eu realmente fizesse o aborto para livrar-se daquele problema incômodo. Fui levada a uma sala que fazia às vezes de enfermaria. Deitei-me em um leito, sendo sedada para não sentir dor; mas eu sabia tudo que estava acontecendo. Nunca mais vou esquecer aquele momento. Apesar de meu rosto estar coberto pela máscara cirúrgica, não pude deixar de observar o olhar frio e sinistro do médico. Para ele eu deveria ser apenas um número estatístico a mais. O que importava, naquele momento, era que o serviço fosse feito rápido, pois eu representava apenas uma bela soma em dólares a mais em seu bolso. Não sei informar como o aborto foi processado, mas senti que fizeram uma espécie de curetagem, cujo aparelho deve ter sugado o feto. Tudo foi muito rápido. Deram-me algumas injeções e em seguida fui dispensada. Meu namorado, fingindo preocupação, levou-me para casa. Subi, pois naquele momento o que eu mais queria era ficar sozinha; estava revoltada com toda aquela hipocrisia, ele estava preocupado apenas com ele mesmo. Quando cheguei em meu quarto, chorei! Sentia um vazio enorme em meu peito e a sensação de que perdera um pedaço de mim mesma. Passaram-se alguns dias penosos e tristes. De repente, não tinha mais vontade de sair de casa, de namorar, de freqüentar os bailinhos nem ver os amigos. Só tinha vontade de chorar e fugir da vida, como se pudesse fugir de mim mesma. Não sei se minha mãe notou alguma coisa diferente; quase não conversávamos e ela estava preocupada apenas em ser feliz com seu novo namorado. Meu pai um dia me ligou e notou alguma coisa diferente. Disse-me que estava com saudades e qualquer dia passaria para me apanhar e, então, iríamos conversar, mas isto nunca aconteceu. Não estava indo bem na escola, mas quem se importava com isto? Às tardes, ficava o tempo todo na janela do meu quarto olhando o sol se esconder no horizonte. O espetáculo era lindo, mas para mim só dava tristeza; era como se a luz estivesse indo embora para dar lugar às sombras da noite, que me enchia de angústia e medo. Nunca tivera o hábito de orar nem de freqüentar nenhuma igreja, de forma que a minha sensação era estar mesmo sozinha no mundo.

 Uma sexta-feira, quando saí do colégio ao término das aulas, aquele que fora meu namorado estava com um novo carro me esperando. Abriu um sorriso falso, dizendo-me:

— Belinha, estava morrendo de saudades de você, por isto vim lhe buscar hoje. Olhe só o carrão que meu pai me deu. Vamos dar uma volta? Depois a levo para casa.

 Entrei naquele carro sentindo uma raiva surda por dentro. Fomos até um local sossegado, onde anteriormente costu-

mávamos ir. Depois de alguns beijos e carícias, convidou-me para irmos até seu apartamento, pois não havia ninguém lá naquela hora. Respondi quase com raiva:
— De jeito nenhum! Com você não faço mais amor. Você não é homem para assumir as responsabilidades! Sexo com você, nunca mais!!!
Ele ficou enfurecido e me esbofeteou no rosto, dirigindo-me palavras agressivas e de baixo calão. Empurrou-me para fora do carro com violência, arrancando em seguida, cantando os pneus do carro.
Fui andando até o prédio onde morava. Estava arrasada com tudo aquilo. De repente comecei a perceber que eu existir ou deixar de existir no mundo não fazia nenhuma diferença. Quem se importava comigo? Quando entrei no apartamento, fui até o quarto de minha mãe e vi, sobre o criado-mudo, o vidro de remédios para dormir que ela usava. Não tive dúvidas: tomei todos os comprimidos de uma só vez. Senti uma sonolência que me dominou e, de repente, me vi fora do corpo físico. Vi meu irmão Marcos, que chorava de tristeza, dizendo-me:
— Belinha, por que você fez isto? Por quê?
Só então me dei conta de que eu havia cometido suicídio. A partir de então é que pude avaliar o que era sofrimento. Queria voltar para o corpo físico, mas não conseguia. Percebi diversos espíritos ao meu lado, zombando e rindo de minha dor. Perdi a noção do tempo e do espaço. Senti a sensação de ser enterrada como se viva ainda estivesse, pois não conseguia me afastar do meu corpo, sentindo todas as sensações físicas de decomposição da carne, da putrefação dos tecidos e fibras, fome, frio, medo. Ah! Meu Deus, que tormento sem nome. Meu corpo já estava deteriorado, quando um dia me senti sugada a um lugar triste e tenebroso. Era o Vale das sombras, onde são levadas as mães suicidas; mas não tinha noção do que ocorria à minha volta. Ainda sofri muito tempo até que um dia, chorei

Crepúsculo de Outono

muito; minha mente, então confusa, teve um brilho de lucidez momentânea. Lembrei-me de minha avó. Quando eu e meu irmão Marcos éramos crianças, ela nos ensinou uma oração à Virgem Santíssima. A lembrança de vovó me deu saudades. Queria que ela estivesse junto de mim, para me embalar nos braços e me fazer esquecer todas as desventuras. Então, fiz aquela pequenina oração tão singela, que ela me havia ensinado. Aquela lembrança de que um dia alguém me havia amado de verdade encheu meu coração de um sentimento tão forte e puro, que orei fervorosamente em lágrimas, como vovó havia ensinado, pedindo à Virgem Mãe de Jesus que me amparasse. Quanto tempo fiquei assim, também não sei. Só sei dizer que, quando dei por mim, eu estava envolvida em uma luz suave e, só então, verifiquei que, juntamente com o irmão Demétrius, minha avozinha também estava presente. A emoção tomou conta de meu coração. As lágrimas não eram suficientes para tanto choro, misto de alegria e saudade. Foi a minha libertação. Vim para o Reajuste Materno e espero logo estar recuperada para, quem sabe, entender o porquê de tudo. Sei que meu irmão também está em tratamento e morro de vontade de nos recuperarmos, para podermos nos ver com mais freqüência. Espero, em pouco tempo, poder ajudar outras jovens infortunadas como eu, em nome de Jesus e da Virgem Santíssima."

Denise terminara sua comovente história. O assistente abraçou-a de encontro ao peito, acariciando seus cabelos. A jovem levantou o rosto molhado de lágrimas, beijando a face de Demétrius em agradecimento.

A emoção tomara conta do ambiente. Podíamos notar no semblante de cada um a comoção em forma de lágrimas. Aquela moça, menina ainda, podia-se dizer, sofrera tanto, mas aprendera na dor e no sofrimento o valor da vida. Quantos jovens, pensei comigo mesmo, não levam uma vida sem sentido, correndo atrás de futilidades? O lar é abençoado por Deus, para que seja a oficina onde se possa alicerçar os valores morais e cristãos. Nele, recebe-se a oportunidade bendita de educar os filhos, com responsabilidade e amor. Um dia nos será pedido contas: "O que fizeram dos filhos que lhes foram confiados"?

Demétrius concluía o ensinamento exortando todas aquelas mãezinhas a terem bom ânimo. Deus, em sua infinita misericórdia, não condena ninguém, e cada uma teria as oportunidades de reparação, de forma que num futuro próximo, com Jesus, ainda seriam felizes. Denise haveria de ter sua oportunidade para se alegrar, reparando seus erros, mas encontrando os verdadeiros valores da alma. Gostaria de abraçá-la qual um pai faz com uma filha, acariciar seus cabelos e afastar todo sofrimento. Mas quem somos nós? Não sabemos que até nos acontecimentos mais tristes sempre encontramos uma oportunidade valiosa de aprendizado? Com certeza, depois daquela dolorosa experiência, o espírito imortal sairia mais fortalecido. Com Denise, não seria diferente.

Demétrius levantou-se, convidando-me a acompanhá-lo. Notei que ele estava emocionado, com os olhos cheios de lágrimas.

— Amanhã, Virgílio, iremos fazer uma visita a uma clínica de abortos. Peçamos a Deus compreensão e entendimento, pois é muito triste verificarmos o que o ser humano ainda é capaz de fazer, apesar da evolução da ciência e da tecnologia.

Senti que Demétrius tinha o coração entristecido, como se alguma lembrança do passado, que permanecia adormecida em algum espaço esquecido de sua memória, retornasse ao seu consciente como algo triste, que ficara num pretérito distante.

Um grito silencioso

Como havíamos combinado, no dia seguinte às dez horas estávamos em São Paulo, em região nobre da cidade. Aproximamo-nos de uma casa de aspecto externo de grande beleza, com flores e plantas das mais variadas na entrada, que disfarçavam muito bem a aura escura e tétrica que envolvia aquele imóvel. Todavia, apesar da aparência da fachada, o assistente esclareceu-me:

— O aspecto de residência é apenas um disfarce. Aqui se localiza uma clínica clandestina de aborto. Prepare-se, pois ficará impressionado com a aparelhagem de alta tecnologia de que dispõe. Poderia estar a serviço da vida, mas, infelizmente, serve à morte.

Entramos na ante-sala. A presença espiritual era degradante. Espíritos do astral inferior, com carantonhas de dar medo, faziam-se presentes no ambiente pesado pelas vibrações deletérias que exalavam de todo lado. As paredes estavam impregnadas de baixas aderências astrais, à semelhança de manchas escuras e pegajosas, e os miasmas infestavam a atmosfera que nos rodeava. Estranhei que apenas uma moça e sua mãe aguardavam para serem atendidas. O assistente explicou-me que os proprietários da clínica tinham o cuidado de que nenhuma paciente ficasse frente a frente com outras. A clínica tinha outras dependências, de forma que somente entrava uma paciente de cada vez. O sigilo era sua grande arma. Ninguém precisaria ficar sabendo quem eram as demais *"clientes"*. A privacidade de cada um era respeitada, aliás, era a única coisa que ali era respeitada.

Dirigimo-nos à sala *"cirúrgica"*, onde dois médicos e algumas enfermeiras atendiam uma mocinha que chorava. Aproximamo-nos para acompanhar adequadamente a operação. Os médicos estavam assistidos pelo plano astral inferior. Apresentavam-se à nossa visão outros médicos com a fisionomia animalizada, à semelhança de babuínos. Notei que mantinham estreita ligação mental com os "cirurgiões", numa perfeita simbiose. Perguntei ao assistente se era possível penetrar na mente dos médicos encarnados para transmitir-lhes outras sugestões mais felizes, a fim de que pudessem compreender a gravidade de seus atos. Demétrius sorriu com tristeza.

— Virgílio, estes nossos irmãos construíram uma clínica com um objetivo predeterminado. Investiram significativa importância monetária, cujo objetivo está delineado em suas mentes desde o embrião da idéia originária. Suas mentes vibravam desejo, cobiça, dinheiro, sem se importar que, para isto, montariam um açougue humano para assassinato de crianças indefesas. Você sabe que todo pensamento emite ondas mentais próprias do diapasão que vibram, encontrando sintonia no plano astral com seus semelhantes, e foi o que aconteceu. Todo médico tem assistência espiritual dos Planos Superiores; estão sempre amparados, particularmente aqueles que têm o desejo sincero de servir, de amparar, de amenizar a dor e de salvar vidas. O que vemos aqui, nada mais é que a recíproca, pois estes mesmos médicos, que poderiam estar contando com assistência de espíritos bons, atraíram pela sintonia mental e pela afinidade na prática do mal a assistência que lhes é peculiar. Suas mentes estão condicionadas e seus desejos cristalizados no ganho monetário fácil e sem grandes responsabilidades, pois dificilmente algum cliente voltará para reclamar de alguma falha médica.

Enquanto isto, eu observava que introduziam na moça um instrumento dotado com tubo de sucção, que era monitorizado por um aparelho, pelo qual podíamos verificar a posição do feto. Aquela criança já passava do terceiro mês de vida e era perceptível verificar os contornos já bem delineados da caixa craniana, do nariz, da boca, dos braços e mãos. O feto parecia perceber o risco que corria, pois mostrava-se agitado aos nossos olhos. À medida que a sonda alcançou as imediações do útero, a criança começou inconscientemente a se debater, como querendo fugir daquela máquina mortífera. O assistente pediu-me para sintonizar a mente daquele espírito. Aproximei-me, buscando auscultar os pensamentos do bebê, e o que senti naquele instante encheu-me de angústia e compaixão. Percebi que, embora em estado de semiconsciência, a criança tinha percepção do perigo que corria e um estado de terror dominava sua mente, procurando uma resposta lógica para o que acontecia. Seus pensamentos angustiosos questionavam a mente materna do porquê daquilo tudo. Ela não era sua mãe? Não o agasalhara em seu ventre? Não queria dar-lhe uma oportunidade de vida? Enquanto as ondas mentais da criança bombardeavam a mente materna com tantas perguntas sem resposta, a sonda alcançou o corpo. O médico ligou o aparelho de sucção e o que se seguiu, jamais poderei apagar de minha memória: enquanto o feto era arrancado aos pedaços, a criança abriu a boca num grito silencioso de dor e angústia. Aos meus ouvidos, aquele grito se fez ouvir sonoro e terrível diante da insensibilidade humana. Não, não poderíamos chamar aquelas criaturas de humanas, pois eram desumanas, verdadeiros monstros de insensibilidade.

O aborto estava concluído. A mãe apresentava-se pálida e em estado de choque, talvez porque inconscientemente também registrara o grito do filho perdido. Os pedaços do feto, bem como a placenta, foram cuidadosamente embrulhados em um saco plástico e posteriormente seriam incinerados, informou-me o assistente. Ao nosso lado, equipe espiritual amparava o espírito recém-abortado, com passes magnéticos que o adormeceram profundamente. Demétrius esclareceu-me que aquele espírito era de elevada condição espiritual, muito caro para aquela família; aquele reencarne estava sendo efetuado para que ele fosse o esteio e o amparo em acontecimentos futuros. Seria o consolo dos avós na velhice e o braço amigo da mãe, que em breve apresentaria desequilíbrios emocionais importantes. Agora a situação se apresentava agravada, pois o planejamento daquela encarnação fora frustrado, alterando o equilíbrio daquela família. Mas a bondade de Deus não tem limites – continuou o assistente. Quem poderia dizer sobre o amanhã?

Todavia – concluiu –, nunca saberemos quem é o espírito reencarnante. Em muitas vezes, seria aquele que viria trazer a paz e a serenidade de que tanto se necessita. Poderia ser algum espírito amigo, ou aquele a quem se prejudicou no passado, sendo aquela uma oportunidade valiosa de reparação e resgate. Pelo aborto, joga-se fora todo um esforço espiritual de progresso.

A moça saiu da sala cirúrgica amparada pelas enfermeiras. Ficaria ainda um tempo em repouso e observação, em um quarto privativo, enquanto o pessoal da retaguarda fazia a assepsia, a fim de que outra cliente pudesse ser atendida. Observei os médicos que se retiraram momentaneamente para tomar um cafezinho, como se nada houvesse acontecido. Contavam piada e riam, pois em poucos minutos já estava contabilizado em suas contas bancárias expressivo valor, fruto de mais uma violência contra a vida indefesa. Aproximamo-nos e notei que ambos eram de idade madura, mas com aparência física relativamente jovem. Todavia, suas formas perispirituais apresentavam importantes deformidades, muito parecidas com os seus acompanhantes espirituais: estavam cada vez mais parecidos com a fisionomia dos babuínos. O assistente esclareceu-me:

— Os médicos que se prestam a este tipo de serviço não têm idéia da enorme responsabilidade que lhes pesa nos ombros. Reencarnaram com importantes missões a cumprir, no exercício da Medicina, mas desvirtuaram a oportunidade maravilhosa que lhes foi ofertada. Quando desencarnarem, não fazem a mínima idéia do que os espera do lado de cá. O inferno descrito por Dante ainda não retrata adequadamente os locais para onde serão arrastados, e os sofrimentos inomináveis que sofrerão pelas conseqüências de seus atos. Todavia, estamos falando dos médicos, o que não invalida o mesmo tipo de crime praticado por pessoas inescrupulosas, sendo médicos ou não. Cada um sofrerá os efeitos daquilo que praticou, pois a cada ação corresponde uma reação de igual intensidade no sentido contrário, agravado tudo pelas conseqüências subseqüentes do ato original.

Perguntei a ele qual era o destino do espírito recém-abortado.

— Virgílio, inicialmente nossos irmãos que oferecem condições são adormecidos e encaminhados para instituições no espaço, uma das quais é a nossa, onde passam por um tratamento prolongado. A condição de entendimento e a evolução de cada um determinam o tempo de tratamento para reequilíbrio e o retorno à sua condição perispiritual normal. Todavia, existem aqueles que, por serem inimigos, cuja reencarnação está sendo processada como um reajuste entre pai, mãe e filho, muitas vezes se recusam a afastar-se do ventre materno; permanecem "grudados", provocando uma série de distúrbios físicos e mentais na mãe. Outros, movidos pelo ódio e vingança, readquirem sua condição da forma perispiritual adulta e tornam-se obsessores terríveis daquela que se recusou a recebê-los como filhos, levando-as muitas vezes ao desequilíbrio e à loucura.

Afastamo-nos daquela *"clínica"* macabra. O assistente disse-me que necessitávamos orar muito, para que um dia o ser humano tivesse maior consciência e responsabilidade, no que se refere ao aborto. Deus nos deu a vida e a inteligência, a fim de vivermos com alegria e abundância; as riquezas do mundo, bem aplicadas, seriam mais que suficientes para educar o homem e destinar-lhe recursos, para que não houvesse fome, nem falta de escolas. Educando a criança, consertaríamos o adulto e o mundo. O grande problema da humanidade moderna ainda é a falta do Evangelho de Jesus, para que o homem possa aprender a *"amar a Deus sobre todas as coisas e ao próximo como a si mesmo."*

Já eram dezoito horas passadas, quando retornamos à Mansão do Reajuste Materno. O assistente percebeu que eu ainda estava abalado com tudo que presenciara. Abraçou-me dizendo:

— Não conserve sua mente muito tempo voltada para os acontecimentos tristes, Virgílio. Embora venha já há muitos anos militando nesta seara, também fico chocado; mas o importante é seguirmos em frente, trabalhando para minorar os efeitos daqueles que ainda não têm consciência. O trabalho com Jesus prossegue. Outros irmãos nossos já relataram a gravidade de tudo isto, mas cada vez mais temos de orientar nossos irmãos encarnados, para que um dia, quem sabe, possamos reverter esta situação humilhante, que mata nossas crianças inocentes e indefesas mais que em uma guerra.

Silenciei-me por instantes e ele compreendeu-me. Afastei-me para um local mais isolado, onde pude transbordar minhas lágrimas de tristeza. Sentia em meu íntimo como o ser humano ainda estava distante dos ensinamentos do Cristo. Ou-

Crepúsculo de Outono

via ainda o eco daquele grito silencioso, na acústica de minha alma. Saí fora do nosocômio, onde verdejantes plantas adornavam belíssimo jardim que circundava o hospital. Observei algumas aves que voavam distraídas no céu, como se despedissem do dia que se fora, enquanto algumas flores muilticoloridas desabrochavam no jardim, saudando a noite que se aproximava. Os primeiros astros começavam a despontar com brilho refulgente no infinito cósmico. Senti necessidade de fazer uma prece. Fechei os olhos e pedi com o coração contristado ao Senhor dos Tempos: Senhor, enquanto as aves voam no céu, saudando-Te a bondade infinita, enquanto as flores desabrocham para louvar-Te a sabedoria eterna, enquanto as estrelas, o sol e a lua refulgem cantando hosanas pela Tua misericórdia sem limites, enquanto os riachos cantam Tua Grandeza, e o vento entoa hinos de agradecimento pela Tua magnanimidade, ainda existem seres humanos que destroem e matam sem piedade, Senhor. Enquanto a natureza nos ensina lições de grandeza em agradecimento a tudo que nos dás, não permitas que o ser humano ainda continue a matar impiedosamente e a destruir insanamente. Até quando, Senhor, ainda seremos criaturas insensíveis? Toca nos corações daqueles que ainda consideram o aborto uma alternativa de solução para um problema indesejável. Permita que o ser humano acorde para o verdadeiro respeito à vida, como o que a natureza nos oferece, e sensibiliza os corações endurecidos daqueles que apenas vivem no mundo das ilusões passageiras e das aparências perecíveis, apenas desejando resultados imediatos do poder de compra do vil metal.

Ainda em prece e completamente em lágrimas de agradecimento a Deus, senti-me envolvido em brandas vibrações de formas luminosas. Suave brisa vespertina soprava meu rosto como uma resposta de Deus às minhas preces. Senti um abraço amigo que me confortava e, quando me virei, percebi que Demétrius estava comigo.

Antonio Demarchi – espírito Irmão Virgílio

— Venha comigo, Virgílio – disse-me sorrindo. – Tenho uma surpresa agradável para você.

Não soube explicar, mas senti uma alegria imensa no coração. Qual seria a surpresa de Demétrius? Adentramos o hospital, e na entrada da ala do Reajuste Materno verifiquei que havia um médico à minha espera. De imediato o reconheci: era Otávio, filho de Petrônio[5]. Abraçamo-nos longamente, tendo-me esclarecido ele que estava em tarefa de estudos e pesquisas médicas junto ao Reajuste Materno. Contaria com meu apoio e do assistente Demétrius. Observei bem a figura de Otávio. Parecia-me mais jovem e belo, e sua aura resplandecia demonstrando sua condição de espírito superior. Sorri com satisfação para o querido amigo.

— Otávio, quem está aprendendo aqui sou eu. Todavia, se estiver em condição de auxiliá-lo em algo, sabe que pode contar com minha dedicação irrestrita.

Abraçamo-nos uma vez mais, com alegria no coração. Estava feliz pelo reencontro com Otávio, que eu aprendera a respeitar e a querer bem, por sua abnegação e renúncia no trabalho da Seara de Jesus.

---

(5) Otávio e Petrônio são personagens da obra "Além do Infinito Azul". NAE

Uma corajosa decisão

Antonina, apesar de feliz com a acolhida e com o carinho de que era cercada pela família de Felipe, vivia um grande drama em sua vida. A memória fora voltando aos poucos e já se recordava de tudo. Lembrava-se quem era, onde morava, de seus pais e do namorado. Só não recordava o fato de sua gravidez. Deveria ser filho de Josué, pensava.

A sua grande angústia era que, se contasse tudo, acabaria tendo que ir embora e nunca mais veria Felipe. Não podia suportar esta idéia, pois estava completamente apaixonada. Já fazia dois meses que fora acolhida naquela casa e sentia-se quase um membro da família. Sabia que lhe queriam bem, inclusive Felipe, que a enchia de atenção e carinho. Antonina às vezes tinha ímpetos de abraçar o rapaz, de beijá-lo e declarar seu amor, mas com que direito? Tinha mais é que ficar em seu lugar, agradecer pela bondade e compaixão daquela gente que a acolhera em um momento difícil de sua vida. Já estava no sétimo mês de gestação; mais um pouco, seria mãe. Como não podia alimentar esperanças à respeito de Felipe, sabia que sua vida seria vazia e sem razão. Quem sabe, aquele filho não seria a alegria de sua vida; aquele que haveria de lhe dar forças para seguir em frente, apesar da frustração de não poder oferecer seu amor àquele que seria o homem de sua vida?

Às vezes Antonina se entregava ao desespero e, à noite, chorava horas trocando confidências com seu travesseiro. Freqüentava o Centro e isto lhe trazia algum conforto. Aprendera que nada na vida acontece por acaso. Possivelmente alguma coisa fizera errado no passado e agora estava tendo oportunidade de resgate, recebendo em seu ventre o fruto de alguma ação errada que praticara no transcurso de outras vidas.

Dona Celina percebia que algo ocorria com Antonina e seu filho e, como o coração de mãe não se engana, um dia chamou Felipe para uma conversa mais séria.

— Filho – perguntou carinhosa –, diga-me com sinceridade, você sente alguma coisa por Antonina?

O rapaz ficou com o rosto vermelho diante da pergunta materna, denunciando seu sentimento íntimo. Atrapalhou-se para responder, gaguejou, mas não conseguiu articular uma resposta imediata. Dona Celina o interrompeu:

— Não precisa responder, meu filho, pois seus olhos já me disseram. Meu Deus, o que fazer? Nem sabemos quem é Antonina. E se já for casada? É verdade que não tem aliança, mas tanto pode ter perdido no acidente, como pode ser também que, hoje, muitas pessoas moram juntas sem usar este símbolo.

O rapaz abraçou a mãe.

— Mamãe, não sei mais o que fazer. Desde a primeira vez que meus olhos se cruzaram com os de Antonina, senti que ela seria a mulher de minha vida. Pressenti em seu olhar que ela era uma moça sofredora. Já deve ter sofrido muito no passado. Meu coração arde, tomado por uma paixão que me consome, e já não consigo mais nem trabalhar, nem estudar direito. Todas as vezes que a vejo, sinto-me invadido pelo desejo de abraçá-la, beijá-la, acariciar seus cabelos e prendê-la nos braços para que nenhum mal aconteça mais para ela. O que fazer, minha mãe?

Crepúsculo de Outono

Dona Celina abraçou forte o rapaz, beijando-o com carinho. Que decisão difícil, meu Deus. O que fazer? Repetia a pergunta de Felipe em pensamento. Quem pode dominar o sentimento do coração? Ela conhecia o filho que tinha. Nunca se havia apaixonado por nenhuma garota anteriormente; por que justamente por Antonina? Sua intuição dizia que efetivamente deveria ser algum encontro do passado. Por fim, respondeu:

— Vamos dar tempo ao tempo. Quem sabe Antonina recupera sua memória? Precisamos saber quem é ela, sua família, e, se já não tem nenhum outro tipo de compromisso, não é mesmo?

— Ah, minha mãe, se isto for verdade a vida para mim não terá mais sentido.

— Você seria capaz de aceitar o filho de Antonina, Felipe?

O rapaz, sem titubear, respondeu de imediato:

— Sem dúvida. Se me casasse com Antonina, o filho dela seria meu também.

— Está bem. O tempo é o melhor remédio para que as coisas se acomodem em seu devido lugar. Vamos dar tempo ao tempo.

Dois meses se passaram. Antonina via-se cercada de atenção e carinho por aquela família que a acolhera. Sentia sua paixão por Felipe aumentar a cada dia, de forma que até perdera a naturalidade no trato com o rapaz. Tinha medo de denunciar o seu sentimento. Às vezes, sentia-se ridícula por almejar algo que não lhe era de direito.

Chegou o dia em que amanheceu sentindo fortes dores e contrações. O senhor Artur e dona Celina levaram-na imediatamente ao hospital. Algumas horas depois, Antonina dava à luz um menino robusto. Assistia atônita aos médicos nos procedimentos de assepsia do bebê, notando que a criança era de cor escura. A princípio teve um choque: como poderia ser? De repente sua mente retornou no tempo e a lembrança do triste acontecimento, do qual fora vítima, aflorou à sua memória. Quando os médicos colocaram o bebê de encontro ao seu peito, Antonina o abraçou em lágrimas. Se Deus havia colocado aquela criança em sua vida era por alguma razão justa, raciocinou. Colocar-lhe-ia o nome de Ismael, na esperança de que aquele filho representaria a razão de sua vida. Fora fruto de uma violência, era verdade, mas aquele inocente não tinha culpa de nada. Amá-lo-ia com todas as forças de seu coração.

A criança começou a chorar e Antonina ofereceu-lhe o seio com carinho e emoção. Enquanto amamentava o filho, pensou que não seria honesto de sua parte ocultar a verdade. Mesmo que aquilo lhe custasse caro, ela deveria ser forte para enfrentar a realidade e revelar para dona Celina e o senhor Artur toda verdade.

Satisfeita, a criança adormeceu nos braços da mãe. As enfermeiras levaram-na ao berçário, enquanto Antonina era levada à enfermaria. Deveria repousar um pouco antes de receber qualquer visita. Antes que seus olhos se fechassem no abraço do sono reparador, Antonina chorou, pois sabia que tudo aquilo representava o fim de seu sonho com Felipe. Como mulher, não poderia almejar nenhuma felicidade, mas o que importava? Agora tinha Ismael, que a confortaria nos momentos de tristeza. Adormeceu e em sonhos via seu filho já crescido, nimbado de luz; ele a abraçava e a encorajava a seguir seu destino. Ela seguia feliz e, confiante; aquela criança lhe mostrava um caminho todo florido em campos verdejantes. Ouviu uma voz que lhe dizia: "Abençoada seja, mãe, por acolher este filho que será para você a redenção perante a lei de Deus. Neste seu gesto, resgata um grande erro do passado. Abençoada seja sua maternidade, o dom de ser mãe". Antonina via-se rodeada por espíritos iluminados, percebendo em todos um tratamento carinhoso. Nada mais viu.

    Quando acordou, a enfermeira estava no quarto trazendo Ismael para a amamentação. Antonina não sabia explicar, mas sentia um grande alívio na alma, como se o peso de uma grande culpa tivesse sido tirado de sua consciência. Havia tomado uma firme decisão: contaria tudo à dona Celina.

    Neste instante, a enfermeira anunciou que tinha visita. Antonina pediu que entrassem; já sabia quem eram. Dona Celina adentrou o quarto com um ramalhete de flores, seguida do senhor Artur e de Felipe. Os amigos abraçaram-na com carinho. Tomaram nos braços a criança que dormia placidamente e, caridosamente, não teceram nenhum comentário, pois sabiam que seria totalmente inconveniente. Dona Celina estava feliz.

    — Antonina, agora teremos mais um membro em nossa família. Já tem o nome para a criança?

    — Sim, dona Celina. Gostaria que se chamasse Ismael, o que a senhora acha?

    — Ismael é um nome lindo, além do que tem profundo significado bíblico. Você foi inspirada para colocar este nome, minha filha.

    Embora percebesse que naquela manifestação espontânea e carinhosa não havia nenhuma recriminação, Antonina sentia-se constrangida, especialmente por Felipe, pois percebera uma sombra de tristeza nos seus olhos. O rapaz ainda não lhe havia dirigido a palavra, não por maldade; sabia que não havia espaço para este sentimento em seu coração, mas talvez por alguma frustração.

    Conversaram durante algum tempo e, neste ínterim, a enfermeira aconselhou Antonina à necessidade de repouso. O senhor Artur abraçou Antonina e retirou-se. Quando Felipe a beijou no rosto, ela percebeu que o rapaz tinha lágrimas nos olhos. - Parabéns pelo filho – balbuciou –, retirando-se em seguida.

Quando chegou a vez da despedida de dona Celina, Antonina pediu que ficasse um pouco mais. Precisava conversar com a mãe de Felipe a sós. E assim aconteceu. Dona Celina ouviu contristada e pacientemente toda história. Por fim respondeu:

— Não se preocupe, minha filha. Nós estaremos sempre do seu lado. Quando se recuperar, irá para nossa casa descansar um pouco, para que possamos colocar nossa cabeça no lugar. Depois veremos o que é melhor fazer. Mas quero que fique sabendo que sempre estaremos ao seu lado.

Antonina, em lágrimas, não sabia como agradecer a generosidade e a compreensão daquela gente.

— Deus lhes pague por tudo que fizeram por mim, dona Celina. Vocês foram verdadeiros anjos que apareceram no momento mais difícil de minha vida. Imagine que antes eu até pensava em suicídio; a compreensão que encontrei em vocês, não tive em minha própria família.

As duas se abraçaram longamente em lágrimas de agradecimento e emoção. Mas, no íntimo, dona Celina estava preocupada com o filho. Sabia que deveria estar sofrendo muito. Por que fora se apaixonar justamente por Antonina?

No caminho, Celina relatou ao marido e ao filho a conversa que tivera e sobre as revelações de Antonina. Na opinião de Artur, não era justo subtrair da família as informações, pois Antonina havia desaparecido e possivelmente deveriam estar preocupados, pensando que talvez até estivesse morta. Deveriam procurá-los, afinal de contas os pais deveriam ficar felizes com o retorno da filha, ainda mais com um netinho para acalentar. Felipe permanecia calado e Celina respeitou seu silêncio. Sabia que o filho deveria estar vivendo um grande conflito em sua vida.

Chegando em casa, a primeira providência foi conversar com o filho, que, em desespero, abraçou a mãe. Dona Celina acariciava os cabelos de Felipe sem saber o que fazer diante de uma situação, aparentemente, sem remédio.

— Ah, minha mãe – lamentava-se ele –, a senhora sabe que pelo amor de Antonina eu seria capaz de aceitar o filho dela como se fosse meu, mas agora não se trata mais disso. Ela tem família e noivo; deverá voltar para sua gente, percebe? Não basta meu amor e meu sentimento, pois parece-me que o destino toma rumo diferente, independente de nossa vontade.

— É verdade, meu filho, apesar de tudo temos que respeitar a vontade de Antonina. O que mais podemos fazer? Deixemos nas mãos de Deus as dores sem remédio, e peçamos a Ele que nos inspire e nos ampare nas decisões a tomar.

E assim aconteceu. Após o retorno, Antonina manifestou seu desejo de voltar à casa paterna. Naquele sábado, o senhor Artur e dona Celina a levaram até um distante bairro da periferia, onde Antonina foi recebida com incredulidade. Sua mãe abraçou-a em lágrimas de alegria, pois achava que sua filha havia falecido. Todavia, o senhor Ernesto, apesar de receber bem a filha, olhou com recriminação para o filho que ela levava no colo. Dona Celina explicou o acontecido, inclusive quanto ao problema do estupro, o que foi aceito com reservas pelo pai, que olhava desconfiado para tudo aquilo, coçando a barba do queixo. Em sua cabeça era difícil de aceitar, pois perdera a filha, dando-a como morta. Agora, retornava viva e com aquela novidade. Decididamente, apesar de Ernesto querer bem à filha, por seus princípios rígidos não estava gostando das notícias que recebia.

Antonina estava apreensiva. Como a receberia Josué?

Dona Celina e o senhor Artur pediram licença e se despediram. Sabiam que a família da moça teria muito que conversar. No abraço de despedida, ela sentiu como se deixasse para trás um pedaço de sua vida.

Os dias foram passando lentamente. Felipe buscou nos estudos e no trabalho a fuga para sua desilusão amorosa. Haveria de tirar Antonina de seu coração, custasse o que custasse. Por outro lado, também Antonina era infeliz. Depois de abraçar e compreender os preceitos da Doutrina dos Espíritos, percebia quão grande era a diferença de entendimento entre a fé que sua família e Josué abraçavam, mas tinha que conviver com aquele estado de coisas. Sentia-se ofendida, às vezes, pelos conceitos que tinham do espiritismo, mas mantinha-se calada, pois na verdade era dos espíritas que tivera apoio e compreensão; por outro lado, era recebida com desconfiança e recriminações dentro de sua própria família. Aprendera com dona Celina a perdoar sempre e compreender aqueles que ainda não tinham o entendimento necessário. Quem tem mais, dá mais, aprendera. Josué se prontificara a casar-se, mas Antonina percebia que ele não gostava de Ismael. Seu pai a observava com austeridade, como querendo culpá-la por todos os acontecimentos ocorridos. Chorava muitas vezes em silêncio e seu único consolo era o filho pequenino ainda, que precisava de seu amor e sacrifício. Sim, tudo faria por Ismael, uma vez que não pudera ter o amor de Felipe.

Um projeto reencarnatório

Demétrius estava satisfeito com o progresso do doutor Augusto. O médico encontrara finalmente, no trabalho com Jesus, o remédio para suas dores. Passou a freqüentar assiduamente as reuniões do Centro e todos os sábados lá estava a postos, atendendo a população carente da região. Sua sensibilidade manifestava-se cada vez mais apurada e, periodicamente, o médico sentia-se invadido por uma alegria inexplicável, por ser útil, fazendo algo para aquela gente. Era envolvido em atenção e carinho por Milene e por Carlinhos, que fora aprovado no vestibular para Medicina. A presença de Joaninha dera um novo tom de alegria ao reduto doméstico, pois a mocinha, com sua espontaneidade, tornara o ambiente mais descontraído, de forma que, à noite, quando o médico chegava, todos se reuniam em animadas conversações. Decididamente, Augusto entendia que havia tomado a decisão mais correta, quando resolvera acolher a pobre menina.

A satisfação do médico somente não era completa, porque não tinha a presença da filha que, de tempos em tempos, passava o fim de semana na chácara. Mas sua alegria pelo sucesso de Carlinhos era sincera; considerava-o mesmo um filho.

Via com satisfação a amizade que existia entre Lucimar e o filho de Aprígio, quando das visitas, pois ambos tinham muita afinidade, e passavam grande tempo juntos. Carlinhos falava com orgulho da Medicina, pois queria ser como o doutor Augusto. Lucimar desejava prestar vestibular no ano seguinte para Direito.

Milene sentia cada vez mais que amava Augusto, mas seu sentimento era sublimado pela renúncia, sabendo que o médico jamais poderia suspeitar de tal fato. Resignava-se e sofria em silêncio. Bastava-lhe um sorriso e, às vezes, um abraço fraterno, uma palavra carinhosa, para mitigar-lhe os anseios de mulher apaixonada.

Periodicamente eu e o assistente visitávamos o lar de Augusto, e notávamos que a assistência espiritual se fazia presente no ambiente, com amigos que velavam pela segurança da casa do médico. Entretanto, pude também observar a presença de espíritos da legião de Trevor, rondando a residência, sem, contudo, ter acesso, uma vez que o médico passara a cultivar o hábito do Evangelho no lar e, como conseqüência, as vibrações de paz e harmonia envolviam a casa em suave halo de luz protetora. As presenças espirituais indesejáveis não tinham acesso ao ambiente doméstico.

Questionei o assistente, que me esclareceu:

— Está lembrado, Virgílio, que Trevor orientou seus comandados para que tivessem paciência, pois, via de regra, o principiante espírita num primeiro momento se deslumbra com os ensinamentos recebidos, bem como com as descobertas do mundo espiritual que faz? Todavia, num segundo instante, de um modo geral, o candidato a médium tende à acomodação, ao marasmo. Depois, há ocasiões em que deseja tornar-se santo, tal o entusiasmo que o invade. No momento seguinte, dominado pela preguiça que acomete muitos, justifica sua própria indolência, dizendo para si mesmo: a natureza não dá saltos, e não vou tornar-me santo de um dia para o outro. Justifica então seu comodismo, sua falta de vontade em progredir, de fazer sacrifícios, de se melhorar, de procurar a reforma íntima. Não entende que, na maioria das vezes, estas são sugestões transmitidas pelos nossos irmãos contrários à evangelização e ao progresso espiritual. Assim, o candidato a médium acaba desistindo no meio do caminho. Não podemos nos esquecer da Parábola do Semeador, quando Jesus nos diz que a semente que caiu em solo fértil germinou, cresceu e frutificou. Verificamos muitas escolas de médiuns que começam com centenas de candidatos ao mandato mediúnico com Cristo, mas muitos ficam à margem do caminho, e são afastados pelas aves, simbolizadas no ensinamento do Mestre. No caso de Augusto, estes nossos irmãos esperam que isto também aconteça com o médico, e, se por ventura isto ocorrer, estão a postos para o ataque.

Eu estava impressionado. Quanto tempo seriam capazes de permanecer em espera os comandados de Trevor? Ele esclareceu-me:

— Estes nossos irmãos, como de um modo geral os obsessores inteligentes, não têm pressa. São capazes de ficar ao nosso lado por tempo indeterminado; sabem que não somos perfeitos e, a qualquer momento, estamos sujeitos a nos desequilibrar. Num momento de raiva ou de invigilância, nosso padrão vibratório cai e nossa mente passa a vibrar em baixas freqüências vibratórias. Neste momento estaremos sujeitos ao ataque, pois oferecemos campo para a atuação desses nossos irmãos menos felizes.

Havia entendido a explanação do assistente. Entretanto, exatamente por sermos ainda portadores de deficiências morais imensas, qual seria nossa melhor defesa? Estaríamos a todo instante sujeitos à atuação inconveniente de nossos irmãos obsessores? Questionei Demétrius, que pacientemente me respondeu:

— Exatamente por conhecer nossas deficiências, Jesus nos recomendou a oração e a vigilância constante. Por isto a necessidade do Evangelho no Lar, que nos dá uma retaguarda importante. O trabalhador de Jesus que tem o hábito de orar todos os dias, que já tem a salutar hábito do Evangelho no Lar, que freqüenta e trabalha em nome do Cristo em alguma instituição religiosa séria, estará sempre muito bem protegido. Mesmo que seja atingido durante o dia, por alguma intemperança, quando chega em casa, recebe o auxilio necessário, ou então quando se dirige ao local em que serve ao próximo em nome de Deus. Estes não precisam temer nenhum assédio das trevas, pois têm a retaguarda que necessitam. Agora, aqueles que não oram, não fazem nada em nome da caridade, que não se policiam e nem procuram se melhorar, infelizmente serão presas fáceis de nossos irmãos comandados pelas sombras.

Estava satisfeito com aquelas explicações. Nem poderia ser diferente, pensei comigo mesmo, pois quem caminha com Jesus não deve temer as forças do mal. Se Deus é por nós, quem poderá ser contra?

Retornamos ao Hospital, onde estava localizada a Mansão do Reajuste Materno. O assistente me informou que iríamos fazer uma visita a Aprígio. Segundo me informara Demétrius, suas condições espirituais eram favoráveis, uma vez que não se manifestara revoltado, com espírito de aceitação e boa vontade, inclusive perdoando o erro involuntário de Augusto, que culminara em sua morte. Por esta razão, o pai de Carlinhos encontrava-se em franco processo de recuperação. Já freqüentava as reuniões de estudo e esclarecimento. Segundo o assistente, existiam condições que estavam se tornando favoráveis, por cujo motivo estava sendo preparado para breve seu retorno à matéria.

Na parte interna do hospital, à qual pertence a Mansão do Reajuste Materno, existe imenso jardim, que eu ainda não conhecia. Acompanhando o assistente, adentramos aquele local. Senti-me surpreso com a impressão de liberdade, dado o enorme espaço de lazer, juntamente com a beleza das flores, plantas e árvores frondosas; um belo espetáculo aos nossos olhos. Compreendi que a majestosa visão que me encantava ali estava não apenas para o deleite de nossa vista, mas para o auxílio na recuperação daqueles que ainda estavam convalescentes. Senti forte e reconfortante vibração emanando daquelas plantas; sem dúvida, eram um fator importante no retempero das energias dos nossos irmãos em tratamento.

O sol deitava-se em nosso horizonte espiritual e sua luz era filtrada por esparsas nuvens de tons avermelhados, o que dava um toque especial na vibração do ambiente. Eram dezoito horas e, naquele momento, percebi que os doentes presentes no jardim, bem como os médicos e enfermeiros, se ajoelharam em atitude de reverência e oração. O assistente me esclareceu que havia uma predisposição em todos para fazer a oração da "Ave Maria" em agradecimento à Mãe de Jesus. Muitos daqueles irmãos eram provenientes de diversas religiões, mas, em sua maioria, católicos, motivo pelo qual todos os dias aproveitavam aquele horário para a prece, e isto se tornara um hábito saudável. Os resultados, esclareceu-me Demétrius, eram surpreendentes em todos os sentidos.

Compreendi a veracidade do esclarecimento, pois verificava que naquele momento, juntamente com os últimos raios do sol que se escondia atrás da curvatura terrena, raios luminosos desciam dos planos mais elevados, banhando todos em suave fosforescência luminosa, causando indizível bem-estar em cada um de nós. Meu coração estava emocionado; sabia que a Virgem Santíssima estendia suas luzes a cada um naquele momento.

Concluída a prece e ainda em estado de graça, nós nos dirigimos ao centro da praça, onde Aprígio se encontrava, amparado por um enfermeiro dedicado, chamado Sétimo.

Cumprimentamo-los respeitosamente, sendo recebidos com cortesia e educação. Notei que Aprígio se apresentava quase que recuperado. Em seu coração não se percebia resquícios de mágoa ou ressentimento, pelo contrário, podia-se perceber que o pai de Carlinhos estava tomado por grande alegria, razão pela qual o assistente dissera que oferecia condições favoráveis para um reencarne programado.

Muito atencioso, Sétimo nos esclareceu a respeito da evolução de Aprígio:

— Nosso irmão tem-se mostrado de boa vontade e disciplinado. É importante, num processo de recuperação, a vontade de melhorar do paciente e Aprígio tem se esforçado neste sentido, de forma que, em pouco tempo, estará em condições de auxílio em pequenas tarefas. Para melhor exemplificar, ele mesmo pode dar-nos sua impressão e opinião sobre seu estado de ânimo.

Notei que Aprígio estava exultante, como uma criança deslumbrada que acabou de ganhar brinquedo novo.

— Não sei como explicar nem agradecer por tudo que tenho recebido pela graça de Deus — argumentava Aprígio — desde o dia em que pela caridade de alguns irmãos fui informado que deveria me afastar do doutor Augusto, aliás, amigo muito querido de meu coração. Serei eternamente agradecido por tudo que ele tem feito por minha família. Então, como estava dizendo, desde aquele dia tenho me surpreendido com o mundo espiritual, que ainda não conhecia. Confesso que ficava junto do doutor Augusto, rondando sua casa e minha família, porque tinha medo do desconhecido! De vez em quando, eu percebia, mas não tinha consciência ainda do que se tratava: para mim, eram pessoas malvadas que queriam fazer mal ao doutor. Eu queria impedir, mas não conseguia, e isto me angustiava muito! Mas, continuando o que dizia, fiquei surpreso quando fui trazido a este hospital, sendo tratado com carinho e respeito. Dizem-me que sou irmão pela graça de Deus, porque Deus é nosso Pai, e que, além de irmãos, somos também todos amigos uns dos outros, em nome de Jesus, pois Jesus foi o Divino Amigo! Então, tenho sentido que a bondade do Pai não tem limites. Nem sei se mereço tudo que tenho recebido, mas tenho vontade de fazer alguma coisa em retribuição a tudo que recebi. E Sétimo me diz que ainda não conheço nada do Plano Espiritual. Sinto-me invadido por uma sede de saber e tenho procurado estudar e compreender melhor o Evangelho e os ensinamentos espirituais. Às vezes permaneço em estado de graça, e todos os dias rezo para a Virgem Santíssima me proteger, proteger a minha família, o doutor Augusto e sua família, e todos aqueles que ainda não tiveram a graça de conhecer o que eu já conheço!

Rimos descontraidamente pelo depoimento simplório mas sincero, e pelo entusiasmo espontâneo de Aprígio, que, emocionado, tinha os olhos cheios de lágrimas convertidas em sentimento de alegria e agradecimento.

Demétrius abraçou-o carinhosamente, dizendo:

— Irmão Aprígio, tudo tem uma razão em nossa vida e para tudo existe o momento certo. Você sabe que, recuperado seu equilíbrio e restauradas suas energias, passará por breve estágio de trabalho e aprendizado neste hospital. Tudo isto será uma preparação para seu retorno à matéria dentro de pouco tempo!

— Sim, é verdade. Sétimo tem-me esclarecido sobre a reencarnação, o que me dá muita alegria, pois desta forma Deus permitirá que eu retorne para o seio de meus entes queridos que estão na matéria. Mas, se já tive outras existências, por que não as recordo?

— Já lhe expliquei anteriormente, Aprígio, para tudo existe a hora certa. Ainda não é o momento, e não é tão importante que saiba a respeito de suas vidas passadas. Apenas tenha certeza de que já viveu e muito! O que importa agora é seguir a lei: renascer de novo e progredir sempre. Assim será.

— É verdade – respondeu Aprígio, resignado. — Sétimo tem-me repetido várias vezes que estou querendo saber muito, quando ainda não tenho condições de entendimento. Sei que ele tem razão, mas que gostaria de saber, isto gostaria.

— Não, meu irmão – argumentou pacientemente o assistente –, o esquecimento que tolda nossa memória é uma bênção de Deus, pois na maioria das vezes não teríamos condições de suportar a revelação de quem fomos no passado.

As primeiras constelações já brilhavam no firmamento e todos que se encontravam no jardim se recolheram ao nosocômio. Retornamos, despedindo-nos de Aprígio e Sétimo. O assistente parecia satisfeito com o que presenciara.

Não quis indagar como, nem quando, nem onde se efetuaria o reencarne de Aprígio. Aprendera a ter paciência e esperar. No momento adequado, Demétrius revelaria os detalhes.

— Irmão Virgílio, gostaria de conhecer o departamento onde são *"programados"* os processos de reencarne e desenvolvidos os *"projetos"* dos novos corpos a serem moldados?

Aquiesci com satisfação. O assistente informou-me que em cada hospital, em cada colônia, havia um departamento que cuidava dos detalhes em favor dos espíritos candidatos ao retorno à carne, desde o momento adequado, nos casos de reencarne natural, bem como do modelo de corpo físico ideal para a missão de cada um, e também da família terrena.

Questionei se era possível um espírito em condições elevadas reencarnar no seio de uma família de celerados, ao que ele respondeu:

— O princípio é que nenhum espírito reencarna em família com a qual não tenha seus vínculos de amor ou resgate. A lei natural é que nunca recebemos um estranho em nossa família. Normalmente são amigos, que nos darão forças e nos ajudarão na difícil caminhada, como Cirineus, que a bênção de Deus permite que venham até nós; ou adversários do passado, a quem recebemos em nosso meio como filhos, irmãos, pais ou aquele parente difícil a nos exigir paciência e tolerância, na difícil missão de resgate. Muitas vezes são espíritos necessitados aos quais no passado prejudicamos, ou dos quais fomos causa de quedas, e que, na atual reencarnação, nos pedem o amparo e a abnegação para se reerguerem novamente. É no seio da família, tão desvalorizada nos dias de hoje, que se processam os reajustes necessários ao espírito em evolução, transformando inimigos seculares em irmãos queridos, após tantas lutas e esforços em comum. Todavia, nada impede que casos especiais de espíritos com elevada condição evolutiva e muito bem preparados, em tarefa missionária, reencarnem em meio hostil e de celerados, para que, através de seu exemplo, os auxiliem em seu progresso. São missões de renúncia, sofrimento, incompreensão e abnegação, daqueles que se dispõem a ajudar irmãos ainda nas sombras da ignorância. Nestes casos, é o próprio espírito que assim deseja e tem a bênção e a complacência dos Planos mais elevados da espiritualidade.

    Compreendi a lógica e a complexidade do processo reencarnatório. Enquanto nos dirigíamos ao Departamento Reencarnatório de nossa Mansão, ia assimilando e raciocinando a respeito da explanação do assistente. Ele se referiu ao processo reencarnatório *natural*; como seria o processo que não segue os trâmites normais? Questionei Demétrius, que pacientemente esclareceu:

    — No processo de reencarne *natural*, tudo é previamente programado e tudo obedece a detalhes importantes, como a linha mestra das tarefas e da missão que o espírito reencarnante deve cumprir em sua jornada terrena. O espírito toma conhecimento de suas responsabilidades, conhece de antemão as provas a que será submetido, e as pessoas do meio, com as quais irá se relacionar diretamente na experiência da carne. Sabe que terá retaguarda dos amigos espirituais que ficaram do lado de cá, acompanhando e torcendo para que tenha sucesso em sua missão. Sabe também que estará sujeito a tentações, mas assume o firme propósito de resistir e perseverar; também tem consciência de que, como todo ser humano, estará sujeito a falhas. Enfim, o candidato a renascer de novo da água e do espírito sabe que em sua nova jornada estará assumindo responsabilidades para as quais já está preparado, pois nunca lhe serão exigidos esforços que ainda não estarão à altura de suas forças. Sabe que do lado de cá ficará sempre um *"anjo da guarda"*[6] que o irá inspirar nas decisões dos momentos difíceis, que lhe insuflará ânimo a prosseguir nos momentos de incerteza, que lhe transmitirá alegria e alento nos momentos de tristeza, que lhe enviará forças e coragem quando fraquejar.

O assistente fez pequena pausa para que eu pudesse assimilar melhor os conceitos emitidos. Depois de breve pausa, que aguardei respeitosamente, continuou:

— Existem os processos que não obedecem a esta ordem natural das coisas, como as *reencarnações compulsórias*, em que espíritos dotados de alto grau de inteligência, em sua maioria conhecedores do Evangelho e das Leis, mas devotados ao mal, após análise criteriosa da Espiritualidade Superior, perdem temporariamente a condição do livre-arbítrio e passam por experiências reencarnatórias, relativamente curtas, mas de grande aprendizado para eles. Normalmente são portadores de idiotia, de doenças congênitas, que os prostram ao leito em condições entrevadas, durante toda existência. Será inesquecível o aprendizado para esse espírito eterno, dotado de inteligência, mas porta-

---

(6) Espírito amigo que por amor e laços do passado se propõe ao auxílio e à tutela do espírito encarnado. Costuma-se dizer "espíritos protetores", ou, comumente, "anjos da guarda". NAE

dor de um equipamento defeituoso. Terá que se submeter à disciplina a duras penas. São encarnações, na maioria dos casos, consideradas um divisor de águas para espíritos recalcitrantes, que reencontram o prazer de viver novamente, após esta experiência inesquecível para eles. A suspensão temporária do livre-arbítrio provém da misericórdia divina, que ampara estes espíritos de quedas espetaculares e evita derrotas fragorosas. Apenas numa imperfeita analogia, mas para um melhor entendimento, poderíamos considerar como se fora o caso do poder público a intervir na economia de determinada organização econômica, declarando uma moratória temporária, para evitar a falência e a perda total para a economia em geral. São medidas prudentes, corretivas, e têm caráter temporário.

Estava satisfeito com a elucidação do assistente, mas desejava ainda outros esclarecimentos suplementares que exemplificassem outros tipos de reencarne não natural. Demétrius não se fez de rogado, continuando sua dissertação:

— Existem ainda "n" casos esporádicos que poderíamos citar, Virgílio, mas vamos nos ater a outro que é mais usual: o de reencarnação complementar. Normalmente são espíritos que em outras existências não completaram adequadamente o período em que deveriam permanecer na matéria; abreviaram sua existência, por motivos mais variados, seja por não terem cuidado da saúde física, pelo abuso do cigarro ou da bebida, provocando o desencarne antes do tempo previsto. Reencarnam exatamente para completar aquele período que ficou em débito, desencarnando ainda em tenra idade. Nestes casos, a dor e a prova são também para os pais, que resgatam de alguma forma débitos do passado.

Anotei em meus apontamentos os ensinamentos valiosos que tivera o privilégio de receber. Entendi que deveria ainda meditar muito na bondade Divina, que nos oferece oportunidades renovadas de progresso através da reencarnação. Compreendi naquele momento que o processo reencarnatório é um valiosíssimo instrumento da Justiça Divina, que une amigos, irmãos, almas afins e inimigos, para que através das diversas experiências na carne possam refazer os elos destruídos pelo ódio, construindo no seio da família, palco de reencarnação de inimigos bem como de amigos, transformando ódio em amor, vingança em perdão, e sombras em luz.

Chegamos a uma ala com amplo salão, onde pude verificar, além da presença de irmãos de alta hierarquia, pranchetas destinadas a desenhos e projetos. Notei alguns painéis que apresentavam o esboço já delineado nas pranchetas, em forma física tridimensional; reproduziam com absoluta fidelidade o corpo humano, os órgãos que compõem cada sistema, respiratório, nervoso, ósseo, circulatório e endócrino. Eu estava extasiado pela perfeição e complexidade que envolvia o planejamento reencarnatório. O assistente me informou que iríamos conhecer o projeto destinado à reencarnação de Aprígio. Aproximamo-nos de um dos grupos. Demétrius esclareceu-lhes que minha missão era de aprendizado e estudos, solicitando que nos fossem franqueadas as informações pertinentes ao reencarne de Aprígio.

O Irmão Alexandre nos atendeu com presteza e atenção. Notei que, de posse das informações necessárias a respeito do interessado, nosso irmão digitou em um teclado, à semelhança dos normalmente utilizados em computadores; apenas não notei a presença de fios que completassem a ligação. Imediatamente se formou na tela como que uma substância leitosa e brilhante que adquiria a forma perfeita de um corpo físico. Alexandre acionou um comando e o desenho destacou-se da tela, projetando-se para fora de forma tridimensional, de maneira que podíamos observar o projeto em todas suas peculiaridades. A pedido do assistente, Alexandre esclareceu-nos:

— Este projeto permite traçarmos com detalhes mínimos qual a constituição física do espírito reencarnante, de acordo com a necessidade do seu aprendizado. Se em sua missão terrena tiver que passar por provas de doenças ou algum tipo de debilidade, o projeto deve prever estes detalhes no corpo físico. É importante salientar que o perispírito tem registrado em sua tessitura etérea todos os gravames de existências passadas. Se, por exemplo, abusou do fumo, terá marcado em sua forma perispiritual, nas vias respiratórias e nos pulmões, a debilidade própria da ação do tabaco; o mesmo com a bebida, no estômago, ou qualquer atitude que contribuiu para agredir a forma perispiritual, como o abuso da saúde, o uso das drogas, ou até mesmo o ato do suicídio, que marca de forma indelével as fibras sensíveis que constituem o perispírito. A verdade – continuou Alexandre – é que, nas diversas existências que o espírito vive, seu perispírito sempre irá refletir as conseqüências de suas atitudes, sejam boas ou más. As boas farão com que a forma perispiritual se purifique e se depure em sua essência, que se torne mais etérea e luminosa; as más agregarão manchas e defeitos que permanecerão marcados no períspirito até que esta *"mancha"* ou *"defeito"* seja transferido para o corpo físico, que funciona como um mata-borrão do perispírito. Dessa forma, quando o espírito se prepara para nova experiência na matéria, desenvolvemos o projeto apenas das *"doenças"* ou *"conseqüências"* previstas naquela encarnação, de acordo com a modalidade de provas que o espírito vivenciará. Aquelas que não estão previstas não se manifestarão no vaso físico, mas permanecem marcadas no perispírito até que o espírito esteja em condições de suportar as provas mais acerbas. Na verdade, enquanto a túnica nupcial não estiver branca, isto é, todos os débitos resgatados, seja pelo amor ou pela dor, o espírito estará atrelado aos resgates de seus erros do pretérito.

No caso de Aprígio – continuou Alexandre –, de acordo com o planejamento das provas recebidas, nosso irmão deverá ter problemas gástricos e pulmonares, em função do abuso do fumo e bebida em sua última existência. Observem a região dos pulmões e estômago. Nosso irmão terá uma limitação física para disciplinar a utilização tanto de um órgão como de outro, pois o que todo fumante inveterado deveria saber é que tão delicado e precioso equipamento, destinado ao processo de oxigenação do sangue, não deve ser usado como filtro de fumaça, fuligem e venenos que colocam a saúde em risco. O mesmo acontece com o estômago.

Enquanto ouvia a dissertação de Alexandre, observava admirado a região por ele mencionada, notando que efetivamente os pulmões e o estômago apresentavam sinais evidentes de pontos escuros, onde deveria manifestar sua debilidade. Alexandre esclareceu ainda que, de posse de um corpo físico com aqueles problemas, não permitiriam, por exemplo, que Aprígio voltasse a fumar ou a beber, pois as conseqüências seriam trágicas. O próprio espírito havia solicitado, como prova disciplinar, que as manchas perispirituais já fossem transferidas para o corpo físico nesta encarnação.

Notei ainda que o desenho projetava um corpo físico franzino. Alexandre esclareceu-me que este era outro fator de limitação solicitado pelo espírito reencarnante, porque Aprígio desejava desenvolver suas qualidades intelectuais em vez do culto ao corpo físico. A debilidade física seria para ele uma bênção; teria que aproveitar ao máximo a sensibilidade do espírito, para vencer as dificuldades que se apresentariam em sua vida futura.

Demétrius manifestava sua satisfação. Eu, por meu lado, não queria tomar o precioso tempo de Alexandre. O assistente percebeu que eu ainda tinha uma ponderação a fazer, e por esta razão insistiu:

— Virgílio, sabemos que Alexandre tem seu tempo tomado por grandes responsabilidades, mas não é justo que você saia daqui com dúvidas, portanto, diga se ainda tem algum ponto que gostaria de esclarecer.

Alexandre sorriu encorajando-me.

— O tempo que estamos empregando neste diálogo e nesta pequena demonstração não é sem razão. Seus apontamentos obedecem a uma determinação superior. Não se acanhe, pois; temos muita satisfação e alegria em poder colaborar com seus estudos.

— Desculpe-me, temo estar tomando seu tempo em demasia, mas ainda gostaria de saber como é que o óvulo poderá ser fecundado exatamente pelo espermatozóide, trazendo consigo as características adequadas para a formação desse corpo que atenderá os requisitos projetados; e também como é determinado o tempo de vida material do espírito reencarnante.

— Virgílio, você terá oportunidade de verificar com seus próprios olhos como é o processo de escolha do espermatozóide correto que traz os genes adequados para a formação daquele corpo físico. Estaremos combinando para que você esteja presente, quando ocorrer a fecundação em que Aprígio irá reencarnar. Demétrius sabe e mantê-lo-á informado a respeito. Quanto ao tempo de existência, a missão que o espírito se propõe vivenciar na matéria irá regular o tempo que deverá permanecer encarnado, seja pela natureza das provas, ou pelas debilidades físicas. O perispírito receberá no ato do reencarne um *"quantum"* de tônus vital. Apenas para entendimento, poderíamos dizer que seu tanque será cheio de combustível; o uso parcimonioso desta energia permitirá ter vida plena até a exaustão completa de sua energia vital, o que ocasionará então, seu desencarne.

Agradecemos a gentileza de Alexandre. Confesso que estava curioso para acompanhar a fase final do processo reencarnatório de Aprígio. Era a porta de entrada para a vida material. Pela misericórdia Divina, todos nós temos oportunidade de retornar à matéria para nossos reajustes e elevação espiritual.

Já do lado de fora do Departamento de Projetos e Reencarnação, o assistente manifestava-se feliz, informando-me que no Departamento de Comunicação, entre todos os planos, haveria uma palestra aquela noite, cujo tema era aborto e reencarnação, motivo pelo qual seria de suma importância que pudéssemos assistir. Aquiesci de bom grado e, de imediato, nos dirigimos ao local.

Quando adentramos, o recinto já estava totalmente tomado. Notei que os cordões fluídicos que envolviam o perispírito dos presentes demonstravam que os convidados da assistência, em sua grande maioria, eram espíritos encarnados, desligados da matéria no período do sono. O assistente convidou-me a segui-lo e nos acomodamos nas primeiras filas, quase em frente à tribuna, onde já havia dois lugares previamente reservados para nós.

Acomodamo-nos. Apesar de totalmente repleto, o silêncio era completo e respeitoso. Todos os presentes aproveitavam o momento para meditação e oração, enquanto suave música nos convidava ao recolhimento íntimo.

De repente, o espírito convidado manifestou-se entre luzes de tonalidade azul e amarelo. Como o assistente não mencionara quem seria o palestrante da noite, por uma questão de respeito também não perguntei. Na verdade, Demétrius queria fazer-me uma surpresa. Fiquei extremamente feliz pelo alvitre, pois o palestrante da noite era o Instrutor Aurélio.

Após breve oração, o Instrutor Aurélio iniciou a palestra. Suaves e blandiciosas emanações etéreas envolviam o convidado, que com inspiração divina começou a dissertar sobre a responsabilidade da reencarnação e do aborto:

"Irmãos em Cristo, O Espírito Eterno, desde o princípio de sua caminhada, quando ainda era simples e ignorante, não havia conquistado o direito do uso do livre-arbítrio, e não tinha consciência do que era certo ou errado; trilhou por caminhos diversos, de dor e sofrimento, para que aos poucos e gradativamente desenvolvesse seu raciocínio, pois tinha adormecidos em seu íntimo, os atributos recebidos de Deus. Demandou séculos para conseguir se manifestar por meio das primeiras palavras articuladas, para exprimir seus sentimentos e sua vontade, pois, antes, sua expressão era apenas de sons guturais e gemidos incompreensíveis.

Em sua caminhada, o espírito evoluiu. Passou a ter os primeiros conceitos de família e sociedade, mas a lei que prevalecia ainda era a do mais forte. Passaram-se os séculos inexoráveis, e, em sua ascensão, o homem saiu das cavernas e passou a conviver em aglomerações, deixando de ser exclusivamente caçador a saciar suas necessidades básicas de alimentação, para dedicar-se à agricultura e ao artesanato. Desenvolveu os primeiros conceitos de direitos que regulassem sua vida em comunidade, e suas obrigações. O tempo correu indelevelmente, de forma que aos poucos foi compreendendo a existência de uma força superior que mantinha a harmonia de tudo que o rodeava, e sentiu, então, necessidade de procurar uma forma de aproximação com a divindade. Nesta busca, entre misto de submissão e medo, criou deuses para todos os fenômenos da natureza, que não podia compreender, de forma que adorava o deus da chuva, do trovão, das tempestades, da guerra, das colheitas, enfim, povoou sua imaginação de deuses dos mais diversos. A Espiritualidade Superior aguardava o momento em que a humanidade estivesse em condições de entendimento, para receber a Primeira Revelação, quando Moisés, após a libertação do povo judeu do jugo do Egito, na jornada em direção à Terra Prometida, trouxe a informação da existência do

Deus Único e Verdadeiro. Entregou ao povo o tesouro dos Dez Mandamentos, que conduziria pelos caminhos do Senhor o povo temente ao Deus Verdadeiro. Os tempos ainda eram primitivos, de forma que Moisés, ao mesmo tempo que entregava os mandamentos de Deus, para controlar um povo ainda indisciplinado e intolerante, desenvolveu suas próprias leis, para disciplinar a vida em sociedade.

A ampulheta do tempo não pára nunca. Novamente se sucederam os séculos e os milênios. A Espiritualidade Superior sabia que já estava no momento da humanidade receber a Segunda Revelação; foi preparada cuidadosamente a descida à carne do Verbo feito homem, e, desta forma, Jesus fez-se presente na matéria, animando um corpo físico mortal. Desnecessário é aqui dizer do trabalho e da preparação que antecederam a vinda do Messias até nós, por se tratar de Espírito de Luz, perfeito e já liberto das formas e da matéria. Nenhum de nós pode aquilatar a dimensão do sacrifício do Mestre, em seu descenso vibratório, graduando sua energia sideral para que seu espírito pudesse, em nome do Pai, vir até nós pessoalmente trazer uma nova Lei: A Lei do Amor e do Perdão. Quando questionado, o Cristo respondeu que o maior mandamento era *"Amarás o Senhor Teu Deus de todo coração, de toda tua alma e de todo teu espírito"*, e o segundo mandamento, tão importante quanto o primeiro: *"Amarás teu próximo como a ti mesmo"*.

Este novo ensinamento modificaria importantes conceitos da Lei Mosaica, que até então determinava o apedrejamento da mulher apanhada em adultério, enquanto o homem adúltero não sofria nenhuma sanção; não trabalhar aos sábados, lavar as mãos antes das refeições e proibir carne de porco por ser considerada imunda. Pregava ainda a pena de Talião – olho por olho e dente por dente – ou permitia que nos vingássemos de nossos inimigos com a complacência da lei, além dos sacrifícios de animais, como o cordeiro, para agradar a Deus. O entendimento que havia demonstrava um Jeová irado, pronto para premiar seus eleitos, mas para punir com severidade os desviados do caminho.

A Lei do Amor determinou nova era de entendimento à humanidade, e, quando questionado, o Mestre respondeu que não viera destruir a Lei, mas dar cumprimento a ela. Infelizmente não foi compreendido no seio de seu próprio povo, e Jesus acabou por entregar sua vida em holocausto por amor à humanidade. Seus ensinamentos, entretanto, ficaram eternos pela exemplificação pessoal, em todos os conceitos transmitidos e imortalizados nos apontamentos dos apóstolos evangelistas, através do Evangelho de Luz, o maior legado da humanidade.

Entretanto Jesus sabia que, com o tempo, seria deturpada a letra e o espírito do Evangelho, ou, ainda, seriam esquecidos muitos de seus ensinamentos. Por esta razão, prometeu que enviaria o Consolador, que recordaria seus ensinamentos em toda sua pureza e simplicidade, e nos traria outros conhecimentos que Ele ainda não podia nos dizer. Então, na época aprazada, recebemos a luz da Terceira Revelação pelo Espírito de Verdade, na Doutrina dos Espíritos, codificada por Kardec, através da fé raciocinada, da lógica e da razão.

Desde então, irmãos, temos buscado na fonte inesgotável do Evangelho Redivivo, da Boa Nova de Jesus, o entendimento da reencarnação como oportunidade e justiça, para que o ser humano possa evoluir pelo esforço próprio, aprendendo a amar, a sofrer, a sorrir, a lutar, a progredir sempre, seja pelo amor ou pela visita da dor. Dizem as Escrituras que Deus fez o homem à Sua imagem. O ser humano inverteu o ensinamento, criando Deus à imagem do homem. Todavia, para que possamos entender melhor, verificaremos que, apenas com a reencarnação, o espírito em sua longa caminhada evolutiva vai adquirindo, pelas diversas experiências vividas, conhecimento, discernimento, bondade, eqüidade, sabedoria, e luz. Quando finalmente atingir, através de seu esforço pessoal, a condição de espírito perfeito, aí, então, se cumprirá o que dizem as Escrituras Sagradas: O homem será à semelhança de Deus, pois representa conquistas árduas com lutas e sacrifícios, com a bênção e misericórdia de Deus, que assim permitiu através das experiências sucessivas.

Assim, a Justiça Divina não condena nenhum filho ao fogo eterno, da mesma forma que na Criação não existe privilégio para quem quer que seja. Tudo são conquistas do espírito que, com seu esforço e vontade, progride sempre, ao mesmo tempo que em sua jornada aprende a estender as mãos aos menos afortunados e felizes. Aprende a conviver com seus inimigos do passado e a perdoar sempre.

A humanidade moderna vive momentos de grandes descobertas científicas e tecnológicas! Aprendeu a fazer uso da razão e do livre-arbítrio. Recebeu ensinamentos inesquecíveis primeiramente por Moisés, depois, de Jesus, e, por último, da fé raciocinada do Espiritismo. Não temos mais desculpa alegando desconhecimento de causa. Se já somos capazes de entender que é através da oportunidade reencarnatória que o espírito progride e evolui, por que ainda somos tão insensatos e insensíveis, quando falamos na questão do aborto?

O selvagem que matava seu inimigo, e depois comia parte de seu corpo, o fazia por acreditar que, desta forma, iria adquirir as qualidades que tinha o falecido. Para aquele que era vencido em batalha, era uma desonra ter sua vida preservada, pois seria considerado covarde. Assim, preferia ser morto com honra. Tais eram os costumes. Os selvagens faziam isto e consideravam certo, só que ainda não tinham o uso da razão que nós temos, e, em sua ignorância, eles eram profundamente honestos nos seus princípios.

Com todo sentimento de compreensão que nos recomendou Jesus, caridade acima de tudo, o que podemos dizer em defesa do ser humano que mata seu próprio filho, ainda no ventre materno?

Irmãos em Cristo, já é hora para que o homem desperte para suas imensas responsabilidades e pondere a respeito de suas atitudes. O que leva uma mãe, ou um pai, a mandar praticar um aborto? Infelizmente constatamos com enorme tristeza que o ser humano, em muitos aspectos, não evoluiu. Em sua ânsia de prazer sem responsabilidade, de desfrutar as sensações inferiores da sexualidade desregrada e indisciplinada, comete depois desatinos inconcebíveis, quando condena à morte um ser, cuja vida já se manifesta em toda sua plenitude no ventre materno, logo após a concepção, pois o espírito já anima aquele embrião.

Os crimes são encobertos para a lei terrena, pois ainda estão encobertos na consciência humana. É o paradoxo dessa lei, pois, como não houve ainda o nascimento e o respectivo registro no Cartório Civil, este ser ainda não existe, não existindo, portanto, crime. Todavia, para nós que estamos na espiritualidade, e aos olhos de Deus, podemos afiançar-lhes: o crime existe e é considerado hediondo, pela forma como é praticado. Sabemos que já se formam correntes para conscientização deste erro, e esforços louváveis da parte de alguns neste sentido, mas antes temos que reformular nossos conceitos de certo e errado em nossa própria consciência, sem o que todos os esforços serão baldados.

Irmãos em Cristo, poderíamos ainda muito falar a respeito da importância da oportunidade de renascer de novo, como nos disse Jesus, e alertar a respeito do repúdio à prática abortiva, sem razão justa. Todavia, entendemos que o ser humano muda apenas quando tem consciência do fato. Em nome da Espiritualidade, confiamos que vocês compreendam a gravidade do problema, tenham plena consciência, e transmitam aos homens a grande responsabilidade que pesa sobre as decisões intempestivas. Peçamos a Deus que desperte o homem, que abençoe os homens de boa vontade, que ampare aqueles irmãos desequilibrados que viram frustradas suas possibilidades de reencarne devido à prática do aborto. Que o Pai de Misericórdia nos ilumine, para que sejamos sempre dignos de ser filhos Dele. Que a Paz do Senhor esteja com todos nós."

O ambiente estava saturado de energias e luzes em profusão. Sentia-me sensibilizado com as palavras transmitidas pelo Instrutor Aurélio. Demétrius convidou-me para que nos aproximássemos do amigo tão querido. O que senti ao reencontrar Aurélio foi indescritível para mim. Abracei-o com carinho e emoção. Meus olhos estavam em lágrimas de alegria e agradecimento.

— Irmão Virgílio — disse-me Aurélio carinhosamente —, não lhe disse que ainda nos veríamos na Seara de Jesus? Sabia que iria encontrá-lo hoje, pois, embora estejamos em tarefas diferentes, acompanho seu trabalho a distância. Demétrius tem-me informado constantemente à respeito de sua missão. Estou feliz pelo seu esforço e sempre orando e pedindo ao Pai que o ilumine; que você possa continuar a levar as mensagens do Evangelho de Jesus aos nossos irmãos encarnados!

Despedimo-nos do Irmão Aurélio com o coração repleto de alegria. O sentimento era de afinidade e de gratidão bastante profunda pelo querido amigo. Seria sempre uma satisfação renovada revê-lo em alguma parte do caminho. Eu e Demétrius saímos. Dirigi-me ao meu domicílio, pois a noite já ia avançada e não tardaria para que as estrelas tremulantes do céu desvanecessem seu brilho, e, juntamente com a fresca brisa matutina, a luz do astro rei inundasse o horizonte visível com alegria e calor, pela oportunidade renovada de um novo dia que começava.

Um reinado de ilusão

Dois meses se passaram desde que Antonina retornara à casa paterna. As coisas não corriam bem, pois o filho aumentara as despesas e o parco orçamento doméstico não era suficiente para dar conta de tudo.

Percebia o desagrado do pai pela situação que viviam. A verdade era que Antonina, de uma forma ou de outra, sentia-se responsabilizada por todos acontecimento infelizes. Antes trabalhava e ajudava, mas agora o filho pequenino ainda lhe exigia a atenção e, dessa forma, ela e ele representavam um peso nas finanças da família.

Josué a amava, era verdade, mas do seu jeito. Notava que o noivo aceitava o filho com restrições e disso não fazia segredo. Vez ou outra, criticava Antonina como se ela fosse culpada de tudo. Todavia, a situação familiar estava cada vez mais difícil. Contava com o apoio da mãe, mas a própria genitora tinha receio de afrontar o senhor Ernesto e defender a filha.

Antonina gostaria de fazer algo para contribuir, mas enquanto Ismael necessitasse de sua atenção, não podia se aventurar a procurar algum emprego. Os dias foram passando e a situação ficando cada dia mais deteriorada e insustentável, até que um dia o pai a chamou e disse-lhe à queima-roupa:

— Minha filha, você sabe a nossa situação como está. Não podemos continuar vivendo desta maneira; eu e sua mãe não ganhamos o suficiente para manter a casa, ainda mais agora com criança nova. É muita despesa, temos que encontrar uma solução.

O pai falou com tom de voz calmo, mas que não deixava margem à dúvida diante da dureza de sua colocação. Antonina sentiu como se uma espada estivesse atravessando seu coração. Pediu coragem a Deus e respondeu:

— Meu pai, esta criança a quem o senhor se refere é o seu neto e meu filho. Perdoe-me se lhe desagradei, voltando para casa com um filho, mas creia-me, papai, eu não sou culpada por tudo isto.

Como que envergonhado pelas palavras ditas à filha e pela resposta recebida, o pai ficou na defensiva:

— Eu sei, minha filha, não a estou culpando de nada. Meu Deus, se não soubesse a filha que tenho! O problema é que não podemos ter em casa uma mãe solteira, pois logo vem o falatório da vizinhança.

— Mais uma vez, papai, eu lhe peço perdão. A última coisa que gostaria de fazer era magoá-lo e a mamãe. Mas não podemos ligar para o falatório dos vizinhos, se temos nossa consciência tranquila. Será que é por ser o meu filho de cor? Quem são eles para nos criticar? Acho, papai, que cada um deveria ocupar-se com sua própria vida, em vez de ficar olhando para os outros.

Ernesto estava se surpreendendo pelo desembaraço e respostas da filha. Ela não era assim.

— Estou estranhando muito esta sua maneira de me responder. Você deveria era estar feliz por permanecer em casa. Josué, que é um moço bom, deseja casar-se com você. Acho que seria a melhor solução para todos nós.

— Olha, papai, eu também quero bem ao Josué, mas amor é outra coisa. Se ele realmente me amasse, não me recriminaria pelo filho.

— É verdade – filosofou irritado o pai de Antonina –, você realmente está mudada. Esta não é a filha que eu conheço. Agora se preocupa com amor? Na sua situação, deveria colocar as mãos para o céu e agradecer por ainda ter alguém que a queira, juntamente com seu filho. Fica desde já resolvido, vou falar com Josué. Vocês deverão casar-se o mais breve possível.

Não era um entendimento. Era uma ordem e uma decisão irrevogável que Ernesto nem queria mais discutir. Estava decidido e pronto. Seus princípios e seu conceito de moral eram muito severos; nunca poderia admitir que sua filha, mãe solteira, continuasse a ser motivo de fofocas da vizinhança.

Antonina abaixou a cabeça em lágrimas. Lembrou-se da bondade que havia sido a acolhida da família de Felipe. Ah, meu Deus – pensava ela –, perdi meu verdadeiro amor para sempre. Se ao menos contasse com a compreensão de meus familiares ou de Josué, mas não posso contar com nenhum deles. Teria que aceitar o casamento; no fundo, percebia que este seria ainda um erro maior, mas fazer o quê?

Sentia-se extremamente infeliz e começou novamente a agasalhar idéias de morte. É, pensava, talvez a morte fosse a única solução para sua difícil situação. Dirigiu-se ao quarto e ficou olhando demoradamente para Ismael, que dormia placidamente. Não, não poderia pensar em semelhante coisa. Aprendera com dona Celina que o suicídio era um ato muito grave perante a espiritualidade, além do que agora ela tinha o filho para cuidar. Nunca mais estaria sozinha. Se não pudesse ter a felicidade terrena, no amor de Felipe, pelo menos teria que ser forte e viver para seu filho. Seu pai tinha razão, talvez fosse melhor mesmo casar-se com Josué e esquecer definitivamente que um dia conhecera o verdadeiro amor de sua vida.

Enquanto isto, vamos encontrar o doutor Augusto em sua nova vida. O médico aos poucos estava se conformando com os acontecimentos, percebendo que o tempo era o melhor remédio para todos os males, embora ainda fosse difícil suportar as saudades da esposa e da filha. Lucimar, sempre que podia, ia passar os fins de semana com o pai.

Augusto sentia-se feliz e recompensado vendo o esforço de Carlinhos, estudando incansavelmente. O rapaz ia bem na Faculdade e Augusto, sempre que podia, incentivava-o. Queria bem ao filho de Aprígio, como se fora filho seu. Milene era sempre uma companhia agradável e discreta, de forma que Augusto se afeiçoara a eles. Agora eram sua família, juntamente com Joaninha, que deveria ter bebê em pouco tempo.

Percebia a afinidade e o entendimento que existia entre Lucimar e Carlinhos. Estavam sempre juntos, conversavam e davam gostosas gargalhadas. Augusto sentia-se feliz pelo relacionamento, pensando como era bom ser jovem. Era a fase da alegria e da descontração, em que tudo é belo e colorido, tudo é sonho, tudo é ilusão. Eles têm que aproveitar este tempo, pensava, pois tudo passa tão rápido. Depois vêm as desilusões, as dores e os desencantos. Mas para tudo existe hora certa na vida.

Encontrava alegria no trabalho que desenvolvia no Centro. As pacientes cada vez mais numerosas eram atendidas com carinho e abnegação pelo facultativo, que se dedicava de corpo e alma àquelas criaturas sofridas. Com o incentivo de Francisco, passara a estudar a doutrina dos espíritos, através dos livros da codificação de Kardec. Surpreendia-se pela lógica de raciocínio, nas explicações às questões fundamentais da vida.

Augusto descobria a cada dia um novo horizonte de entendimento, dilatando sua compreensão das coisas e dos fatos. Percebia que seu sentimento com relação a Helena já não era mais de mágoa. No fundo, sentia pena de sua ex-esposa, pois deveria também, como ele, ter sensibilidade mediúnica, e po-

Crepúsculo de Outono

deria estar sofrendo por desconhecer. Na realidade, Helena deveria ser muito infeliz, porque ela não tinha o conhecimento que ele já possuía. Em seu coração não havia mais espaço para ressentimento, mágoa, rancor, nem ódio: deveria orar para que Helena também se reencontrasse.

Fazia palestras para as mães, dando orientações básicas de higiene e saúde aos sábados, após a assistência médica. No pequeno auditório, não sobrava espaço de tanta gente que comparecia para ouvir os conceitos e orientações de vida que o médico transmitia. Ele conquistara a simpatia de todos, de forma que todos ouviam atentamente. Sua palavra era respeitada e costumeiramente Augusto era chamado para opinar sobre um caso ou outro; ouvia atentamente e nunca deixava de dar atenção a quem quer que fosse, desde o mais humilde até pessoas de condições mais privilegiadas.

Francisco acompanhava o progresso de Augusto com satisfação. O médico realmente se transformara. Se antes era taciturno e calado, agora, apresentava-se alegre e extrovertido.

Aproximava-se o período de carnaval. A preocupação para Francisco era muito grande. Assistia a cada ano a exacerbação dos costumes e os fortes apelos sexuais pelos meios de comunicação, sentindo as pesadas vibrações apelativas, envolventes e insinuantes. Pressentia a atmosfera pesada que, de um modo geral, impregnava o ar naquele período de liberalidade e pretensa alegria. O ambiente espiritual carregado refletia diretamente nas reuniões do Centro, onde os trabalhadores tinham que redobrar a vigilância para não entrarem na sintonia negativa que pairava no ar.

Francisco lembrou-se do número cabalístico da "besta apocalíptica" o "666", e lera em um livro um conceito interessante sobre o que o Evangelista, João, quisera dizer a respeito: aquele número era o somatório das vibrações negativas da humanidade como um todo, um ponto de ebulição, de alerta, de perigo, que significava: *"Quem estivesse naquela faixa vibratória, estaria em contato com a besta".* Isto explicava os dizeres do Profeta de Patmos, que dissera que aquele número era de homem; na verdade, era de toda a humanidade sintonizada no limite máximo de perigo, em que as mentes humanas respondiam aos apelos das forças negativas. Era imperioso que nas palestras que proferia procurasse alertar os freqüentadores para que procurassem se imunizar, fugindo daquela vibração poderosa e, ao mesmo tempo, perigosa.

Dentro daquele padrão vibratório, raciocinava Francisco, as pessoas perdiam a compostura, afrouxavam as defesas morais, liberavam-se completamente, atendendo aos apelos da festa pagã que se instalara definitivamente na Terra do Cruzeiro, entregando-se aos prazeres mundanos, cujos reflexos já se faziam sentir com grande intensidade no carma espiritual coletivo.

Procurou o doutor Augusto, explicando-lhe aquele conceito do carnaval do ponto de vista espiritual. O médico ouviu atentamente, e preocupado inquiriu:

— Gostaria de entender melhor, Francisco, pois existem locais em que as brincadeiras de carnaval ainda são sadias. Não posso compreender que seja assim uma festa tão nefasta, no ponto de vista espiritual.

— Infelizmente muita gente ainda pensa assim, Augusto. Quem conhece o Evangelho e a Doutrina de Kardek sabe que nenhum benefício advém da folia carnavalesca. Mesmo nos ambientes aparentemente mais respeitáveis, as influências do astral inferior se fazem presentes, envolvendo as pessoas em forte apelo sexual. Não podemos deixar de reconhecer que ainda existem pessoas que vão aos salões com a mente desarmada, apenas para passar o tempo e se divertirem de forma sadia; mas creio que a grande maioria hoje freqüenta os bailes de carnaval com intenções inconfessáveis. Infelizmente muito deles, ainda jovens, fazem do carnaval uma oportunidade para

Crepúsculo de Outono

se liberarem de suas tênues amarras e se entregarem de forma impensada. Os reflexos virão, mais tarde, em forma de gravidez indesejada, ou ainda de doenças incuráveis.

O médico estava estupefato. Nunca havia raciocinado pelo ponto de vista que Francisco lhe colocava. Mas então o carnaval é uma festa de satã? – questionou. Francisco sorriu diante da colocação contundente do médico.

— Não podemos ser radicais, sem raciocínio; nem fanáticos, sem razão, Augusto. Veja, o mal está na mente de quem pratica e, por esta razão, quem somos nós para condenar o carnaval? Apenas temos de alertar que, se as mentes sintonizam com as baixas freqüências vibratórias e respondem aos apelos do planos astral inferior, dentro desta sintonia, estão comprazendo e agasalhando mentalmente idéias infelizes, e angariando para si mesmas pesados compromissos, além de se entregarem a perigosas obsessões que demandarão muito trabalho de reparação, quando houver condições. Por este motivo João Evangelista não cansava de alertar: *"O injusto que continue com sua injustiça; o sujo que continue com suas sujeiras. O justo continue na prática da justiça, e o santo continue a santificar-se"*. Para os incrédulos, que poderiam entender as palavras do apóstolo como simbologia, delírios ou metáforas carregadas de tintas fortes, o discípulo predileto do Mestre alertava: que estava de posse de todas suas faculdades mentais, quando relatara sua visão do final dos tempos.

Augusto estava impressionado. O esclarecimento de Francisco era eivado de lógica. Questionou o amigo sobre o que cada um poderia fazer.

— Em primeiro lugar, cabe aos espíritas, de um modo geral, fazerem sua parte, esclarecendo através de palestras, orientando e prevenindo. Consideramos que as religiões sérias, empenhadas no labor cristão fraterno, também fazem sua parte, mas ainda é pouco para competir com os meios de comunicação em massa, que bombardeiam nossos lares diariamente com propagandas de mulheres semi-nuas, ou nuas, em chamadas constantes e insinuantes. Todavia, não podemos desistir da luta pela moral cristã, e do Evangelho.

— Reconheço sua preocupação, Francisco, que também é minha agora. Entendo que, dentro da capacidade de trabalho, podemos colaborar levando o esclarecimento a cada um. Vou convocar, no próximo sábado, as mães, para que venham, tragam seus filhos e maridos, pois irei fazer uma palestra esclarecendo sobre as conseqüências do carnaval, do lado da medicina e também do lado espiritual, conforme você me explicou hoje. Mas, infelizmente, sinto que ainda é muito pouco o que podemos fazer.

Francisco sorriu pela espontaneidade e pela preocupação do médico.

— Augusto, recordo-lhe uma pequena história que pode refletir muito bem o resultado de nosso esforço. Conta-se que, caminhando ao longo de extensa praia, um jovem notou que durante a noite o mar baixara de nível pelo fenômeno da maré, deixando expostas na areia uma infinidade de estrelas-do-mar. Conforme o sol esquentava, ia matando-as vagarosa e inexoravelmente. Penalizado, ele começou a apanhar uma por uma e jogá-las de volta ao mar. E assim foi fazendo seu trabalho, no afã de salvar o maior número de estrelas possível, quando alguém se aproximou e questionou-o: "Observe a extensão da praia que ainda falta e o número de estrelas que irão morrer. Não percebe que seu trabalho é inútil? Que diferença irá fazer no todo?" O rapaz interrompeu sua faina por instantes, enxugando o suor do rosto. Meditou um pouco e respondeu: "É verdade, você pode ter razão; o resultado do meu esforço não irá fazer muita diferença em tudo isto" – disse abaixando-se e apanhando mais uma estrela –, "mas para esta aqui, eu estou fazendo diferença". Dizendo isto, atirou-a de volta ao mar.

Então, Augusto, temos de raciocinar como o rapaz que acreditava que, mesmo que fosse apenas uma estrela a ser salva, *para ela* ele havia feito a diferença. Precisamos fazer o mesmo.

Augusto compreendeu o alcance da ponderação do amigo. Traçaram planos para que, juntos, pudessem contribuir de alguma forma, estendendo a muitos os esclarecimentos necessários. Além de uma ilusão passageira, o reinado de momo era também uma diversão muito perigosa, exatamente porque quase ninguém se preocupava, ou melhor, não queria se preocupar com as conseqüências posteriores.

Uma noite de carnaval

Eu havia combinado encontrar-me com Demétrius no Ajuste Maternal às dez horas da noite. Quando cheguei, ele já estava me aguardando. Percebi que aquela noite havia algo diferente, pois o assistente convidou-me para acompanhá-lo. Saímos para fora do prédio, junto à praça que circunda o hospital. Luzes feéricas iluminavam as avenidas, enquanto suave música enchia de acordes harmoniosos o ambiente da Colônia. Irmãos em tarefa passavam em volitação rápida, porque todos trabalhadores de Jesus têm consciência de que o tempo é um bem precioso que não se recupera. Demétrius esclareceu-me que a música era proveniente da Praça da Harmonia, onde ocorria um importante concerto musical, realizado todo ano naquela mesma época.

Dirigimo-nos ao local. A praça estava toda tomada de irmãos que se integravam na suavidade das vibrações melódicas das sinfonias maravilhosas que eram executadas. Extasiado, percebi que, conforme as vibrações dos acordes sinfônicos se elevavam no ar, desenhos formavam-se por luzes multicoloridas e que, após atingirem determinada altura, desfaziam-se como se fossem gotículas de chuva espargindo por toda Colônia. Eu

Crepúsculo de Outono

estava embevecido pela beleza da música e, ao mesmo tempo, arrebatado pelas vibrações das notas musicais, que se tornavam visíveis a nossos olhos.

Notei que aqueles acordes musicais envolviam todos num padrão de sublimidade e alegria; aquela vibração, somada ao sentimento elevado dos presentes, fazia-se sensível à grande distância daquele local. Eu me sentia feliz por ter o privilégio de viver e sentir aquele momento de luz e harmonia. Sim, pensei comigo mesmo, aquela deveria ser a descrição do paraíso, que muitas religiões simbolizam como um local de eterna música, com harpas e flautas tocadas por anjinhos, cuja presença serve para embalar as bem-aventuranças dos eleitos do Senhor.

O assistente acompanhava meu pensamento e sorriu diante do quadro ingênuo que recordei.

— Virgílio, muitas religiões ainda imaginam o paraíso como um local de descanso eterno, embalado por música de harpas e flautas tocadas por anjinhos, figuras de crianças eternas, embalando a preguiça e a desocupação dos *"escolhidos"* do Senhor! Poderíamos dizer quão infantil ainda é esta falsa idéia de *"paraíso"*, pois podemos afiançar que, em pouco tempo, aqueles que se vissem neste paraíso estariam saturados de tanta harpa e flauta, bem como não agüentariam tanta inutilidade e inoperância, sem ver o tempo passar e sem ter o que fazer, a não ser louvar o tempo todo o Senhor. O Pai misericordioso não precisa de nossos louvores inúteis e inoperantes. Louvamos o Senhor quando atendemos o aflito, quando levantamos os caídos, quando iluminamos os que andam em trevas, quando vestimos o desnudo, quando alimentamos o faminto, quando estendemos as mãos às crianças abandonadas, quando enxugamos a lágrima do que chora. O crente somente se sentirá digno de chamar-se discípulo do Senhor, quando servir ao seu irmão, ao próximo que está ao seu lado clamando por socorro e amparo, quando oferecer o copo de água em nome do Senhor, enfim, quando colocar a serviço do bem os talentos que lhe foram confiados pelo Pai amantíssimo. O céu do doce *"far nhiente"* em pouco tempo se transformaria em um local de suplício mental, em forma de paraíso.

Não pude deixar de sorrir e concordar com a explanação de Demétrius. A verdadeira alegria daquele que quer servir e louvar ao Senhor é poder trabalhar em seu Santo Nome, amando com desprendimento e servindo sem apego. Apenas assim, ele poderia sentir-se merecedor das bênçãos recebidas, como aquele momento que presenciávamos.

Ainda com relação à visão colorida das ondas vibratórias musicais, inquiri o assistente que me esclareceu:

— Tudo vibra no universo em sintonia com a sabedoria Divina. Os objetos, os minerais, os vegetais, os animais e o ser humano, como o ponto mais alto da criação. A música tem a propriedade de vibrar em ondas sonoras, cujo diapasão alcança padrões sublimes da sintonia do Criador! Estas vibrações sonoras têm forma e cor, como você pôde perceber. A música elevada tem a propriedade de tocar a alma, de sensibilizar, de envolver e elevar o teor vibratório do espírito, de emocionar os corações. Nesses instantes, equivale a uma oração cuja elevação atinge os mais altos planos da espiritualidade superior, servindo como ponte de intercâmbio de energias salutares. Todavia, não podemos esquecer que, se no Universo *"tudo vibra em sintonia Divina"*, infelizmente existe a exceção: o ser humano muitas vezes esquece que sua origem é Divina, e entrega-se à perversão dos sentidos e sentimentos; olvida completamente que Deus existe e ignora que Jesus, o Divino Amigo, ofereceu sua vida por amor da humanidade. Nestas condições, o homem, que é a parte máxima da criação, afasta-se do Criador e perde a sintonia com a Divindade, negando sua própria origem. Infelizmente, o ser humano que conhece o Evangelho, o ser

Crepúsculo de Outono

inteligente que povoa o planeta, é justamente aquele que destoa nesta *"Sintonia de amor"*. As considerações de Demétrius calaram fundo em minha alma. Percebi que ele falava com tristeza e amargura. Eu era obrigado a concordar, pois nós ainda somos capazes de negar nossa essência em troca de minutos efêmeros de gozo e satisfação mundana. Infelizmente o ser humano ainda tem que evoluir muito, para começar a compreender as lições do Evangelho. Mas eu ainda queria entender melhor as colocações de Demétrius. Compreendia que em nossa Colônia, onde as vibrações eram homogêneas e havia desejo sincero de todos em auxiliar-se mutuamente e com desprendimento, era realmente muito fácil manter um padrão elevado de vibração. Mas, quando estamos na carne, realmente não é fácil. Se o espírito não tem muito amparo e determinação, corre grande risco de fracassos formidáveis. Demétrius compreendeu meu pensamento e convidou-me a segui-lo.

Alçamos vôo para fora das muralhas vibratórias que isolavam nossa Colônia. Assim que chegamos ao lado de fora, estacionamos por breves momentos. Senti de imediato o forte impacto envolvente de vibração negativa. Procurei imediatamente elevar meu pensamento, buscando sintonia superior para não sentir os efeitos daquela vibração sutil e ao mesmo tempo pesada, que nos despertava os sentidos e as sensações inferiores do sentir. Percebendo minha reação, o assistente inquiriu:

— Você sente alguma sensação estranha no ar?

Fiquei surpreso com a pergunta. Até então não sabia aonde ele queria chegar, mas respondi de imediato:

— Sim, estou impressionado pela diferença flagrante da tonalidade vibratória de dentro de nossa Colônia, com o ambiente imediatamente exterior. Minha impressão é que estamos no umbral, mas a verdade é que estamos isolados. Como isto se explica?

Antonio Demarchi – espírito Irmão Virgílio

— É exatamente aí que quero chegar, Virgílio – respondeu-me preocupado. – É que estamos na semana de carnaval na terra. As ondas vibratórias inferiores de desejo e sexualidade se expandem de tal forma, que temos de desenvolver um escudo energético de proteção, para que não sejam atingidos os hospitais e as Colônias próximas à crosta. E, neste aspecto, a música realmente tem sua finalidade terapêutica e vibratória, no sentido da elevação das vibrações. É no período do carnaval que o homem vive perigosamente, entrega-se às sensações inferiores do espírito, pela diversão do reinado de momo. Infelizmente, em nosso querido país, o Coração do Mundo e Pátria do Evangelho, tornou-se uma tradição nefasta. Pessoas do mundo inteiro são atraídas para cá, em busca de diversão e sexualidade. É com tristeza que verificamos, Virgílio, que a festa do carnaval com o tempo foi tornando-se cada vez mais apelativa e contrária aos bons costumes.

Reconheci a veracidade das afirmativas do assistente. Ainda assim, disse-lhe que gostaria de ter melhor compreensão do fenômeno vibratório, cujo impacto me havia abalado poucos instantes antes. Demétrius obtemperou que, no dia imediato, teríamos uma boa oportunidade de aprendizado. Orientou-me para encontrá-lo no Reajuste Materno às dezesseis horas; tratava-se do sábado de carnaval, período em que, através de minhas observações, poderia tirar ilações importantes. Considerei com alegria o alvitre, pois ansiava por melhor me aprofundar nos estudos e apontamentos relacionados às vibrações carnavalescas e suas conseqüências.

No sábado, pontualmente às dezesseis horas, compareci ao Reajuste Materno. Demétrius já me aguardava. Desvencilhou-se rapidamente de seus compromissos, convidando-me educadamente, sem afetação.

— Acompanhe-me, e poderá vislumbrar singular fenômeno vibratório que envolve a terra neste período do ano.

Crepúsculo de Outono

Dizendo isto, elevou-se no espaço e eu o acompanhei. Alcançamos determinada altitude, que nos permitia divisar a curvatura da terra e os contornos do nosso país. O sol iluminava nosso continente com sua luz amarelo-clara. No entanto, para minha surpresa, verifiquei que em vez da tonalidade azulada que normalmente envolvia a terra, apresentava-se naquele instante uma coloração diferente. Nuanças de vermelho escuro irradiavam-se, envolvendo grande parte do continente, notadamente na região em que se localizava o território brasileiro. O assistente notando minha estranheza esclareceu:

— Neste ponto de observação, Virgílio, podemos divisar belíssimo espetáculo de luz e cor, resultante das vibrações de fraternidade e amor que envolvem o orbe terrestre, exatamente no período que antecede o Natal. É a época em que a lembrança do Jesus-menino embala os corações fraternos, levando o ser humano a vibrar em sintonia mais apurada com o Criador. O desejo de fazer o bem e as manifestações de caridade espontânea envolvem as almas, que sentem em seu interior a necessidade de sua integração com o Eterno, criando uma espiral vibratória. Ela agrega cada vez mais aqueles que respondem aos anseios da espiritualidade superior, elevando-os ao alto, emocionando e sensibilizando as criaturas. Nessa época, o Cristo faz-se presente nos corações humanos e, conseqüentemente, faz-se também mais próximo, envolvendo nosso planeta em paz e amor, luz e harmonia.

O inverso também é verdadeiro. Em regiões de conflito e guerras, os sentimentos de ódio, dor, morte, angústia e sofrimento, provocam a expansão, para além da estratosfera, das vibrações em formas agressivas e pontiagudas, de coloração vermelho escarlate, que se fazem sentir nos planos próximos da crosta terrestre, na região em que se desenrola o conflito. O Brasil não vive nenhum conflito bélico, mas as vibrações emitidas pelas sensações inferiores do ser humano, em forma coletiva, encontram ressonâncias nos planos do astral inferior, que tomam de assalto a crosta neste período. Como conseqüência, as vibrações das sensações materiais e inferiores dos sentidos humanos formam também uma nuvem espessa e densa, que envolve as regiões onde o carnaval vive sua plenitude.

O assistente calou-se, enquanto eu observava admirado as regiões em que a folia de carnaval se fazia mais intensa. Aqueles locais se revelavam, à nossa vista espiritual, envoltos em densa neblina escura e em intensa vibração de baixo teor. Para que eu pudesse compreender, e a título de experiência, Demétrius pediu-me que me concentrasse, naquele instante, em determinada cidade, que vivia naquela noite o ponto máximo da explosão carnavalesca. Concentrei-me por breves instantes, mas o suficiente para sentir uma atração forte e agressiva, qual poderoso ímã, despertando-me sensações da libido e desejos carnais incontroláveis, como um chamamento apelativo e irresistível. Senti-me momentaneamente sufocado, mas com esforço repeli de imediato aqueles chamamentos em forma de instintos primitivos, mudando meu campo vibratório para libertar-me daquela perigosa e envolvente sintonia.

Demétrius me observava de forma prudente. Sorriu quando percebeu que eu já havia completado minha observação. Visivelmente interessado em minha opinião, foi sua vez de questionar:

— Antes de mais nada, Virgílio, já passei por esta sensação – disse-me sorridente –, mas gostaria de conhecer sua impressão. Para mim, também vale como um aprendizado. Como foi?

Já refeito, mas agora mais preocupado ainda, respondi:

— Apenas posso dizer que mesmo aqueles que já têm o hábito da vigilância e da oração, e buscam o caminho reto, terão imensas dificuldades para manterem-se imunes ao terrível envolvimento. Quanto à criatura humana invigilante, infelizmente não há defesa; facilmente será arrastada pelo violento turbilhão dos instintos inferiores, particularmente se, no íntimo, ela também se compraz em viver estas sensações!

— Sua observação é oportuna, Virgílio. Não somos críticos nem falsos moralistas, mas vivemos um momento de grande transição para a humanidade. Quem somos nós para lavrar qualquer condenação a quem quer que seja? Todavia, não podemos olvidar os apontamentos de João Evangelista, quando nos alertou no livro do *"Apocalipse"* que, no final dos tempos, as forças do mal seriam soltas; elas viriam cheias de fúria, pois sabiam que lhes restavam pouco tempo e que, se permitido fosse, até os *"escolhidos"* seriam arrastados, tal a força do magnetismo primitivo que faz com que aflore em cada um os instintos inferiores.

Em seguida Demétrius convidou-me a segui-lo. Neste momento, o sol deitava-se por trás do horizonte, despedindo-se do dia com sua luz em forma de raios, que resvalavam na curvatura terrena perdendo-se no espaço infinito em formoso espetáculo de luz e alegria. Parei por instantes na observação da beleza do quadro da Criação Divina. As primeiras constelações começavam a manifestar seu brilho diamantino na escuridão da noite. Acompanhei rapidamente o assistente e, à medida que nos aproximávamos da crosta, sentia como se o ar fosse ficando cada vez mais tépido, pesado e asfixiante, em forma de ondas poderosas, cujo impacto se fazia sentir de forma contínua e intensa. Seguimos em direção ao Rio de Janeiro; naquele momento regurgitavam nas avenidas os blocos e escolas em um desfile faraônico, contrastando com a pobreza dos pedintes que esmolavam em cada esquina.

Acompanhei Demétrius em breve oração, para mantermos nosso padrão de vibração em alto diapasão, e, assim circularmos à vontade, não sofrendo as conseqüências desagradáveis que eu já conhecia.

Segui o assistente, qual fiel discípulo confiante no mestre, sem questionar. O que observava me bastava para minhas anotações e aprendizado. Notei nas ruas a presença de espíritos das mais diversas categorias: desde os desorientados (agora mais desorientados ainda!), zombeteiros, galhofeiros, brincalhões, que serviam aqueles que comandavam a turba desencarnada, para atingir seus propósitos. Por toda parte que percorríamos, era flagrante a presença maciça de irmãos menos felizes que se misturavam com a turba encarnada.

Naquele instante da noite, o relógio registrava horário avançado. Adentramos um grande clube, que apresentava espetáculo deprimente: moças e rapazes seminus, já totalmente tomados pela bebida, afrouxavam os últimos sentimentos de resistência, entregando-se à promiscuidade e à obscenidade.

Todavia o que mais me preocupava e assustava era a presença maciça dos espíritos das sombras, alguns com fisionomia animalesca, abraçando as mulheres e insuflando os sentidos dos homens, que prazerosamente se entregavam aos apelos, sem resistência. Causava-me espanto que as sugestões infelizes daqueles irmãos eram integralmente captadas pelos encarnados, tendo em vista que todos se encontravam dentro do mesmo padrão vibratório. A visão do plano material integrado com o plano astral inferior parecia-me um quadro do inferno de Dante.

Saímos para as avenidas, onde desfilavam as escolas. Apesar da beleza aparente, o que se escondia por trás das fantasias, alegorias, e do rufar dos tambores e tamborins, eram quadros preocupantes de espíritos desequilibrados, que encontravam material farto e abundante para materializar seus desejos inferiores em consonância com a grande maioria da platéia.

De repente, no meio de todo burburinho, o assistente pediu-me silêncio momentâneo, entrando em sintonia com os planos da espiritualidade. Em seguida, orientou-me:

— Devemos seguir imediatamente para um bairro afastado, onde uma vítima vive um momento de dificuldade. O seu pedido de auxílio, em forma de prece angustiada, foi registrado pelo Departamento de Orações, que nos solicitou o concurso para auxílio de certa jovem agoniada. Vamos, pois o tempo urge!

Aportamos rapidamente em um bairro periférico e mal iluminado, onde uma jovem indefesa estava naquele instante sendo arrastada por três elementos armados, e obviamente mal intencionados, para local ermo, onde pudessem satisfazer seus instintos bestiais; quiçá, até tirar-lhe a vida. A moça não oferecia resistência, mas pude observar sua fisionomia de pânico e desespero. Em silêncio, orava pedindo misericórdia a Deus.

Uma entidade de nossa esfera, na figura de uma senhora idosa, tentava em vão demover o intento dos infelizes, mas seu esforço tornava-se improfícuo diante da determinação do grupo e das baixas condições vibratórias, que se tornavam praticamente inacessíveis para qualquer sugestão mais elevada.

Aproximamo-nos e, de imediato, identificamos estarem tutelados por espíritos do astral inferior, envolvendo aqueles homens em incontrolável desejo sexual. Percebíamos que os facínoras estavam próximos de seu destino, pois um deles comentava:

— Apressemo-nos; o casarão já está próximo, e não podemos nos arriscar na rua!

O outro elemento respondeu, quase que com ódio, para o comparsa que insistia no óbvio.

— Cala-te, estúpido. Você acha que não estamos com pressa também? Vamos nos divertir bastante com esta franguinha, pois a noite é nossa!

Nisso a entidade protetora da moça nos identificou a presença. Quase que em lágrimas nos implorou:

— Graças a Deus vocês vieram! Ajudem-me a livrar minha netinha desta situação terrível. A pobrezinha é enfermeira e saiu do hospital depois das onze horas, mas não encontrou condução rápida, em virtude do avançado da hora; foi quando apareceram estes homens e a ameaçaram. Já tentei de todas as formas demovê-los do intento criminoso, mas estou sem forças para prosseguir. Estão forte e mentalmente ligados aos nossos irmãos menos felizes das esferas inferiores. Peço novamente pelo amor de Cristo; auxiliem-na, pois Clarinda ainda é casta e não merece passar por tamanho vexame. Quem sabe pode até morrer nas mãos destes homens sem alma.

A boa velhinha chorava. Demétrius abraçou-a, confortando-a. Em seguida aproximou-se do grupo. Ninguém registrava nossa presença, tal a diferença vibratória que nos separava. O assistente baixou seu padrão vibratório, condensando sua forma perispiritual, mas mesmo assim não foi percebido pelo grupo desencarnado que continuava em sua algazarra. Eu acompanhava seu esforço, que também se revelava ineficiente, quando o grupo alcançou determinada rua mal iluminada e uma casa aparentemente abandonada, com o portão semi-destruído e escancarado. Demétrius disse-me à guisa de instrução:

— Virgílio, peça à avó de Clarinda que busque ajuda de algum encarnado receptivo, enquanto tomamos nossas providências aqui.

Transmiti as instruções. Dona Feliciana saiu do local rapidamente. Enquanto isto, os facínoras estavam próximos do portão, quando o assistente começou a projetar fluidos densos na altura do plexo gástrico de Clarinda. Ato contiínuo, a moça deu um gemido, demonstrando indisposição, seguida de forte golfada de vômito, sujando a roupa de seus captores. O mal cheiro exalado tinha função certa. Os três se afastaram tomados de nojo, enquanto Clarinda continuava em seu fluxo de vômito.

Um deles blasfemou:

Crepúsculo de Outono

— Diabos, justo agora esta moça vai passar mal? E ainda por cima nos sujou. Vamos embora, cambada, pois perdi a vontade de qualquer coisa.

— E o que fazemos com a moça? – inquiriu um deles.

– Vamos dar um tiro, e pronto – arrematou.

Nisto fez-se ouvir uma sirene ao longe. Um deles comentou assustado.

— Vamos embora, já. Um tiro disparado pode chamar a atenção da polícia. Deixe-a vomitando à vontade.

Rapidamente o grupo se dispersou. Assim que passou o perigo imediato, o assistente procurava, através de passes ministrados ao longo de seu sistema vegetativo, reequilibrar o organismo físico da jovem. Todavia, Clarinda ainda permanecia estirada no chão, devido a súbita indisposição salvadora.

Em seguida, passou pela rua ao lado uma viatura policial. Vendo a moça deitada, aproximou-se. Junto aos policiais estava dona Feliciana, já mais tranqüila, pois percebera que o perigo havia sido afastado.

A moça já experimentava significativa melhora, mas, por precaução, os policiais acomodaram-na no carro, para levá-la a um pronto-socorro. Feliz, a avó de Clarinda nos esclareceu:

— Saí desesperada pelas redondezas, quando lobriguei a presença da viatura estacionada em uma praça, não muito longe daqui. Identifiquei que, entre os policiais, o sargento apresentava-se acessível às minhas sugestões, uma vez que sua origem é evangélica, e tinha participado do culto hoje à tarde, estando ainda com os ensinamentos frescos em sua memória. Aproximei-me e disse-lhe: Como podem ficar aqui parados, quando por estas ruas escuras pode ter alguém desamparado ou ferido, necessitando do concurso de um Samaritano abnegado?

— O policial registrou imediatamente minha sugestão – continuou dona Feliciana –, pois aquela tarde a pregação fora a respeito do Bom Samaritano! Pedi-lhe que entrasse pelas ruas; eu o orientaria. De imediato, ele recomendou para o motorista: Vamos colocar esta viatura em movimento, entremos por estas ruas próximas, pois pressinto que alguém necessita de nosso auxílio, e ligue a sirene! O policial motorista obedeceu imediatamente. A ordem fora determinada e incisiva. Graças a Deus, tudo terminou bem!

Dona Feliciana despediu-se de nós, acompanhando a neta, que seria encaminhada ao pronto-socorro mais próximo. Aproveitei para observar a sensibilidade do policial ao acatar as sugestões da avó de Clarinda, com tanta fidelidade. O assistente sorriu:

— O fato daquele homem ter princípios evangélicos foi um fator extremamente importante nesta ocasião. Podemos verificar que não importa qual a religião professada pelas pessoas. O importante é ter o coração limpo e uma fé sincera na alma. Os evangélicos ainda se apegam à letra do Antigo Testamento, onde a palavra austera de Moisés proibiu o contato com o mundo dos espíritos. Naquela época, era usado de forma indiscriminada e deturpada. Condenam até os dias de hoje o contato mediúnico com o plano invisível da espiritualidade. Todavia, isto não impede que sejam eles também bons Samaritanos, e que também sirvam de instrumento aos bons espíritos, com intuições e idéias felizes. Se pudessem detectar o que houve, possivelmente o policial diria em seu culto: Hoje me apareceu um Anjo do Senhor e guiou-me no caminho das trevas para salvar uma jovem indefesa, em local ermo e perigoso. Todos dariam Glórias ao Senhor e cantariam Hosanas ao Pai! Não importa qual seja a religião, importa o bem que se faz em nome de Deus e termos nosso coração com o Cristo a todo instante.

As observações de Demétrius calaram fundo em minha alma. Era verdade, pois Deus é um só e Cristo, o Divino Amigo de todos. Por que as diferenças? Que os espíritas que já têm

Crepúsculo de Outono

a felicidade da fé raciocinada, possam compreender os irmãos evangélicos, que ainda se apegam à letra e não ao espírito; mas sem críticas destrutivas, pois eles são nossos irmãos muito queridos e têm seus méritos indiscutíveis. Em sua condição de entendimento, eles apenas desejam servir a Deus.

Demétrius convidou-me a segui-lo. Elevamo-nos nos espaço, deixando para trás o barulho ensurdecedor da folia carnavalesca. A noite já avançava madrugada a dentro e em breve o sol estaria novamente retornando, para espantar as trevas, inundando o planeta de alegria e luz.

Um socorro inesperado

Eram cinco horas da manhã. Ainda estava muito escuro, e as constelações tremeluziam no firmamento, aguardando a luz do sol, que não tardaria a despontar. Soprava uma fria brisa, anunciando um outono já bem adiantado e, sem tardança, o inverno, que prometia naquele ano ser o mais rigoroso. Os galos começavam a cantar, enquanto muitos trabalhadores já se levantavam para a labuta do dia.

Naquele casebre de madeira afastado da periferia, a débil luz de uma lamparina se acendeu. Dona Filomena levantou-se com dificuldade, pois precisava preparar um cafezinho rápido e arrumar sua marmita, que consistia em uma porção de arroz com feijão e um ovo frito. Sabia que tinha que chegar cedo no trabalho. Quem sabe naquele dia teria mais sorte, e alguém a contrataria como bóia fria para o trabalho da roça. Sua fisionomia triste era um reflexo das lutas ingentes travadas e os profundos vincos, em forma de rugas, representavam as marcas que o tempo implacável deixara ao longo de seus sessenta e cinco anos, transparecendo bem mais. Envelhecera prematuramente e não tinha mais esperança de nada na vida. Sonhar com o quê? Nunca soubera o que teria sido a felicidade, pois

Crepúsculo de Outono

sua vida fora apenas trabalho na lavoura, junto do marido, criando um monte de filhos, arrastando-os pela roça, pois trabalhavam apenas para sobreviver. Agradecia a Deus quando ainda aparecia trabalho.

Os filhos foram crescendo e espalhando-se pelo mundo. O último tinha esperanças de uma vida melhor e dirigira-se para São Paulo. Dele, dona Filomena nunca mais tivera notícia. Quando seu marido faleceu, não teve como avisar ninguém, ficando só, ela e Deus, no cansaço de uma velhice inglória de trabalho infrutífero, sem poder contar com a bênção de uma aposentadoria que pudesse acudir sua miséria e sua velhice.

Sentia-se sem forças para trabalhar. De vez em quando, contava com a compaixão de algum empreiteiro, que a contratava por piedade, pois sabia que dona Filomena não tinha mais forças para as lides duras da enxada. Ultimamente estava sem sorte. Havia dias que não conseguia trabalho e já estava completamente sem recursos, mas tinha fé que naquele dia alguma coisa boa haveria de acontecer. Deus não poderia ter-se esquecido dela, pois orava todas as noites pedindo auxilio ao Pai.

Naquela manhã, não estava se sentindo bem, mas tinha que ir em frente. Tomou o café ralo que ela mesma havia preparado, comeu um pedaço de pão endurecido, colocou cuidadosamente sua marmita numa pequena trouxa de pano, apanhou a enxada, colocando-a nas costas, e dirigiu-se para a praça, onde comumente os trabalhadores aguardavam os caminhões de bóias frias. O sopro da brisa matutina acariciava o rosto envelhecido pelas lutas e pela desilusão, enquanto lágrimas desciam pelo rosto frio de dona Filomena. Queria envelhecer e morrer com dignidade, mas, ultimamente, sentia-se humilhada em ter que mendigar a oportunidade de um trabalho que ela mesma reconhecia não mais ter condições de fazer. Até quando, meu Deus? – ela se perguntava.

Antonio Demarchi – espírito Irmão Virgílio

O sol já começava a despontar no horizonte, e a pequena praça já estava apinhada de lavradores. O primeiro caminhão chegou levando grande contingente de trabalhadores, e dona Filomena continuou sentada aguardando, quem sabe, sua vez de ser chamada. Tinha fé que haveria de aparecer-lhe uma oportunidade. Entretanto, o tempo foi passando vagarosamente, como uma tortura silenciosa para a velhinha que observava o sol já alto no céu. Passavam das sete horas, quando o último caminhão chegou. O encarregado da contratação de pessoal olhou penalizado para dona Filomena, mas não poderia contratá-la, pois fora repreendido pelo patrão. Quando o caminhão partiu, a velhinha chorou silenciosamente. O que fazer? Teria que pedir esmolas para sobreviver? Com certeza muitos ficariam penalizados e não negariam auxílio; aquele era um ponto que, em toda sua vida, jamais havia imaginado chegar. Nunca tivera grandes sonhos nem aspirações. Em sua modesta vivência soubera apenas trabalhar no manejo da enxada. Era a única coisa que sabia fazer, mas nem para isto servia mais. Se pelo menos Deus se lembrasse dela e a chamasse para Seu seio, quem sabe no Reino do Pai poderia ser feliz? Levantou-se vagarosamente e com a cabeça baixa, vencida pela tristeza e pela humilhação. Ninguém mais desejava seu trabalho, de forma que voltaria para casa e pensaria no que fazer.

Chegou no seu casebre extremamente abatida. Não sentia nem ânimo para orar. Não, não era mulher de se entregar assim, pensou. Mas fazer o quê? Sentia-se velha e acabada, sem forças para lutar. Sim, tinha chegado ao fim da estrada.

Deitou-se. Desejava dormir, dormir... quem sabe para sempre, esquecendo seu infortúnio. Aos poucos o cansaço e a prostração tomaram conta de dona Filomena, que foi vencida nos braços de Morfeu.

Já passavam das vinte e três horas. Eu estava com Demétrius, analisando a evolução das pacientes assistidas no

Reajuste Materno. O assistente estava satisfeito com a evolução delas e, particularmente, de Denise, cuja história nos comovera muito, quando chegou um mensageiro do departamento de orações. O assistente examinou as anotações trazidas pelo portador. Num relance, disse-me:

— Acompanhe-me, Virgílio, este caso é urgente.

Passamos rapidamente pela Ala de Recuperação, onde encontramos Otávio, que também foi convidado por Demétrius para nos acompanhar naquela incursão. Fiquei feliz pela presença do filho de Petrônio. Enquanto nos dirigíamos ao local, o assistente nos esclarecia:

— Trata-se de uma senhora de idade, em dura prova em um final de existência. É uma criatura lutadora, enfrentou tremendas dificuldades na vida, passando pelas provações com galhardia. Adquiriu significativas conquistas no campo da humildade e da resignação, mas agora, no final de sua experiência corpórea, começa a deixar-se sucumbir pela melancolia e pela tristeza do abandono de seus entes queridos. Segundo informações, está muito debilitada e não deseja mais continuar vivendo, de forma que, se não efetuarmos o socorro em tempo, desencarnará antes de completar sua última contribuição para o amparo da neta, que viaja para encontrá-la amanhã, mas ela ainda não sabe.

Enquanto nos esclarecia, voávamos celeremente para o local. Aproximamo-nos de uma pequena cidade do interior do Estado de São Paulo. O assistente nos assinalou a singela casinha, um pouco afastada do aglomerado. Para lá nos dirigimos.

Adentramos o humilde recinto. O ambiente de extrema pobreza nos comoveu. Poucos móveis já gastos pelo tempo e uso, e a despensa vazia, eram a prova flagrante da penúria em que vivia aquela pessoa. Aproximamo-nos do leito e percebemos que aquela senhora estava em estado de quase completa exaustão vital; parcialmente desligada do corpo físico, mas inconsciente espiritualmente. Demétrius, assistido por nós, aplicou-lhe alguns passes, tentando reanimá-la, mas em vão. Após comprovar que não surtira o efeito desejado, ele comentou com tristeza:

— O auxílio torna-se mais difícil, em virtude de seu desejo de desencarne, abandonando a luta, que em sua mente se tornou inglória. Mas não podemos perder tempo – ele continuou. – Ajudem-me, vamos retirá-la deste local.

Auxiliada por nós, dirigimo-nos até vasta campina, ao lado de extensa mata. A lua banhava-nos com sua luz esmaecida, inspirando-nos a orar e pedir auxilio. Demétrius carinhosamente acomodou dona Filomena, em espírito, deitada na relva, enquanto se concentrava em oração. Em poucos momentos, fomos rodeados de espíritos amigos provenientes das matas circunvizinhas. Eram pretos velhos, caboclos e índios. Instruídos por Demétrius, cada um partiu rapidamente com uma missão. Minutos depois, cada qual retornou com significativa quantidade de ervas de diferentes variedades. Quando já estava completo o sortimento das plantas solicitadas, o assistente e nossos irmãos passaram a colocá-las ao longo do corpo perispiritual de nossa assistida, de forma que ficou completamente coberta pelas ervas. Em seguida, nossos irmãos começaram um ritual de oração que me comoveu, enquanto Demétrius elevava os braços ao alto, captando energias balsâmicas e terapêuticas, projetando-as ao longo do perispírito de dona Filomena. Otávio e eu presenciamos então um fenômeno de singular beleza: Demétrius e os nossos auxiliares foram envolvidos em luzes policromadas, ao longo dos braços; projetavam, então, com poderosos influxos energéticos, em direção ao corpo espiritual da paciente. À medida que as energias entravam em contato com as ervas, mudavam de tonalidade, passando para um colorido esverdeado, que envolviam e eram absorvidos pelo corpo perispiritual de dona Filomena. Pude então notar melhora significativa no estado da paciente, que me pareceu sentir-se revigorada em suas disposições. Concluído o trabalho, a aura perispiritual, que revestia nossa protegida, apresentava-se iluminada por energias balsâmicas e revigorantes. O assistente agradeceu o auxílio inestimável de nossos irmãos, que retribuíram o cumprimento de Demétrius com deferência e estima. Em poucos instantes se retiraram para seus afazeres. Ficamos apenas nós, naquela campina, tendo a luz da lua como testemunha de tudo aquilo que presenciáramos. Tanto eu como Otávio estávamos deslumbrados com tudo o que víramos. Otávio pediu a Demétrius que nos esclarecesse mais a respeito.

Enquanto transportávamos dona Filomena de volta para seu lar, o assistente nos esclareceu:

— Se todas as criaturas humanas tivessem consciência do poder da fé e da oração, sem dúvida nosso mundo seria outro. Enquanto elevava meu pensamento em oração, solicitando auxílio para nossa paciente, o Plano Espiritual acionou nossos irmãos das matas que, nestes casos, conhecem melhor do que qualquer um de nós as propriedades terapêuticas das plantas medicinais. Graças à disposição de auxilio e à bondade de nossos irmãos, logramos êxito nesta empreitada, pois o perispírito de dona Filomena pôde ser reabastecido de significativa quantidade de energia astral, combinada com as forças da natureza. Nossa irmã despertará amanhã renovada em suas energias.

Assim que chegamos, o assistente deitou-a cuidadosamente no leito humilde. Em seguida, aplicou um passe à altura do bulbo e do plexo frontal. Dona Filomena despertou em espírito ao nosso lado. Apresentava bom nível de lucidez; de imediato identificou a presença do assistente. Emocionada, prostrou-se de joelhos e começou a chorar.

— Divino mensageiro, tenho orado tanto para morrer. Ainda não chegou a hora? Será que, depois de tantos desgostos na vida, ainda não mereço a bênção do repouso eterno?

Comovido, o assistente levantou-a, acariciando seus cabelos brancos e seu rosto envelhecido. Pegou suas mãos magras e calosas, judiadas pelo tempo impiedoso, e as beijou num sinal de reverência e respeito pela corajosa batalhadora.

— Minha querida irmã, como pode querer partir, se justamente para agora está sendo reservado um pouco de alegria em sua vida? Esqueceu de suas orações a Deus, Criador de todas as coisas? Não, ainda não pode partir, pois sua tarefa ainda não está terminada. Confie em Cristo, o Divino Amigo de todas as horas. Não está esquecida nem desamparada, querida irmã. Aqui do lado espiritual, estamos confiantes que possa levar a bom termo, e até o fim, a sua missão. Creia, estamos a todo tempo ao seu lado, para que não se deixe entregar ao desalento, justamente no final de sua grande experiência terrena. A vitória está perto. Persevere com Jesus, pois estaremos orando por você, irmã querida.

O assistente estava com os olhos orvalhados de lágrimas. Enquanto acariciava a cabeça encanecida da boa velhinha, aplicou-lhe novo passe, adormecendo-a novamente. Dona Filomena retornou ao corpo físico com um sorriso nos lábios.

— Amanhã – esclareceu Demétrius – dona Filomena despertará para um novo dia de jornada, fortalecida física e espiritualmente. Terá vaga lembrança das minhas recomendações; apenas o que for necessário para manter-se com o ânimo elevado.

A tarefa fora concluída com êxito. Deixamos dona Filomena adormecida e nos retiramos. A madrugava já ia avançada. Olhando as estrelas que piscavam no firmamento, meditei na grandeza infinita do Criador. Existem coisas que nem o dinheiro nem toda riqueza do mundo pode pagar. A graça de Deus se faz presente aos humildes e aos simples de coração.

Crepúsculo de Outono

Dona Filomena podia ser uma criatura desprezada pelos grandes da terra, mas não era esquecida por Deus, o Pai Misericordioso que vigia sempre.

Quando os galos começaram a cantar anunciando um novo dia, o boa velhinha acordou com nova disposição. Engraçado, pensava. Tive um sonho tão bonito esta noite. Lembrava-se de um mensageiro Divino, envolto em luz, dizendo-lhe que aquele, seria um dia feliz em sua vida. Será?

Levantou-se admirada com a disposição que sentia. Parecia que seu organismo adquirira novas reservas energéticas. Não tinha nada para comer, mas encontrou ainda um pedaço de pão, que sobrara do dia anterior. Aquilo lhe bastaria, pois alguma alma caridosa lhe daria um pouco de comida.

Apanhou a enxada e novamente se dirigiu à praça. Como sucedera no dia anterior, também não conseguiu que a chamassem para a lida do dia, e o sol já se levantara novamente. Todavia, Filomena não se sentia abatida. Resignada, começou sua jornada de volta ao lar, quando ouviu uma voz que chamava:

— Minha senhora, um momento por favor!

Voltou-se e observou que era chamada por uma moça aparentemente bem vestida para seu padrão, e de singular beleza. Portava uma mala de mão e trazia nos braços uma criança de colo.

— A senhora é dona Filomena? – perguntou a moça.

— Sim, minha filha, Filomena ao seu dispor; em que posso servi-la?

A moça não respondeu de imediato. Olhou demoradamente para o rosto sofrido de dona Filomena e lágrimas abundantes desceram por seu rosto. Abraçou a velhinha com emoção, enquanto esclarecia:

— Eu sou filha de Ernesto, seu filho, vovó. Sou Antonina, não se lembra mais de mim?

A velhinha demorou ainda alguns segundos para entender o que se passava. De repente seu rosto se iluminou e seus soluços foram de alegria, banhados de lágrimas da inesperada felicidade. Agradeceu a Deus, pois a visita de sua neta fora a resposta do Céu.

— Minha netinha querida, como você está bonita. O que você faz por aqui neste fim de mundo? E seu pai, como está? Nunca mais tive notícias. Que menino lindo – completou com alegria no coração –, é seu filho?

— Sim, vovó, é meu filho Ismael. É uma longa história que vou ter tempo de sobra para contar. Papai está bem, mas eu resolvi voltar para o interior e pelo menos por algum tempo morar com a senhora. Aceita?

Dona Filomena sentia-se rejuvenescer de alegria no coração. Nunca mais ninguém se lembrara dela e Antonina aparecera em seu caminho qual anjo caído do céu, com seu filhinho.

— Claro que sim, minha filha. Mas minha casa é tão humilde; você moraria comigo?

— Ora, vovó, e eu já não conheço a casa onde a senhora mora? Não costumava ir lá para brincar?

Seguiram em frente. Filomena parecia querer contar para todo mundo que sua neta viera visitá-la, tal era seu contentamento. Quando chegaram, Antonina abriu um pacote, onde havia leite em pó, que preparou, e pães que trouxera de São Paulo. Para dona Filomena foi um banquete abençoado. Antonina também estava feliz, e não se cansava de dizer:

— Vovó Filomena, eu vou ajudar a senhora, pois tenho algumas economias que ganhei de uma família muito bondosa que me acolheu em São Paulo, após um acidente que sofri. Quando eu ganhei o bebê, dona Celina deu-me uma boa importância em dinheiro, que era para cuidar de meu filho. Não queria aceitar, mas ela insistiu e hoje agradeço o gesto daquela criatura caridosa, vovó; vai nos ajudar por algum tempo, enquanto acho algum emprego por aqui.

— Ah, minha netinha, eu ainda nem acredito que tenho você e seu filho em minha casa. Mas me conte, como foi que resolveu aparecer por aqui?

Antonina então contou para dona Filomena sua história, sua desilusão e a incompreensão de seus pais. Nos últimos tempos sofria humilhações por ser o filho de cor; até de seu noivo Josué, que dizia aceitar o menino, mas apenas da boca para fora. Toda vez que podia, recriminava-a pelo acontecido, como se ela tivesse alguma culpa naquele triste episódio. Encontrara apoio e compreensão apenas na família de Felipe e não podia esquecer do amado. Um dia, depois de muito chorar, resolvera ligar para a casa de dona Celina. A mãe de Felipe informou-a que ultimamente o rapaz se tornara triste e amargo; pensava apenas em estudar. Resolvera fazer um curso de um ano no exterior e partira para os Estados Unidos, como que fugindo de algo que desejaria esquecer. Isto abalara Antonina, que desejava acima de tudo paz e compreensão, coisa que não tinha por parte de seus familiares, nem de Josué, seu noivo. Ernesto insistia para o casamento, mas Antonina compreendeu que aquilo seria um erro irreparável em sua vida. Dessa forma, tomou uma decisão: avisou seu pai que não se casaria, e que iria voltar para o interior, para viver com sua avó Filomena. O pai de Antonina ficara possesso. Apesar de já ser moça formada, Ernesto aplicou-lhe ainda alguns golpes com a cinta dobrada, como costumava fazer, quando era ainda criança.

Antonina não emitiu nenhum lamento. Arrumou suas coisas em uma velha mala, abraçou sua mãe, que soluçava de tristeza, e dirigiu-se para a rodoviária. Tomou o primeiro ônibus. Viajou a noite inteira. Chegou ao destino ao amanhecer do dia. Alugou uma charrete, que servia de transporte mais barato na cidade, dirigindo-se até a praça, onde a encontrou.

Dona Filomena ouviu a história da neta com tristeza no semblante. Não podia entender o porquê da incompreensão e da intransigência do filho. Mas nada iria apagar seu sorriso de felicidade por não estar mais sozinha. Por quanto tempo? Não importava. O importante era que sua casa não estava mais vazia. Sua netinha e seu bisneto seriam para ela a luz do sol, que haveria de brilhar no crepúsculo do outono de sua vida.

Naquela noite, a casa de dona Filomena era pequena para conter toda a felicidade que transbordava do coração daquela humilde criatura de Deus. Dormiram abraçadas, numa enxerga extremamente simples, mas honesta, enquanto Ismael repousou em um berço improvisado.

No dia seguinte, Antonina levantou-se bem cedo. Tinha alguns recursos financeiros e precisava de um mínimo de conforto para seu filho e sua avó. Comprou alguns mantimentos em um empório mais próximo, abastecendo as necessidades da casa. Em seguida, tomou um ônibus até a região central da cidade, onde, após pesquisa minuciosa, comprou um berço bem simples, mas de aspecto agradável para seu filho. Antonina, pela primeira vez, depois de muito tempo, recuperava a alegria de viver. Sentia prazer em poder ajudar de alguma maneira sua avó, e, ao mesmo tempo, saber que teria liberdade para viver em paz com seu filho.

Enquanto saía para tomar as providências urgentes, Antonina deixou o filho aos cuidados da avó. A alegria de dona Filomena era comovedora; a boa velhinha, finalmente, sentia-se útil para alguma coisa. E o que fazia era com muita satisfação, agradecendo a Deus pela dádiva recebida.

Havia transcorrido já quase um mês, desde que Antonina estava com dona Filomena. Os passos da jovem pareciam estar abençoados por Deus, pois logo arrumou serviço de doméstica em uma residência de família abastada, com um salário que naquela região poderia ser considerado bom, sendo mais que suficiente para atender as necessidades da casa e do filho pequeno, que exigia muitos gastos com roupas e artigos de higi-

Crepúsculo de Outono

ene. Mas Antonina estava feliz. Trabalhava o dia inteiro, mas, quando retornava para casa, tinha o carinho do filho e da avó, que representavam para ela a maior recompensa do mundo.

Além do mais, dona Filomena não precisaria mais se sujeitar a humilhações para conseguir um trabalho que não mais tinha condições de suportar.

O reencarne de Aprígio

Augusto efetivamente se integrara aos labores cristãos no Centro de Francisco. Além do trabalho comunitário que costumeiramente desenvolvia aos sábados, passou a freqüentar reuniões de estudos, dedicando-se com afinco e vontade de conhecer mais a respeito da Doutrina. Devorava a literatura e os livros da codificação, qual se fora um sedento que encontrara inesgotável fonte de águas frescas e cristalinas. Entregava-se aos estudos com sofreguidão, pois descobria na Doutrina profundidade e seriedade, além de enorme conforto moral e espiritual. A figura carismática do grande apóstolo do espiritismo, doutor Adolfo Bezerra de Menezes, exercia em Augusto singular admiração e desejo de seguir seus exemplos, no atendimento aos desvalidos.

Sentia-se renovado em seus conceitos e com alegria reconhecia que não mais sentia mágoas de Helena. No fundo, sabia que ainda a amava verdadeiramente, pois fora ela a mulher de sua vida e reconhecia que sentia muitas saudades. Mas afastara por completo da alma qualquer ressentimento que ainda pudesse estar escondido em algum canto de seu coração. Por outro lado, experimentava grande alívio na alma, pois não mais sentia aquele peso da culpa pelo assassinato de Aprígio. Sentia-se fortalecido na fé e completamente liberto do guante de acusação que o atormentava dia e noite; sua consciência finalmente estava em paz.

    Depois de toda turbulência que enfrentara, as coisas aos poucos se acomodavam em sua vida particular. O consultório ia bem, e no lar era alvo de atenção e carinho por parte de Milene e Carlinhos. O rapaz era desenvolto, já homem formado, entregava-se aos estudos com vontade e disciplina. Augusto sentia-se feliz em ver o progresso do filho de Aprígio. Lucimar vinha com mais constância nos fins de semana, e Augusto sentia-se satisfeito com as manifestações de carinho da filha. Percebia que tanto Lucimar, quanto Carlinhos, se relacionavam muito bem. Augusto sempre notava os dois conversando animadamente, rindo descontraídos e contentes. No fundo, sentia-se também feliz, pois pressentia que os jovens se queriam bem. O médico observava atentamente, pensando consigo mesmo que, se fossem irmãos, talvez não tivessem tanta afinidade.

    Joaninha dera à luz um garoto forte e chorão, que tomava todo o tempo de Milene. Ela encontrara no garoto uma forma de compensar seu amor não correspondido por Augusto. A jovem mãe experimentara dias de bonança que nunca tivera antes. Era bem tratada pelo doutor e por dona Milene. O "doutorzinho", como ela chamava Carlinhos, era muito respeitador. Joaninha não vivia mais com angústia no coração e sobressaltos de ameaças. Sentia que, finalmente, encontrara um paraíso na terra.

    Enfim, parecia que tudo encontrara o centro do equilíbrio e Augusto sentia-se agradecido a Deus por tudo que recebera. Aprendera no Evangelho que "a quem muito foi dado, muito seria pedido". Portanto, tinha plena consciência de que deveria corresponder com trabalho cristão na seara da fraternidade. Esperava para contribuir com seu quinhão, com alegria e desprendimento.

Naquele sábado, terminadas as consultas, conversou longamente com Francisco. O amigo o estimulava para prosseguir nas tarefas com coragem, pois, quando existe período de bonança, deve-se também preparar-se para testemunhos dos momentos difíceis.

Terminada a tarefa no Centro, e depois da conversa com Francisco, retornou para sua casa. O médico estava particularmente feliz, pois Lucimar iria passar o fim de semana na chácara. Quando isto acontecia, sentia-se tomado de alegria e o domingo tinha um sabor especial. Adorava a filha e sabia que aquele sentimento era recíproco. Infelizmente não fora feliz no casamento, mas Helena lhe dera a filha que era a alma de sua alma. Lucimar compreendia as tristezas do pai e o confortava.

Chegando perto do portão, verificou que havia um carro estacionado ao lado do jardim da casa. Quem seria? Sorriu feliz, pois quem veio correndo abrir foi Lucimar em companhia de Carlinhos.

Augusto atravessou o portão e desceu do carro para abraçar sua filha adorada. A moça beijou-o carinhosamente, afagando seus cabelos que já começavam a embranquecer.

— Oi, papai, que saudades do senhor! Como tem passado?

— Bem, minha filha, mas agora melhor, porque você está aqui comigo. Eu também estava com muitas saudades, filha. Dê outro abraço no papai... isto!

A alegria de Augusto transbordava em forma de lágrimas. Ultimamente o médico se tornara muito sensível. Qualquer acontecimento era suficiente para que se comovesse. Francisco dizia-lhe que era ainda um problema emocional, fruto de sua separação. Sentimentalmente, o médico ainda estava fragilizado e somente o tempo seria capaz de curar e cicatrizar suas feridas.

— De quem é aquele carro, filha?
— É uma surpresa para o senhor, papai. É de mamãe, que hoje resolveu esperar que o senhor chegasse. Acho que ela também está com saudades!

O coração de Augusto deu um salto. Helena o estava esperando? O que teria acontecido? Todavia, apenas o pensar em rever sua ex-esposa tirou-lhe a tranqüilidade momentânea. Helena tinha a capacidade de fazê-lo sentir-se ridículo, com seu sentimentalismo. Tomou coragem: seria duro, se necessário.

Helena veio aguardá-lo na varanda. Olhou-a demoradamente. Ela ainda era muito bela e Augusto sabia que com ela ele era muito frágil. Todavia, ela recebeu-o de forma jovial, como se nada tivesse acontecido entre ambos.

— Augusto, que bom rever você! – disse ela, demonstrando estar também feliz. – Vejo que está muito bem. O tempo vai passando, mas você continua elegante!

Dizendo isto, Helena abraçou-o com evidentes demonstrações de carinho, observados por Lucimar que, discretamente, afastou-se com Carlinhos. Apesar de perceber sinceridade em Helena, sabia que todas suas palavras eram fúteis e superficiais. Todavia, procurou ser prudente, para não se machucar novamente.

— Fico feliz também por revê-la, Helena. Eu não posso dizer nada a respeito de beleza, pois você encontrou o elixir da juventude, não é mesmo? Você está muito bem, parabéns!

— Nada que uma boa plástica não possa remover, meu querido! Mas o médico não teve muito trabalho, não.

— A que devo a honra de sua visita? Confesso-me surpreso com sua presença aqui hoje. Normalmente deixa Lucimar e vai embora. Nunca me esperou anteriormente; algo de especial?

— Vamos entrar, Augusto. Tenho, sim, algo que gostaria de conversar com você – disse ela, mudando o tom da voz.

Augusto não gostou da forma manifestada por Helena. Todavia, preferiu esperar para ouvir o que se tratava. Entraram.

— Augusto, apesar de estarmos separados, gostaria que você soubesse que eu lhe quero muito. Mas não é sobre isto que quero lhe falar. Na verdade, é sobre Lucimar. Acho que ela está apaixonada por Carlinhos e isto não me agrada, nem um pouco. Você é muito desligado destas coisas e não deve ter percebido nada; mas quero deixar algo bem claro: que você tenha trazido para nossa casa a viúva, e criado o filho órfão, tudo bem. Que você custeie os estudos deste rapaz, também não me importo, pois a vida é sua e você faz dela o que bem desejar. Mas não vou admitir, em hipótese alguma, que nossa filha namore este rapaz e ainda acabe engravidando, pois hoje as coisas são muito avançadas, e muito menos quero pensar em um eventual casamento. Portanto, quero pedir que fique de olho e cuide para que nossa filha não acabe sofrendo outras conseqüências indesejáveis!

Augusto sentiu-se novamente desmoronar, como quando Helena lhe noticiara a separação. Meu Deus, pensava, aquela mulher tinha capacidade para destruir coisas belas e atingi-lo no ponto mais sagrado de seu sentimento! Não, daquela vez Helena não o atingiria. Sentia-se muito bem preparado e respondeu à altura:

— Que pena, Helena. Por um instante pensei que você tivesse ficado para me ver; infelizmente, enganei-me. Entretanto, se é esta sua preocupação, pode entrar no seu carro e ir embora. A felicidade de Lucimar está acima de tudo. Se ela ama o Carlinhos, fique sabendo que faço muito gosto. Este menino para mim é mais que um filho e tem seu valor, que admiro muito. Pode ter certeza, se esta é a felicidade deles, serão felizes; se eu não pude ser, que pelo menos minha filha seja!

Crepúsculo de Outono

Augusto falou com convicção e autoridade. Helena estava surpresa com a reação e a postura firme do ex-marido. Não contava com isto. Meio desconcertada, respondeu:

— Não me leve a mal, Augusto. Eu também quero a felicidade de nossa filha, mas não quero que ela se junte com um qualquer! Por favor, compreenda-me.

Augusto levantou-se resoluto, abrindo a porta:

— Por favor, Helena, saia! Em nome do respeito que ainda tenho por você eu lhe peço: não fale mais nada! Carlinhos não é um qualquer. Será um médico de futuro, pois é dedicado e valoroso. Um dia ocupará meu lugar na clínica.

Surpreendida e envergonhada, Helena ainda esboçou uma despedida.

— Desculpe-me, se o ofendi em alguma coisa, Augusto. Mas fique sabendo que eu ainda o amo! Isto eu não poderia ir embora sem lhe dizer.

Falando isto, deu-lhe um suave beijo, afastando-se. Entrou no carro e retirou-se. Augusto ficou pensativo por alguns instantes. Uma sombra de tristeza começou a toldar-lhe o semblante, quando ouviu risos alegres. Eram Lucimar e Carlinhos que brincavam despreocupadamente, no quintal da casa. Foi o suficiente. Augusto sorriu, vendo a alegria dos jovens, afastou a tristeza, pensando que se Helena tinha razão, ele só poderia ter motivos de alegria e satisfação.

Naquela noite, Demétrius convidou-me para visitar Aprígio. Segundo me informara o assistente, o reencarnante já estava preparado para o processo reencarnatório. Já entrara em estágio de adormecimento e, aos poucos, reduzia sua forma perispiritual, à semelhança de uma bexiga que se esvazia, tendo já assumido a forma fetal. O reencarne guardava muita semelhança com o desencarne, dizia-me o assistente – apenas que de forma invertida. O espírito se prepara psicologicamente, entra em fase de adormecimento, tendo neste período eclipsado sua consciência, antes do mergulho no corpo carnal. Quando se manifesta na matéria com o novo nascimento, é como se estivesse começando tudo de novo, com o esquecimento completo do passado. É a misericórdia infinita de Deus, que sempre oferece oportunidade renovada para nós, espíritos falíveis, com a bênção do esquecimento de nossas faltas clamorosas do passado.

O assistente fez silêncio por alguns momentos para que eu pudesse fazer minhas anotações a respeito. Observei comovido a figura de Aprígio, que assumira efetivamente a aparência de um bebê, com o dedo polegar na boca. As questões eram muitas e aproveitei o ensejo para elucidações com Demétrius:

— Não há necessidade de uma aproximação, e de um contato mais íntimo entre o reencarnante e aquela que será sua mãe carnal? Não existe necessidade de que haja uma afinidade mais íntima, entre mãe e filho, para que o ambiente esteja devidamente preparado, e aparadas as arestas em caso de rejeição?

— Seu questionamento é extremamente importante, Virgílio. Em todos os processos normais de reencarne, os espíritos encarnados e desencarnados experimentam um período de convivência no plano espiritual. São promovidos encontros, pelos espíritos responsáveis, entre a futura mãe, o futuro pai e o candidato a filho, para que se complete a afinidade necessária, isto é, se são espíritos com algum antagonismo. Via de regra, tanto a mãe como o pai, quando reencarnaram, já estavam cientes dos filhos que receberiam. Então, na verdade, a aproximação ocorre apenas para que se solidifiquem e se concretizem os anseios de ambos os lados, e para que se preparem adequadamente para o evento. Entretanto, se são espíritos afins e amigos, não há necessidade de tantos cuidados, uma vez que o processo fica envolto em vibrações simpáticas, o que facilita extremamente a aceitação do filho. No caso de Aprígio, tanto

Crepúsculo de Outono

o seu futuro pai, como sua futura mãezinha, guardam profunda afinidade e amor, pelos laços simpáticos que os ligam de muitas existências pretéritas. Ainda existem outras considerações a fazer, Virgílio, por exemplo, se o espírito reencarnante é de alta hierarquia espiritual. Nesses casos, o trabalho é maior, para que o espírito reduza sua energia espiritual, prepare uma graduação vibratória e condense seu perispírito, que já se encontra em estado mais sutil e rarefeito. São encarnações de missionários que retornam à carne em importantes tarefas a realizar, e que exigem grande quota de sacrifício desses nossos irmãos maiores para se fazerem presentes na matéria; mas eles o realizam com alegria, satisfação e desprendimento.

Fiquei satisfeito com o esclarecimento do assistente. Não ousei perguntar quem seriam os futuros pais de Aprígio, pois se Demétrius não me revelara ainda, é que apenas no momento adequado eu deveria saber. Embora estivesse bastante curioso, guardei prudência para essa ocasião.

O responsável pelo Departamento de Reencarnação do nosso Núcleo Socorrista era já meu conhecido, que nos recebeu amavelmente. Notei alguns cuidados especiais em torno de Aprígio; ele recebia energias em forma de passes, energias magnéticas que eram projetadas em seu perispírito, ativando seus centros de forças e fortalecendo sua aura. Aproveitei o alvitre, para questionar Alexandre:

— Estou percebendo alguns cuidados especiais envolvendo nosso irmão. Demétrius me informou que Aprígio está preparado para o reencarne; poderia me informar quando irá ocorrer o evento?

Com um sorriso de satisfação nos lábios, Alexandre me respondeu:

— Está tudo preparado para hoje, Virgílio. Você irá participar do processo, fazendo suas anotações e seus estudos. Verá como é interessantíssimo. Se o homem comum tivesse uma pálida idéia dos cuidados e da delicadeza que envolve todo este processo, não compactuaria nunca com a idéia do aborto indiscriminado.

Demétrius convidou-me a acompanhá-lo. Agradecemos uma vez mais a solicitude de Alexandre, despedindo-nos em seguida. O assistente convidou-me para uma visita à casa do doutor Augusto.

Quando lá aportamos, de imediato identifiquei o ambiente harmônico que envolvia o lar do médico. As vibrações eram agradáveis e suave luz azulínea envolvia os contornos de sua residência. Notei a presença de um guardião de nosso plano, que velava pela segurança daquele lar. Era um caboclo simples, e tão logo identificou nossa presença, aproximou-se de forma simpática e acolhedora.

— Boa-noite, assistente Demétrius, boa-noite amigo, cumprimentou-nos com singeleza e humildade!

— Boa-noite, Irmão Amâncio, como está o trabalho?

— Aqui está tudo bem, assistente. De vez em quando aparece algum irmão necessitado atraído pela luz; eu os encaminho imediatamente para o pronto-socorro do Centro. Ainda estão por aí rondando aqueles nossos irmãos que o senhor sabe, mas eles não estão tendo chance de chegar perto, não. Sabe que eles não vão desistir desta idéia tão cedo, não é mesmo?

Agradou-me a simplicidade e a espontaneidade do Irmão Amâncio. Demétrius esclareceu-me que era um trabalhador do Centro de Francisco e estava com a responsabilidade de zelar pelo ambiente do lar de Augusto. Esclareceu-me ainda que as vibrações elevadas do ambiente eram fruto do Evangelho no Lar, que o médico instituíra como hábito.

— É uma pena, Virgílio, que a grande maioria das pessoas desconhece os benefícios que o hábito do Evangelho traz em cada lar cristão. O ambiente fica depurado, livre das formas-pensamento negativas, dos miasmas e das presenças perniciosas de nossos irmãos menos felizes, que se divertem provocando desentendimento em tantos lares menos avisados. É uma pena, mas cabe a nós alertar. Quem sabe um dia a grande maioria adquira o hábito do Evangelho e da oração no lar.

Não pude deixar de reconhecer que Demétrius tinha toda razão. Lamentavelmente ainda muitos não tinham consciência das maravilhas do Evangelho. Exemplo melhor do que estava vendo no lar do doutor Augusto? Primeiramente, o médico já era um trabalhador de Cristo, e, segundo, praticava o salutar hábito da oração no lar. Diria que a paz de espírito era uma conquista muito justa, embora tivesse que estar sempre preparado para enfrentar tempos adversos. Mas, se estamos com Deus e Cristo de nosso lado, não é mais fácil vencer a tormenta dos momentos difíceis?

Neste instante, pude observar o movimento da casa. Doutor Augusto entretinha-se em ler um livro espírita. Uma aura de paz e serenidade envolvia o médico. Na parte posterior da casa, Milene e Joaninha se divertiam com as graças do bebê. Gracioso halo luminoso envolvia as duas mulheres e o pimpolho. Carlinhos e Lucimar estavam sentados na varanda, em descontraído bate papo. Demétrius convidou-me para que nos aproximássemos.

De imediato, identifiquei pelas afinidades vibratórias que o casal estava apaixonado. Carlinhos segurava a mão de Lucimar em transportes de ternura e carinho. A filha de Augusto retribuía o sentimento do rapaz, com alegria no coração. Percebi que aquele sentimento mútuo era sincero, pois laços vibratórios na tonalidade azul claro os envolvia na altura do coração. Carlinhos tocou o rosto da moça, que enrubesceu; beijaram-se apaixonadamente. Fiquei deslumbrado, pois, no ato daquele beijo, ambos ficaram envoltos em laços fluídicos de coloração cor-de-rosa.

Sorrindo diante de minha surpresa, o assistente convidou-me para que nos afastássemos, respeitando a intimidade do casal, enquanto ainda registravam as juras de amor e as promessas de fidelidade eterna. Eu também sorri, lembrando os arroubos de amor da juventude bem direcionada. Era belo ver jovens sonhando em construir uma vida a dois, e se entregarem em promessas de fidelidade e amor sincero.

Já era quase meia-noite. Milene e Joaninha dormiam, e Augusto deu boa-noite para a filha e Carlinhos, antes de se retirar para o descanso. Lembrou-se do que Helena lhe havia dito e notou que realmente os jovens estavam apaixonados. Helena tinha razão, pensou, mas apenas quanto ao namoro, pois, no íntimo, sentiu satisfação. Gostava muito de Carlinhos e fazia gosto neste eventual relacionamento. Recomendou, entretanto, que não demorassem para descansar.

Notei que, após algum tempo, Carlinhos dirigiu-se com Lucimar para o quarto de dormir da moça, com a aquiescência da filha de Augusto. Notando minha estranheza, Demétrius recomendou-me prudência nos pensamentos.

— Estão apaixonados, Virgílio. Infelizmente os jovens de hoje não têm a paciência necessária para cultivar o romance e a fantasia singela da noite de núpcias, aguardando o momento certo, preservando o encanto e o romance ingênuo. Não estamos aqui endossando nem criticando estas atitudes. No presente caso, Carlinhos deverá se casar em breve com Lucimar, com o apoio de Augusto. Eles serão os pais de Aprígio, compreende? Enquanto isto, vamos estender nosso respeito e deixar o casal em suas intimidades sagradas.

Amâncio se postara diante da porta, como guardião. Demétrius esclareceu-me que o sexo é abençoado por Deus, quando praticado com equilíbrio e com responsabilidade, com fidelidade do casal e, acima de tudo, com amor sincero e com compromisso sério. Nestes casos, o ato sexual conta com proteção espiritual, para que não haja assistentes nem participantes indesejáveis. Nos casos do sexo desregrado, promíscuo, e de casais que não conservam a harmonia e o amor puro e sincero, infelizmente o ato tem participação de espíritos desequilibrados e obcecados pelo sexo, que se aproveitam das energias, bem como envolvem os casais, participando ativamente do ato em si. O sexo equilibrado e abençoado renova as energias do casal, permitindo que, espiritualmente, cada um sinta um envolvimento de paz interior. No caso contrário, traz obsessão e angústia, de forma que o sexo passa a ser uma doença alimentada por espíritos doentios e desequilibrados, que encontram nos menos avisados farto material de obsessão. O lar de Augusto era um lar cristão. Cultivavam o hábito do Evangelho no Lar e, por esta razão, mesmo em condições excepcionais como aquela, justificava-se a proteção necessária.

Passou-se mais ou menos uma hora. Carlinhos deixou o quarto de Lucimar com cuidado para não despertar suspeitas. Neste momento, percebi que adentravam o recinto doméstico da casa de Augusto alguns espíritos de nossa esfera. Entre eles, distingui a presença de Alexandre e Otávio, que nos cumprimentou com um sorriso. Demétrius convidou-me a acompanhá-los, entrando nos aposentos de Lucimar que, naquele momento, dormia a sono solto.

Abracei carinhosamente Otávio. Disse-me estar acompanhando o processo de reencarnação de Aprígio. Aproximamo-nos, tendo Alexandre recomendado a mim e a Otávio que concentrássemos a nossa visão espiritual para o sistema reprodutor da futura mãe. No momento em que concentrei minha visão, senti-me maravilhado com o quadro presenciado: uma infinidade de espermatozóides percorriam ao longo do canal vaginal em direção às trompas, onde se posicionava o óvulo em compasso de espera. Nisto um técnico se aproximou e, com um aparelho semelhante a um raio laser, identificou o espermatozóide que trazia as características genéticas necessárias para a formação do corpo que fora anteriormente projetado. O técnico direcionou cuidadosamente o minúsculo raio em direção àquele que fora escolhido e projetou a luz, quase que imperceptível aos nossos sentidos apurados. De imediato, aquele espermatozóide experimentou maior vigor e agilidade, arrancando na frente dos demais, projetando-se em direção ao óvulo que o acolheu, fechando-se em seguida para os demais. O técnico sorriu. Estava completada a fecundação. Neste instante, o quarto se iluminou. A presença de Clarissa entre nós nos alegrou o coração. Trazia em seus braços, envolto em um campo luminoso, Aprígio na forma fetal.

Alexandre aplicou um passe em Lucimar, que se desligou do corpo físico, ficando ao nosso lado, sem ter, contudo, consciência do que ocorria. Clarissa ligou os laços fluídicos de Aprígio ao óvulo fecundado, enquanto Lucimar agasalhava o filho em seu regaço. Clarissa aplicou um passe na mãe que adormeceu feliz, enquanto Aprígio se recolhia ao útero materno, com tranqüilidade e harmonia. Em poucos instantes, as vibrações de Aprígio e Lucimar se manifestavam em uníssono. Observei naquele momento singular fenômeno de luz radiante, que partia do Centro Coronário de Lucimar. Detive-me para compreender qual era o centro emissor de energias luminosas com tonalidades tão vivas, podendo verificar que o foco partia da glândula pineal, que apresentava à nossa visão pequena centelha de vibrações poderosas. A partir daquele instante, os pensamentos de mãe e filho estariam ligados pelos laços da maternidade e do amor.

Ante o questionamento de Otávio, Demétrius esclareceu:

— Esta pequena glândula está ligada diretamente à espiritualidade, é o sensor de ligação entre o cérebro físico e o cérebro etéreo, que coordena todas as emoções no corpo perispiritual. Nos momentos de grande elevação espiritual, a manifestação dos sentimentos purificados em amor e desprendimento tem, nesta glândula, a irradiação que corresponde à sublimação daqueles sentimentos. Neste caso, é a feliz confluência de duas vidas que se convergem em vibrações luminosas de amor e alegria. Se as mães soubessem a beleza e a sublimidade deste momento, jamais praticariam o ato abominável do aborto, que é a antítese de tudo que estamos observando.

O processo reencarnatório de Aprígio fora concluído com êxito. Após breve prece de agradecimento proferida por Clarissa, em que as bênçãos de Deus banharam aquele lar, a equipe despediu-se de nós. Tanto Otávio, como eu, estávamos sensibilizados com tudo que havíamos presenciado.

O assistente nos esclareceu o terrível equívoco que muitas pessoas cometem, ao praticarem o aborto, com a alegação de que, até os três meses de gestação, não há problema, pois a formação do corpo ainda não se completou. Lamentável engano, completou Demétrius, pois como pudemos verificar, desde o ato da fecundação do óvulo, o espírito já se encontra ligado, animando e dando vida àquele embrião que se desenvolve de forma harmônica e inteligente, obedecendo ao molde perispiritual do espírito reencarnante. Se de alguma forma não natural a mãe provoca a expulsão do embrião no dia seguinte à fecundação, já praticou aborto, pois expulsa o espírito que já se encontra a ele ligado.

Os esclarecimentos do assistente nos levava à meditação. Como o ser humano, que se emociona às lágrimas diante de cenas melosas de novela, no momento seguinte é capaz de matar um filho no próprio ventre? Temos que ter consciência de que é um ato de barbárie, que fica oculto para o mundo material, mas não para as leis de Deus. A lei de causa e efeito cobrará de forma dolorosa a criatura que pensa que, porque praticou este ato às escusas, ficará impune. Aliás, é bom que se esclareça: não é Deus que pune as criaturas, mas as Leis Imutáveis que regem

Antonio Demarchi – espírito Irmão Virgílio

o Universo, pois toda ação provoca uma reação, e toda causa provoca um efeito, de forma que aqueles que, por atos impensados ou não, provocam o desequilíbrio, aquele ato deixará marcas indeléveis em sua consciência perispiritual, que lhe cobrará o reajuste necessário no tempo devido. Não cai um fio de nosso cabelo, nem uma folha de uma árvore, sem que o Pai o saiba, nos asseverou o Divino Amigo.

Uma atitude consciente

Passaram-se três meses desde que Antonina havia retornado para junto de dona Filomena. A boa velhinha sentia que Deus havia abençoado o final de sua vida. Nunca vivera dias tão felizes como aqueles, junto de sua neta e do bisneto. Orava e agradecia todos os dias, e pensava que, se partisse, partiria feliz, pois sua vida sempre fora sofrida e sem sonhos nem aspirações. Com a vinda da neta, parecia estar vivendo no paraíso.

Antonina também experimentava um período de bonança. Pelo menos, encontrara a paz de espírito que tanto desejava. O trabalho como doméstica garantia-lhe o sustento do filho e da avó, era bem tratada pelos patrões e, quando retornava ao lar no final do dia, tinha o carinho do filho e os afagos da vovozinha. As economias que trouxera permitiram comprar alguns móveis necessários, de forma que a casa, apesar de pequena, tornara-se acolhedora. Não fora o pensamento que, volta e meia recordava Felipe, poderia dizer que era feliz, embora não conseguisse esquecer-se daquele que conquistara seu coração. Antonina jamais se esqueceria do seu amado. De vez em quando, pedia permissão à patroa e ligava para São Paulo, para dar notícias à dona Celina e saber notícias de Felipe. Antonina também conquistara o coração da mãe de Felipe, que, no fundo, sabia que a ida do filho para os Estados Unidos, na verdade fora uma fuga, na tentativa de esquecer um amor complicado.

Enquanto isto, Augusto também vivia seus problemas. Um sábado, após concluído os trabalhos assistenciais do dia, retornou ao lar. Sentia-se alegre pela sensação dos deveres cumpridos e de sua contribuição àquela gente tão necessitada. Quando chegou ao portão de entrada da chácara, percebeu a presença de Helena, que o aguardava.

Tranqüilo, aproximou-se, mas notou que a ex-esposa aquele dia não estava com as melhores disposições. O que teria acontecido agora? – pensou. Desceu do carro e mal a cumprimentou, começou a ladainha:

— Precisamos ter uma conversa séria – disse com o cenho carregado.

— Vamos entrar primeiro, Helena – convidou educadamente Augusto. – Do que se trata?

— Eu cansei de avisar – respondeu ela rispidamente. – Não sabe o que aconteceu, porque vive com os olhos fechados. Sua filha está grávida. E sabe de quem? Do seu querido e protegido Carlinhos. Agora diga-me, o que vamos fazer?

Augusto ficou em silêncio. Por um momento sentiu que sua cabeça iria explodir. Helena tinha a capacidade de, em um segundo, transformar qualquer coisa em tragédia. Em silêncio, orou pedindo equilíbrio e amparo. No fundo, sentiu-se também traído em sua confiança pela filha e pelo apadrinhado. Mas, se já tinha acontecido, o que fazer? Um erro não justificaria outro, portanto, seria de bom tom avaliar a situação com ponderação e equilíbrio.

Diante do silêncio momentâneo do médico, Helena não se conteve, voltando à carga:

— Quero que chame este irresponsável que fez mal à nossa filha. Eu não quero que eles se casem, mesmo porque ele não tem condições de sustentar nem seus próprios estudos; como irá manter uma família? Não tenho dúvidas: Lucimar irá tirar esta criança, e nunca mais irá ver este rapaz. Helena estava possessa. Augusto percebeu que sua ex-esposa estava sob influência de espíritos vingativos, cujo objetivo era provocar uma situação irreversível, e indiretamente atingi-lo. Com calma, mas com firmeza, respondeu:

— Antes de mais nada, Helena, não concordo com sua histeria. Controle sua emoção, por favor; assim fica difícil um diálogo equilibrado. Estou aborrecido tanto quanto você a respeito deste episódio, não tenha dúvida. Mas daí a submeter nossa filha à prática do aborto, é coisa que não irei admitir nunca! E nem pense em forçá-la a fazer isto, pois, se o fizer, sou capaz de denunciá-la! O mal já está feito, e temos que pensar agora como vamos remediar a situação. Conversarei com Carlinhos em particular. É um rapaz pobre, mas honesto, e quero muito bem a ele. O que me importa, Helena, é que realmente se amem. Com certeza apoiarei o casamento, mas, se não se gostam, então é melhor que não cometam outra loucura.

Helena estava estupefata pelas palavras do ex-marido. Como seria possível? Lucimar ser mãe solteira?

— Não nos esqueçamos, Helena, que temos muita responsabilidade nisto tudo. Quais as conseqüências que provocamos em nossa filha com nossa separação? Será que se vivêssemos juntos a situação não poderia ser outra? Ademais, estamos falando de nossa filha, e quero para ela o que for melhor. Se for o casamento, que seja o casamento, se não, não se casará. Ela também tem parcela de responsabilidade nisto tudo. Não vamos nos precipitar, quero conversar com ambos, mas não na sua presença. Quero que este assunto seja resolvido, acima de tudo, com amor e caridade, como nos ensina o Evangelho. Não poderia ser diferente com Lucimar.

— Não posso acreditar – respondeu Helena. – Agora para você tudo é Evangelho! Logo vi que esta religião não ia lhe fazer bem, pois acabou fanatizando-se!

— Está bem, Helena, estou fanatizado, porque não quero jogar nossa filha em um abismo de incompreensão. Quero que saiba que, acima de tudo, minha consciência está em paz e que farei o que for melhor para todos nós. Fique tranqüila que você saberá de tudo; apenas não posso concordar com suas atitudes intempestivas e desarrazoadas.

Conversaram ainda longo tempo. Finalmente vencida pelos sólidos argumentos do ex-marido, Helena cedeu. Deixaria que ele resolvesse aquela situação. Em seguida, entrou no carro e retornou para a cidade.

Augusto ainda permaneceu em silêncio por alguns minutos. Percebera que aqueles espíritos desejavam, na verdade, atingi-lo atuando em Helena, que era o instrumento vulnerável. Deveria estar vigilante para não perder o equilíbrio. Aquele assunto era por demais sensível e deveria, sobretudo, ser tratado como nos recomenda o Evangelho de Jesus, pensou, com amor e caridade.

Em seguida, chamou os jovens à sua presença. Percebeu que ambos vinham de mãos dadas, felizes. O médico sentiu que se amavam. O que mais Augusto desejava era a felicidade de sua filha. Os dois se sentaram à sua frente, aguardando respeitosamente as observações ou as admoestações, mas Augusto falou com brandura:

— Meus filhos, já sei o que aconteceu. Helena já fez o relato de tudo, agora quero ouvir de vocês o que têm a me dizer.

— Papai – começou Lucimar –, gostaria antes de mais nada de dizer-lhe que a última coisa que não quero na vida é causar-lhe outro desgosto. A verdade é que eu e Carlinhos nos amamos. Já tenho dezessete anos e desejo de todo meu coração

ser sua esposa. Mas, antes, pediria sua permissão, papai. Pediria que o senhor nos compreendesse!
Lucimar tinha os olhos em lágrimas. Augusto sabia que sua filha era sincera e naquele momento desejaria abraçá-la com o coração e com a alma, para que ela não pudesse sofrer. Em seguida, dirigiu-se a Carlinhos:
— Já ouvi minha filha, Carlinhos. E você, o que tem a me dizer?
— Doutor Augusto, o senhor sabe que o considero como um pai. Neste episódio peço-lhe perdão, se traí sua confiança, mas confesso-lhe com toda minha alma e pela memória de meu pai que o que mais desejo neste mundo é casar-me com sua filha. Eu a amo desde criança, e ao longo dos anos este amor foi crescendo cada dia mais. É um sentimento sagrado e do fundo do meu coração. Lucimar é a alma de minha alma e a vida para mim não teria sentido sem ela. Por favor, ajude-nos, pois temos conversado bastante a respeito. Sei que no momento represento um peso para o senhor, mas pode ter certeza de que não o decepcionarei.
O rapaz concluiu com o rosto banhado em lágrimas. Augusto não tinha mais dúvidas: o amor era o sentimento mais belo e Carlinhos e Lucimar se amavam com pureza de sentimento. Abraçou os jovens, emocionado:
— Meus filhos, espero não estar enganado, mas vocês têm meu consentimento. Vamos nos preparar para o casamento.
Lucimar ainda estava preocupada:
— E mamãe? Será que vai concordar? Todos estes dias ela tem me torturado para que fizesse aborto, mas eu não podia concordar, papai, e por isso acabamos até brigando! Eu não queria que mamãe ficasse contrariada.
— Não se preocupe, minha filha. Deixe sua mãe por minha conta – respondeu o médico, acariciando os cabelos da filha.

Diante da ponderação de Augusto, os jovens se descontraíram. Abraçaram-se com um beijo apaixonado. O médico, no fundo, sentia-se feliz pela decisão tomada. Sorriu vendo a filha e o futuro genro afastando-se abraçados.

Naquela noite, Augusto sonhou estar em um local todo florido. Divisou espíritos de luz que o acolhiam com alegria. Dentre os espíritos amigos, um se destacou, abraçando-o carinhosamente, exortando-o ao bom ânimo nas tarefas a desempenhar. As palavras do mentor penetravam fundo em sua alma e o confortavam de forma que registrou e reteve na acústica de sua consciência o que o amigo espiritual lhe dizia:

— Irmão Augusto, você venceu importante etapa em sua vida. Deixou para trás os medos e as angústias que não mais lhe afligirão, pois sua atitude permitiu o retorno de alguém de quem, involuntariamente, você tirou a vida no passado. Mas a tarefa e as provações ainda continuam, meu irmão. Prepare-se, pois ainda existe dor em seu caminho. Mas nunca estará sozinho: lembre-se que Jesus abençoa os seus passos! Continue amando e servindo, pois apenas assim resgatamos nossos débitos do passado. Aqui deste lado você tem muitos amigos que estarão amparando e acompanhando sua luta. Tenha bom ânimo, querido irmão, finalizou a bondosa entidade.

No dia seguinte, acordou sentindo-se renovado em suas disposições íntimas. Parecia-lhe que as sombras do passado haviam se afastado definitivamente de sua vida. Recordou o sonho que tivera. Seria possível que o filho de Lucimar pudesse ser Aprígio, em nova reencarnação? Não importava. Sabia que havia tomado a atitude correta e, sem dúvida, evitado nova tragédia. Logo teria um neto para encher os seus dias de alegria e felicidade, para compensar as tristezas que jaziam sepultadas em seu coração.

Um resgate no Vale das Sombras

Aquela noite, Demétrius informou-me que estaríamos em visita ao Centro de Francisco, onde se processaria interessante intercâmbio de psicografia, e que seria muito interessante se eu pudesse acompanhar e observar o *modus operandi* do "correio espiritual".

Segundo me informara o assistente, uma das grandes responsabilidades do espiritismo cristão era consolar as criaturas humanas, diante da fatalidade da morte, pois mais dia, menos dia, todos nós temos um ente querido que desencarna, partindo para a Grande Viagem, de retorno à pátria espiritual.

Embora faça parte da vida, a morte ainda é um grande enigma para a maioria das criaturas, pois ainda desconhecem que o espírito continua vivo na dimensão espiritual, sem a roupagem da matéria. A morte é apenas um hiato que separa o mundo material, do mundo espiritual, a verdadeira pátria do espírito.

Alguns irmãos nossos partem em tenra idade, e para quem fica, existem sempre os porquês sem resposta, a incompreensão e a dor das perdas irreparáveis. Neste mister, o espiritismo tem função marcante para trazer consolo aos pais que ficam, aos filhos saudosos, aos parentes inconsoláveis, esclarecendo-lhes que os que partiram não desapareceram no infinito do nada; que continuam existindo em outro mundo, amando seus entes queridos que ficaram para trás, que não perderam sua personalidade, enfim, que continuam os mesmos filhos queridos, os mesmos pais extremosos, ou os mesmos parentes amados.

Compreendi as colocações do assistente. Recordei que, quando de minha partida, ainda jovem, grande era minha angústia em me comunicar com meus entes queridos. Ouvia-lhes os pensamentos de dor e incompreensão e minha vontade era dizer-lhes que eu estava vivo, que era feliz, que estava bem!

Quando aportamos no Centro Espírita dirigido por Francisco, eram exatamente vinte horas. A reunião estava se iniciando pelas preces de abertura. Constatei que, na assistência, era grande o número de encarnados esperançosos de receber uma comunicação do seu ente querido.

O ambiente estava saturado de vibrações positivas, pois os encarregados espirituais já estavam de prontidão desde as primeiras horas do dia, a fim de que o ambiente tivesse a garantia de paz e harmonia, e o intercâmbio psicográfico se processasse a contento, de forma harmônica. Notei na assistência a presença de preocupado pai, cujo filho de apenas doze anos havia desencarnado há alguns meses. Era católico, mas em desespero procurara o Centro, na esperança de receber uma mensagem que reconfortasse seu coração de pai angustiado. Em seu pensamento, pedia a Deus que não desamparasse o filho.

Interessei-me pelo caso, inquirindo Demétrius, que me informou já conhecer o caso daquele senhor.

— Este nosso irmão será atendido, Virgílio. Seu filho será um dos espíritos comunicantes do dia de hoje. A mensagem que o garoto irá lhe enviar, servirá para que o angustiado pai possa repensar numa série de atitudes em sua vida e redirecionar-se, porque se entregou ao desespero e não consegue mais ter uma vida normal.

Fiquei na expectativa da comunicação. Enquanto isto, os médiuns em sala separada procuravam entrar em sintonia com o plano espiritual, colocando-se como instrumentos de amor, a serviço do "correio" espiritual. Detive-me em Francisco, cuja sensibilidade mediúnica, de psicografia apurada, facilitava o intercâmbio. Em primeiro lugar, dizia-me Demétrius, é necessário um exercício de abnegação e esforço entre o médium e o espírito comunicante. Para que se processe com sucesso a escrita, é necessário, antes de mais nada, que os fluidos do espírito e dos médiuns guardem afinidade e simpatia. Então, os espíritos e médiuns passam por exercícios que, às vezes, demandam semanas ou meses, para que haja a sintonia adequada e as mensagens possam ser transmitidas com fidelidade, de acordo com a vontade do espírito comunicante.

Francisco apresentava-se parcialmente desligado do corpo denso, oferecendo completa passividade, em função de sua confiança na retaguarda espiritual. O primeiro comunicante aproximou-se, tomando seu braço direito, como alguém que veste as luvas nas mãos. A mão do espírito se confundia com a do médium e a escrita transcorria com extrema rapidez. Concluída a mensagem, aproximou-se o garoto, cujo pai eu havia identificado anteriormente. Nosso irmão estava extremamente emocionado pela oportunidade de enviar mensagem. Tomou o braço de Francisco e discorreu belíssima comunicação de amor filial, recordando ao pai a necessidade da confiança em Deus, para que não se detivesse em revolta nem em lamúrias, pois existiam outros "filhos" no mundo, abandonados pelas calçadas, esquecidos da sorte e que não tiveram a felicidade, como ele, de ter um pai extremoso e uma família cristã. Recordava que sua partida abrupta obedecera desígnios Divinos; que um dia o pai haveria de compreender; que transformasse a dor, as lágrimas e a incompreensão, para se entregar aos postulados do Cristo. Por fim, deixava um abraço de amor e carinho do filho que não haveria de esquecê-lo jamais.

Terminada a mensagem, nosso irmãozinho chorava emocionado. Parecia-me, à minha visão espiritual, um espírito de certa elevação, então por que se apresentava como garoto?

— Virgílio, normalmente o espírito que já tem credenciais de elevação não se demora em sua forma perispiritual da última encarnação, pois no plano espiritual cada espírito se apresenta conforme seu desejo e conquistas efetuadas, uma vez que a idade e a quantidade de existências não afeta a aparência. Desta forma, o espírito que desencarna em idade avançada não necessita apresentar-se sempre como velho, bem como a criança não permanecerá indefinidamente com aparência infantil. A mudança da respectiva aparência depende da evolução de cada um. Todavia, quando o espírito quer ser reconhecido por seus entes queridos, apresenta-se de conformidade com a lembrança que guardam dele em sua última existência. Por isso, nosso irmão ainda se apresenta com a aparência que tinha quando desencarnou. Nada impede, entretanto, que tome a forma perispiritual que lhe é própria, no momento que desejar.

Compreendi a colocação do assistente, pois, na verdade, o que importa a aparência, se já tivemos inúmeras encarnações? Sem dúvida, o espírito para identificar-se, apresenta-se como fora reconhecido em sua última existência carnal, ou alguma anterior, se necessário.

Terminara a sessão de psicografia. Inúmeras mensagens haviam sido recebidas aquela noite. Tomado de simpatia pelo garoto, aproximei-me interessado em seu caso. Seu nome era Luiz Antônio, informou-me.

Ele demonstrava muita vivacidade e desprendimento, apesar de ainda conservar forte sentimento de saudade de seus

Crepúsculo de Outono

familiares, particularmente de seu pai, com quem mantinha ligações de afinidade profunda.

— Papai é um grande amigo meu de eras passadas – esclareceu-me. – Minha reencarnação junto dele obedece a desígnios maiores, pois embora papai tenha grandes conquistas no campo da compreensão, ainda reluta em abrir seu coração para a verdadeira caridade, e servir com desapego. Tem importante missão a cumprir na seara do espiritismo cristão, com sensibilidade mediúnica que carece de burilamento, mas ele insiste em negar o compromisso assumido na espiritualidade, por preconceito contra o espiritismo. Agora, premido pela saudade de minha partida, para ele prematura, quem sabe conseguirei fazer com que se interesse pelo assunto, através de minha mensagem?

Notei que Luiz Antônio estava confiante e feliz. Aguardava ansioso que seu pai pudesse ler as palavras recebidas e, então, abrisse o coração para a caridade.

Chegou sua vez. Quando Francisco leu o nome do comunicante, o pai deu um pulo na cadeira. Tomou com sofreguidão a mensagem e começou a ler.

Todavia, conforme ia lendo, enorme descrença e decepção começou a tomar conta de seu coração. Após a leitura, em vez de alegria, apenas revolta em pensamento: "Meu filho não escreveria dessa forma. Onde se viu, aconselhar-me a praticar o espiritismo? Onde está a evidência de que realmente foi ele que escreveu? Onde as citações, de forma inequívoca, de fatos que realmente possam comprovar sua autenticidade? Não citou nem o nome de sua avó já falecida. Acho que tudo isto é um engodo. Vou-me embora".

Juntamente com Luiz Antônio, acompanhávamos a reação de seu genitor. Abracei o garoto, procurando confortá-lo, pois ficara deveras entristecido com a incompreensão do pai.

— Que pena – disse, com os olhos em lágrimas de tristeza. – Mas não vou desistir. Quando ele estiver melhor preparado, pedirei aos mentores que o levem para me visitar, e com certeza ele haverá de recordar, em forma de sonho, minha mensagem.

Demétrius informou-me que aquilo ocorria com muita freqüência.

— Os encarnados, Virgílio, desconhecem a complexidade para que se processe o intercâmbio espiritual sério: as dificuldades que têm que ser vencidas, as barreiras vibratórias, e as afinidades fluídicas que têm de ser trabalhadas. Quando se consegue, muitos desacreditam, pois esperam provas irrefutáveis, com citações de nomes, locais, datas, e às vezes até autenticidade de assinaturas são questionadas. O que fazer? O trabalho obedece a desígnios maiores; dessa forma, não pode parar, e apesar da descrença de poucos a tarefa prossegue em nome de Jesus. Não tem importância, pois aqueles que crêem no espírito e não na letra compensam todos os esforços.

Eu estava satisfeito e sensibilizado com o aprendizado. Nunca havia imaginado os cuidados que cercavam o intercâmbio mediúnico deste quilate, e o trabalho de abnegação e renúncia que envolve os trabalhadores da Seara do Mestre, tendo muitas vezes como recompensa a incompreensão.

Demétrius acompanhava meus pensamentos, concluindo:

— O candidato a discípulo de Jesus não deve esmorecer nunca com as críticas, pois ninguém atira pedras em figueira seca. As críticas gratuitas infelizmente muitas vezes partem de pessoas desequilibradas, que inconscientemente servem de instrumentos para aqueles a quem não interessa o trabalho do esclarecimento. Todavia, o médium que se propõe a trabalhar com Jesus deve estar preparado para tudo isto. O próprio Cristo sofreu com a incompreensão até dos próprios discípulos e dos familiares, que não compreendiam a envergadura de sua missão sagrada. Ele sofreu, enfim, com a ignorância daqueles que em um dia o acolheram com festas, para no outro optarem por Barrabás! O apóstolo Paulo dizia com muita propriedade: "O trabalho pertence a Jesus, portanto, não deve parar. O Mestre tem pressa do serviço bem feito".

Agradecemos a todos e partimos. O relógio registrava oito e meia da noite, quando percebi que o assistente em concentração mental recebia telepaticamente uma mensagem. Notei que ele ficara com o semblante emocionado e com lágrimas nos olhos. Olhou para mim, esclarecendo:

— Há muito tempo aguardo por este momento. É um chamamento da Irmã Clarissa, convidando-nos a ir imediatamente ao Vale das sombras para um evento que aguardo com ansiedade. Vamos, pois o tempo urge, convidou-me.

Em pouco tempo vencemos o espaço, aportando no local já meu conhecido. A luz de Maria resplandecia, cobrindo aquele vale de lágrimas, tocando nossas fibras mais íntimas da alma. Em pensamento fiz mais uma prece emocionada, pedindo amparo e proteção à Virgem Santíssima.

Clarissa nos aguardava e tão logo nos aproximamos tomou o assistente pela mão, conduzindo-o à região escura e de sofrimentos atrozes, onde já estivéramos anteriormente. Clarissa postou-se diante de uma jovem que já estava sendo assistida por trabalhadores amigos. Reconheci a moça que na visita anterior fora alvo de atenção por parte do assistente, e só então percebi que havia estreita ligação de laços de amor entre ela e Demétrius, pois, assim que ele se aproximou, todos se afastaram para que ele assumisse o trabalho que lhe competia. A jovem tinha os olhos esgazeados e balbuciava algumas palavras ininteligíveis, mas parecia-me que recuperava a razão aos poucos.

Todo o grupo recolheu-se em oração mental, irradiando luz em direção a Demétrius, que elevou os braços ao alto, para captação de energias. Meus olhos ficaram extasiados diante da maravilha que se processou no momento seguinte. Os raios de luz, provenientes de Maria, envolveram o assistente, que ficou transfigurado em irradiações luminosas. Ele parecia poderosa usina energética, irradiando luz e energia, clareando todo ambiente a nossa volta. Em seguida, direcionou suas mãos saturadas de energias em direção ao plexo coronário e à região do sentimento da jovem. Procurei concentrar minha visão para não perder os detalhes importantes do auxílio prestado. O corpo perispiritual da jovem, envolvido até então em escura aura, transmutou-se. Semelhante a placas de sujeira, foram se desprendendo uma a uma, até que pequena luminosidade começou a transparecer de seu cérebro etéreo, de dentro para fora. Observei que tanto a epífise quanto a hipófise iniciavam suas atividades e funções de cunho energético e espiritual. A jovem parecia neste instante ter tomado consciência e seus olhos demonstravam lucidez. Como alguém que acorda após longo tempo de adormecimento, demorou alguns minutos para localizar-se, período que nos cercou de ansiedade e expectativa. De repente olhou demoradamente para o assistente e gritou emocionada:

— Papai, é o senhor que veio me ajudar? Por favor, me leve daqui e me faça esquecer as dores do passado! – exclamou a jovem em prantos.

O assistente, tomado de emoção, não conseguia articular nenhuma palavra. Abraçou-a em lágrimas, apertando-a de encontro ao peito, que emitia luzes de amor sublimado, envolvendo a filha querida. Percebi que grande drama envolvia aqueles corações amados, de alguma época do passado. A emoção do reencontro também representava para nós um quadro de rara beleza, de forma que todos estávamos em lágrimas.

Em meu pensamento, pontilhei que realmente o amor, em sua forma mais sublime, era a mola que movia o universo. Tudo é transitório, apenas ele é eterno. Deus é amor infinito, e, por este sentimento, permitiu que Jesus, o Divino Amigo viesse até nós, para fundar um reino de amor. Se todas as criaturas pudessem compreender e sentir o significado disto, o mundo seria diferente.

A tarefa estava concluída naqueles palcos. Um dos trabalhadores informou-me, à guisa de esclarecimento, que Aline era uma alma cara aos sentimentos do assistente; seus laços de afinidade remontavam diversas encarnações e séculos de lutas.

Enquanto a caravana se afastava, Demétrius mantinha-se ao lado da filha, segurando sua destra com desvelo e amor paternal. Imaginei o drama e o sofrimento que o assistente vivera; o tempo que esperou para que finalmente pudesse recuperar sua filha do coração. Em sinal de respeito, procurei não questionar a história, pois certamente, no momento oportuno, Demétrius haveria de elucidar.

Afastamo-nos daquela região escura e de sofrimento. Enquanto a caravana se afastava em direção ao pronto-socorro, despedi-me de todos. Precisava de alguns momentos de silêncio e meditação.

Do alto, observava a região do Vale das sombras. Quantas criaturas ainda lá se encontravam, purgando os erros do passado? Quantas almas queridas, quantos dramas, quantas histórias comoventes? Imaginei que realmente Deus, o Senhor absoluto do tempo, é bondade e misericórdia. Por mais erros que possamos cometer, não estaremos condenados ao sofrimento eterno. Para cada um existe o tempo certo, de semear e de colher. Se semeamos bons frutos, a colheita é farta; se semeamos espinhos, iremos colher os acúleos que em nossa invigilância espalhamos. Nas Leis Divinas, não existem privilégios nem castigos, pois Jesus nos alertou que cada um receberia de acordo com suas obras. Portanto, quem erra tem a necessidade da devida reparação, para que o equilíbrio seja adequadamente restabelecido. O tempo? Deus é eterno e aguarda pacientemente que cada um de nós desperte para a prática do amor. O homem inteligente procura viver em harmonia, amando, perdoando, servindo sem apego, amparando, compreendendo, lapidando suas tendências negativas; desta forma, poupa para si mesmo os sofrimentos que se fazem necessários na reparação de nossas faltas clamorosas.

Enquanto, em baixo, densas nuvens negras dominavam o ambiente umbralino, acima, admiráveis mundos luminosos seguiam seu giro incessante no espaço, a nos dizer que o Reino de Deus é Amor, Alegria, Equilíbrio e Paz. Com o coração emocionado, proferi sentida prece de agradecimento ao Pai por todas as bênçãos recebidas naquele dia, e pela graça da oportunidade de trabalhar em Seu Santo Nome. Recordei João Batista que dissera a Jesus: "Senhor, não sou digno de tirar o pó de suas sandálias, e vem a mim?".

Sim Pai, pensei, eu também não sou digno de ser chamado de seu discípulo, mas faça de mim um instrumento de Sua paz.

Amargas lembranças

Nos dias subseqüentes, notei que o assistente se apresentava radiante. Aline fora transferida para o nosso pronto-socorro e diariamente, após a conclusão das tarefas rotineiras, Demétrius visitava a filha que aos poucos ia adquirindo melhor compreensão dos fatos. Notei que a assistência de Otávio se fazia muito intensa no atendimento da Ala do Reajuste Materno. O filho de Petrônio demonstrava elevado conhecimento espiritual que, aliado à Medicina, permitia ao médico em pouco tempo tornar-se precioso colaborador de Demétrius, na assistência às mães desesperadas.

Já havia transcorrido três meses da concepção de Aprígio. Naquela noite, o assistente informou-me que iríamos fazer uma visita ao nosso irmão, para acompanharmos a evolução da gravidez de Lucimar.

Quando aportamos à residência de Augusto, já eram duas horas da madrugada. O lar do médico apresentava-se envolto em vibrações suaves e harmônicas, o que garantia ambiente de paz e tranqüilidade para o reencarnante, além da presença amiga de Amâncio, que nos recebeu respeitosamente. O corpo físico de Lucimar repousava, enquanto a futura mamãe, em espírito, era levada ao nosso plano, onde recebia treinamento e era preparada para a gestação.

Com um gesto, o assistente convidou-me a auscultar o bebê, que, confiante, dormia placidamente embalado pelas vibrações de amor que eram exteriorizadas pelos pensamentos harmônicos e alegres, tanto de Carlinhos como de Lucimar. Por guardarem afinidades sagradas, Aprígio era aguardado com grande expectativa e amor naquele seio materno.

Ao atingir o diapasão de suas ondas mentais, percebi que o bebê, embora adormecido, estava intimamente ungido ao espírito materno pelos laços fluídicos que tinham origem na placenta, ligando-se diretamente ao corpo perispiritual materno. No local onde se encontrava, Lucimar visitava jardins floridos, enquanto eram ministradas lições preparatórias para ela, juntamente com outras candidatas à maternidade. Extasiada, ela transmitia em pensamento sua alegria ao filho, que registrava as impressões em sua mente etérea. Embora ainda não tivesse os contornos do corpo físico bem delineados, percebi que a estreita ligação entre mãe e filho provocava indizível bem estar espiritual em Aprígio, que em pensamento sorria confiante, experimentando grande alegria íntima. Não pude deixar de me comover com aquele quadro de amor tão profundo e singelo. O assistente sorriu, abraçando-me.

— Percebeu, Virgílio, as íntimas e sagradas ligações da maternidade entre mãe e filho? Quando os pais recebem com amor e carinho aqueles que Deus lhes confiou, podem começar a tecer para o nascituro, desde o princípio da gravidez, um futuro radioso de amor e confiança. Mesmo no estado embrionário, a criança registra em sua memória espiritual os pensamentos de carinho ou rejeição. Sente-se feliz ou sofre por antecipação as angústias dos eventuais problemas domésticos do casal, e pressente a possibilidade do aborto. Se os pais tivessem consciência da sublimidade desta ligação entre espírito reencarnante e seus genitores, temos certeza de que ninguém jamais seria capaz de cometer a barbárie do aborto, expulsando um ser indefeso que espera carinho e proteção daqueles que deveriam acolhê-lo como filho, e acabam tornando-se seus próprios algozes.

Sim, havia entendido a grandeza e a sabedoria de Deus no processo da Criação. Tudo era perfeito e obedecia a desígnios santos da bondade infinita do Pai, que permite o milagre da vida como bênçãos para uma humanidade que ainda não compreendeu o porquê da continuidade da vida e da perpetuação da espécie. Observava que Deus em sua grandeza e misericórdia infinita faculta ao ser humano possibilidades ilimitadas e maravilhosas, no intercâmbio entre criatura e Criador, soprando-lhe a vida e insuflando-lhe novas oportunidades que ainda não sabemos valorizar. Ele permite que sempre surja uma nova existência, nas feições dos filhos queridos que embalamos nos braços, da mesma forma que sempre surge um novo dia, com o sol brilhando e oferecendo oportunidades renovadas de trabalho e reajuste. Até quando o ser humano, que representa o ápice da criação, continuará destruindo, sem sensibilidade, a própria criação de Deus? Realmente é difícil entender o ser humano que recebeu o Evangelho do Cristo, há dois mil anos atrás, mas que ainda não atingiu o amor a Deus sobre todas as coisas e de todo o entendimento, e ao próximo como a si mesmo. Não é esta a primeira Lei e a mais importante que Jesus recomendou?

    O assistente fizera silêncio aguardando que eu pudesse colocar em ordem meus pensamentos. Eu estava feliz e sensibilizado pela oportunidade maravilhosa do reencarne de Aprígio. Uma aparente fatalidade determinou seu desencarne, de forma violenta, e agora, pelas bênçãos divinas, aquele que de forma involuntária provocara sua partida abrupta, recebia-o nos braços, na condição de avô. Sem dúvida, deveria haver ligações de um passado distante, que permitiriam, através de um esclarecimento adequado, justificar e propiciar um entendimento sobre essa intrincada teia de elos. Era ela que ligava os personagens deste quadro, não se tratando simplesmente de uma história, ou tragédia teatral, mas de dura experiência no palco da vida.

Acompanhando o turbilhão de meus pensamentos, o assistente sorriu-me, dizendo:

— Você tem toda razão. Na vida, não existe o acaso. Existe sempre uma razão lógica para todos os acontecimentos. Muitas vezes duvidamos até da bondade divina, pois desconhecemos nosso passado de erros clamorosos, uma vez que pela bondade e misericórdia de Deus cada um de nós, quando retorna à vida material, recebe a bênção do esquecimento providencial. Mas sem sombra de dúvida, cada um de nós já errou muito no passado, e, com certeza, ainda haverá de errar outro tanto. O mais importante é que tenhamos já um mínimo de entendimento do Evangelho e consciência de nossas imperfeições, tudo aliado ao desejo sincero de melhorar, começando pelo primeiro ensinamento do Cristo, que é o Amor a Deus e ao próximo. Todavia, muitos de nós começamos falhando dentro do próprio lar, em cujo palco recebemos como filhos, esposas ou maridos, os nossos amigos e inimigos do passado, com o sagrado dever de nos reconciliar. Muitas vezes nem damos esta oportunidade, se houver a prática do aborto; outras vezes, fazemos do nosso lar, que deveria ser um santuário de paz e harmonia, um inferno e um campo de batalha. Falta-nos a caridade com o próximo "mais próximo", que são nossos familiares queridos. Falta-nos a tolerância e a paciência; nós nos irritamos e freqüentemente criamos um ambiente de antagonismos, quando deveríamos estar cultivando o amor e a tolerância.

O silêncio se fez mais prolongado, enquanto eu aguardava respeitosamente que Demétrius continuasse sua explanação. O assistente fechou os olhos por alguns instantes, evocando possivelmente lembranças de um pretérito distante. Percebi que duas lágrimas lhes rolaram pelas faces, dada a emoção que aquela evocação deveria trazer ao coração sensível do mentor querido. Por fim continuou:

— A vida é um livro que vamos escrevendo a cada passo, palavra por palavra, vírgula por vírgula. Cada dia é uma página que viramos. Cada lição é um aprendizado, cada conquista, um capítulo que vamos compondo e deixando registrado em nossa existência. As lembranças amigas e agradáveis trazem-nos suaves recordações e saudades de momentos inesquecíveis em nossa memória. Todavia, existem outros acontecimentos que gostaríamos fossem apagados de nosso livro; que fossem banidos de nossa lembrança, para sempre, qual folha de outono, soprada pela fúria dos ventos. Entretanto, apenas conseguimos apagar as tristes recordações, quando nos propomos ao reajuste devido, ressarcindo àqueles a quem prejudicamos no passado, fazendo-os amigos queridos de nosso coração. Apenas o amor pode apagar as tristes lembranças que deixamos para trás e, por esta razão, o Pai Misericordioso permite que possamos reencarnar tantas vezes para retomarmos as lições que negligenciamos, para reaprender a amar e perdoar. Voltamos à matéria pela reencarnação, tantas vezes quanto se fizer necessário para o reajuste e o retorno do equilíbrio, daquilo que desequilibramos em nossa invigilância de alhures.

Ah, Virgílio, existem acontecimentos que nem com o passar do tempo o espírito eterno consegue se esquecer. Assim como o planeta Vênus em seu periélio apresenta brilho inesquecível, eu jamais poderei esquecer aquele final do século XVIII na França de meus sonhos e de meus pecados. Éramos jovens, felizes apesar do período conturbado e da surda luta das classes menos favorecidas, do povo faminto e miserável contra a abastança da nobreza, que ignorava os anseios do povo que clamava por mudanças.

O assistente fez silêncio por alguns segundos, com os olhos fechados para melhor recordar os acontecimentos tão longínquos e ao mesmo tempo tão marcantes. Por fim, olhando-me com os olhos rasos d'água, continuou:

— Aquele grupo de jovens, com pouco mais de dezoito anos, vivia feliz e despreocupado, apesar das pesadas nuvens negras que rondavam os horizontes parisienses. Insurgia-se o povo contra o reinado de Luiz XVI e Maria Antonieta. A insegurança e o medo eram uma constante, mas François, Charles, Antoine, Louise e Jacqueline desconheciam o perigo, para viverem as alegrias e os folguedos próprios da juventude, que em tudo vê a beleza e o sorriso tão peculiares aos corações apaixonados.

Embora fossem filhos de famílias nobres, viviam alheios aos perigos e às armadilhas da política, freqüentavam os palácios e ambientes em que o poder era disputado de forma cruel e impiedosa. As intrigas palacianas e o jogo do poder ainda não haviam corrompido aqueles corações que permaneciam imunes ao jogo dos interesses sujos da política inescrupulosa.

François era irmão de Jacqueline, que era apaixonada por Charles. François morria de amores por Louise, que era irmã de Antoine. Acima de tudo, eram amigos de folguedos e preservavam aquela amizade como algo sagrado e intocável. Entretanto, o veneno do ciúme começou a se transformar em um abismo de ódio e desejos de vingança, uma vez que Antoine era apaixonado por Jacqueline, a ponto de renunciar seu amor em favor do amigo, quando descobriu que Charles abusara da inocência de sua amada.

Era um domingo radioso naquele mês de maio de 1788. Jacqueline mandara um bilhete a Antoine, dizendo que pre-

Crepúsculo de Outono

cisava encontrá-lo no jardim da praça de Versalhes. O rapaz nutria sentimentos de amor profundo pela jovem, sabendo que não era correspondido, pois ela entregara seus encantos de donzela a Charles; mas ao receber o bilhete, sentiu seu coração pulsar de emoção e esperança, alimentando a expectativa de, quem sabe, aproximar-se de sua amada em momento tão difícil.

Pacientemente aguardou no banco da praça, distraído com o movimento das carruagens e as inocentes brincadeiras das crianças, que se divertiam com a luz do sol generoso naquele dia.

Não demorou muito sua espera. De repente viu Jacqueline que se aproximava. Sentiu seu coração pulsar descompassado dentro do peito, pela emoção que lhe despertava a presença de sua amada. Jacqueline aproximou-se, abraçou Antoine soluçando. No primeiro instante o rapaz não sabia o que fazer, sentindo-se desconcertado pela atitude inesperada da moça. Com carinho, beijou-a na face respeitosamente, acomodando-a em seguida em um dos bancos. Esperou pacientemente que se acalmasse, acariciando seus cabelos e enxugando suas lágrimas. A moça estava desesperada. O que teria acontecido? – pensou Antoine.

Aos poucos, Jacqueline se recompôs. Já mais calma, disse que o considerava mais que um amigo, um irmão, e por esta razão ele era a pessoa que poderia compreendê-la e aconselhá-la em momento tão delicado.

— Jacqueline, conhece o meu apreço por você. O que puder fazer para ampará-la, conte comigo. Como você mesmo disse, sou mais que um amigo, sou um irmão – disse o rapaz, abraçando-a carinhosamente.

— Foi por isto mesmo que o procurei, Antoine. Infelizmente não posso confiar nem em meu irmão François, pois ele seria capaz de matar Charles.

— Então me fale, quero ajudá-la de todo meu coração, Jacqueline. Conte comigo; percebo que algo grave deve ter acontecido entre você e Charles.

— Ah, Antoine. Você é muito bom – respondeu a moça com os olhos rasos d'água. Como já é do seu conhecimento, sempre fui apaixonada por Charles e daria minha vida por ele, se preciso. Mas infelizmente fui traída em meus sentimentos mais sagrados. Como pode? Um amigo de infância, amigo de minha família e de meu irmão?

Jacqueline relatou o que ocorrera. Já namoravam há algum tempo, inclusive com o conhecimento de François, seu irmão. Entretanto, o que ninguém sabia é que eles tinham encontros às escondidas em belíssimo bosque, não longe da cidade; o local passou a ser o ponto dos encontros furtivos dos jovens. Charles era bem mais velho que Jacqueline e, aos poucos, venceu sua resistência, com promessas de noivado e casamento. A moça aos poucos entregou-se na doce ilusão da paixão tórrida que os devorava. Os dias e os meses foram se sucedendo, de forma que um dia Jacqueline percebeu pequenas alterações em seu corpo, bem como notou a ausência do ciclo menstrual. Os enjôos passaram a ser uma constante. Uma das damas de companhia logo percebeu o que acontecia: estava grávida. Procurou Charles contando o acontecido, mas o namorado mostrou uma face até então desconhecida para Jacqueline. Primeiramente negou sua responsabilidade. Ela que se virasse com a gravidez. Em seguida, insistiu para que abortasse. O desencanto da jovem foi grande, pela incompreensão e pela frieza com que o assunto era encarado pelo namorado. Depois disso, o relacionamento deteriorou completamente. Charles a evitava de forma ostensiva, passando a namorar outra moça da corte. O volume abdominal crescia a olhos vistos e logo teria problemas a explicar em casa, de forma que Jacqueline, sem saber o que fazer, entre-

Crepúsculo de Outono

gou-se ao desespero, pensando inclusive em suicídio, quando se lembrou do amigo de sempre, Antoine.

O rapaz ouvira tudo penalizado. Para ele não importava, casar-se-ia com Jacqueline, assumiria a criança dando um nome para ela, mas não teve coragem de dizer à moça. Abraçou-a, oferecendo proteção e carinho. Por fim respondeu:

— Jacqueline, em nome de nossa amizade, vou procurar Charles. Deixe comigo este assunto; vou cuidar como se fora para minha própria irmã.

A moça deixou-se conduzir docilmente por Antoine. Confiava no amigo e com certeza faria o que fosse melhor. Nos dias que se seguiram, Antoine tentou infrutiferamente uma conversa séria com o amigo. Debalde, pois Charles já previa qual era o teor da conversa e se esquivava. Dessa forma, transcorreram duas semanas, até que um dia não teve como fugir: Antoine o encontrou no meio da rua. Questionado pelo amigo, Charles foi grosseiro e sarcástico:

— Já sei o que deseja, Antoine. Pensa que não sei que é apaixonado por Jacqueline? Pois salve a situação complicada em que sua amada se meteu, case-se com ela. Irá resolver três problemas de uma só vez: dará um pai para a criança, um marido para Jacqueline e será feliz, pois terá enfim sua amada em seus braços eternamente agradecida.

Dizendo isto, virou as costas, dando por encerrada aquela conversa. Antoine não resistiu. Puxou o amigo pelos ombros, e, quando este se virou, deferiu violento murro em seu rosto. Charles estatelou-se no meio da rua. Ato contínuo, levantou-se puxando a espada:

— Minha vontade, Antoine, é matá-lo agora mesmo. Mas vou esquecer este incidente por conta de nossa amizade, que fica sepultada neste momento para sempre. Esqueça que um dia fomos amigos! E peça para Jacqueline esquecer-me também.

— Aproveita que estou desarmado, Charles, pois se estivesse com minha espada, agora mesmo passaríamos este episódio a limpo. Como pude dedicar minha amizade a alguém tão baixo como você. Tem toda razão, esqueça que um dia fomos amigos, e cuide-se, porque se um dia cruzar novamente meu caminho, acertaremos nossas contas – respondeu Antoine irritado.

Charles retirou-se limpando o canto da boca, por onde escorria pequeno filete de sangue, e Antoine ficou parado no meio da rua, observado por transeuntes sequiosos para que houvesse mais sangue. Retornou para casa preocupado. Como iria dar uma resposta a Jacqueline? Charles declarara em alto e bom tom que jamais assumiria aquela criança. O que fazer? Sem saber que atitude tomar, protelou por mais alguns dias a conversa com a moça. Todavia, ela estava desesperada e endereçou novo bilhete marcando encontro no mesmo local anterior.

Quando reviu Jacqueline, Antoine ficou preocupado. A moça engordara sensivelmente e apresentava o corpo volumoso; praticamente não mais teria condições de continuar escondendo aquela gravidez. Abraçada ao amigo, a jovem chorava sua desventura. Antoine procurava amenizar o resultado de sua conversa com Charles, mas a moça exibiu um bilhete recebido por ela, no qual Charles, em poucas mas duras palavras, dizia-lhe que não contasse com ele para nada, estava disposto apenas a contribuir monetariamente com o aborto, se ela assim o desejasse.

Antoine não mais soube o que dizer. Apertou-a de encontro ao peito amoroso. Gostaria de dizer-lhe que ofereceria o seu amor, que lhe daria abrigo e um nome para o filho, que ela não se preocupasse. Criou coragem e por fim, de forma patética, pediu-a em casamento. Sim, estava disposto a casar-se com ela, se o aceitasse.

Jacqueline olhou demoradamente para Antoine, no fundo dos olhos, e respondeu comovida:

Crepúsculo de Outono

— Isto eu nunca poderia aceitar. Em outra situação que não esta, eu me sentiria lisonjeada com sua proposta, mas não posso aceitar seu sacrifício. Sempre fomos amigos desde a infância e não é justo que, agora, para salvar-me desta situação, você assuma toda responsabilidade. Não, meu amigo – continuou ela, dando-lhe um beijo carinhoso na face –, não posso aceitar.

Após estas palavras, afastou-se cabisbaixa. Antoine, compungido, viu sua amada afastando-se com o sentimento de perda irreparável no coração. Sentiu ímpetos de ir atrás, ajoelhar-se aos seus pés e implorar que aceitasse seu amor, mas não o fez, temendo ser rejeitado mais uma vez e fazer um papel ridículo diante da pessoa amada.

Passaram-se alguns dias mais. Aquele acontecimento marcou para sempre a vida daqueles jovens. Louise e François assumiram sua paixão e começaram a namorar, de forma que o grupo acabou se desfazendo e, em sua solidão, Antoine sentia-se infeliz e angustiado pois temia pelo desfecho do problema de Jacqueline. Uma manhã acordou sobressaltado; Louise, sua irmã, o chamava desesperada.

— Antoine, acorde, aconteceu uma tragédia! – dizia a irmã em prantos.

— Que aconteceu, Louise?

— É Jacqueline. François mandou um mensageiro dizendo que a encontraram morta hoje de manhã!

Antoine saltou da cama sobressaltado. Meu Deus, pensou, a pobrezinha não resistiu a angústia e deve ter suicidado.

Quando lá chegaram, tomaram conhecimento da extensão da tragédia. Jacqueline provavelmente escrevera alguma carta para Charles e este, em resposta, mandara um bilhete lacônico, informando que ela fizesse o aborto, pois ele não queria saber de complicações. A irmã de François, em desespero de causa, apanhou uma taça de vinho e misturou grande dose de potente veneno, tomando em seguida. Na manhã seguinte, estranhando a demora, a criada entrou em seu quarto e a encontrou morta. A família se entregou ao desespero ao tomar conhecimento do drama de Jacqueline e da atitude de Charles. François jurou vingança.

Jacqueline foi enterrada e desnecessário é dizer da dor que ficou em toda família. Nada disseram a respeito de Charles, mas, na primeira oportunidade em que François o encontrou, esbofeteou-o em público, desafiando-o para um duelo, para lavar a honra de sua irmã. A data foi marcada para uma segunda-feira de manhã. As armas escolhidas foram pistolas, com capacidade de apenas um tiro. Antoine foi escolhido para ser o padrinho de François, servindo também como testemunha do duelo.

Naquela segunda-feira, as estrelas ainda brilhavam no céu quando Antoine se levantou. Vestiu-se rapidamente e partiu em demanda da residência de François, que já o esperava junto ao portão da estalagem. O horizonte tingia-se de rubro com o fulgor do sol, apagando o brilho das estrelas, quando chegaram ao bosque onde se daria o encontro fatídico. Charles já os esperava com seu padrinho, juntamente com uma autoridade que mediava aquele tipo de conflito, trazendo as armas que deveriam ser examinadas pelos contendores. Os primeiros raios do sol filtravam por entre as ramagens e, juntamente com os trinados dos pássaros, prenunciava um dia de muita alegria, contrastando com o ambiente soturno que reinava entre aquele grupo. François estava com as maças do rosto vermelhas, fitando seu ex-amigo com ódio mortal, enquanto Charles apresentava no rosto palidez de cera, com a testa suarenta de nervosismo.

Examinaram as armas e cada um escolheu a sua, observados pelos padrinhos e pelo juiz da pugna. Deram-se as costas e contaram dez passos. Viraram-se ao mesmo tempo. François mirou cuidadosamente, mas antes de atirar disse:

Crepúsculo de Outono

— Charles, não vou carregar em minha consciência o peso de sua morte, mesmo porque acho que você não vale a pena.

Dizendo isto, para surpresa geral, virou a pistola para o lado atirando sobre o tronco de uma árvore próxima.

Todos ficaram atônitos, inclusive Charles, que com um sorriso sarcástico retrucou:

— O problema é seu, pois não me importo de carregar em minha consciência a sua morte.

Dizendo isto, disparou tiro certeiro, que atingiu François no coração. O rapaz debruçou sobre o próprio corpo, caindo lentamente ao chão. Antoine correu para socorrer o amigo que agonizava.

— Antoine, diga à Louise que a amo e sempre a amarei. Este duelo foi uma idéia infeliz de vingança, para remediar um mal irremediável, mas está feito. Parto com a certeza de que...

Não concluiu, pois exalou o último suspiro, fechando os olhos para nunca mais. Em prantos, Antoine chamava pelo amigo, quando Charles se aproximou querendo justificar-se:

— Vocês todos são testemunhas. Ele teve chance de atirar e, se não o fez, é porque não quis. Afinal era um duelo e simplesmente eu exerci meu direito. Vocês são testemunhas – repetiu.

Antoine levantou-se e, sem raciocinar, desembainhou sua espada, com ódio mortal estampado nos olhos. A lamina fendeu o ar como um raio e numa fração de segundo penetrou fundo no peito de Charles, que nem teve tempo de esboçar qualquer reação, tombando morto por fulminante golpe.

A tragédia estava consumada. O grupo retornou à cidade com dois corpos para um triste funeral.

O tempo passou. Antoine casou-se com bela moça chamada Marie, filha de família de amigos, mas jamais se esqueceu de seu verdadeiro amor. Louise entregou-se à vida eclesiástica, buscando na clausura e na oração o esquecimento de sua desventura.

Veio a queda da Bastilha, a prisão e a decapitação de Maria Antonieta e Luiz XVI. Com a revolução, uma nova ordem se instalou na França, de forma que Antoine se mudou para o campo, distante de todo aquele torvelinho, em busca de isolamento e paz. Todavia, descobriu que Charles tivera outra paixão, com uma moça chamada Sophie e que deixara um filho chamado Pierre. Dominado pelo ódio, não se importou em gastar dinheiro para mover insidiosa perseguição à moça e ao filho de Charles. Sophie foi presa, vindo a falecer alguns anos mais tarde nos sombrios calabouços das masmorras parisienses, sobre falsa acusação, e o menino perdeu-se pela vida. Ninguém jamais teve notícias de seu paradeiro.

O tempo foi passando lento e inexorável. Marie era uma boa mulher e deu-lhe uma linda filha, que se chamou Anelise. Mas Antoine nunca pudera esquecer seu grande amor do passado e, por esta razão, não dava a atenção que Marie esperava na qualidade de esposa. Quantas vezes Antoine passava semanas em viagem a Paris e outras cidades, como que para fugir de casa. Seu único consolo era a filha. Anelise era a razão dos seus dias.

Antoine acabou partindo para a espiritualidade com pouco mais de cinqüenta anos, em virtude de um acidente banal. Num dos passeios pelos campos, dirigiu-se a uma perigosa trilha em desfiladeiro íngreme, onde, não se sabe por que razão, caiu do cavalo batendo a cabeça em uma pedra. Foi encontrado morto já quase à noite por um dos empregados que passava pelo local.

Dez anos depois de seu desencarne e após sofrimentos atrozes em regiões sombrias do umbral, Antoine finalmente foi resgatado por François, que era o mais espiritualizado do grupo. Foi então informado que Jacqueline ainda sofria no vale das sombras, pelo suicídio, seguido da morte de seu filho, que

Crepúsculo de Outono

foi conseqüência de sua própria morte. Charles encontrava-se em sofrimento, em regiões purgatoriais, e também ainda não apresentava condições de auxílio; apresentava-se movido por intenso ódio contra Antoine, que, além de tirar-lhe a vida, aniquilara com a vida de Sophie e de seu filho Pierre, que crescera abandonado e sem ninguém. Via com tristeza Pierre sofrer pela vida e passara a obsediar Antoine, fazendo-o infeliz no casamento e nos negócios, até o dia em que, naquele passeio a cavalo, envolveu o inimigo em tão densos fluidos, que Antoine foi tomado por forte tontura, tombando do animal, batendo a cabeça em uma pedra, encontrando assim seu fim naquela existência.

Após sua libertação, Antoine compreendera o porquê de muitas coisas. Arrependera-se às lágrimas pelos erros cometidos, pois nem Sophie nem Pierre tinham culpa dos desmandos de Charles. Foi esclarecido por François que eles eram espíritos com compromissos de pretérito distante, desde a Grécia Antiga e Roma. Haviam se reencontrado para o resgate de faltas de vidas passadas, mas tudo se precipitou pela gravidez indesejada de Jacqueline e pela recusa de Charles. Antoine desejava encontrar seus desafetos, pedir-lhes perdão e reparar o mal praticado, mas, para isto, ainda era necessário dar tempo ao tempo.

Passaram-se mais de dez anos, quando finalmente Jacqueline foi resgatada. Mais cinco anos se passaram e foi a vez de Charles. Neste ínterim, aportou também no plano espiritual Louise, que desencarnara com idade bastante avançada. O grupo foi reunido sob os auspícios da espiritualidade superior, com o objetivo das devidas reparações. Charles apresentava-se arrependido e em lágrimas pedia perdão. Desejava reparar o mal praticado. Prepararam-se por mais de vinte anos no plano espiritual, aguardando o momento oportuno para nova experiência. Por fim, apresentando-se a ocasião propícia, ei-los novamente reencarnados para novo reajuste, desta vez tendo como palco o Brasil-colônia.

Corria o ano de 1850. Belíssimas fazendas canavieiras povoavam a estrada tropeira que vinha do Rio de Janeiro para São Paulo. Duas fazendas faziam divisa em região perto dos limites do Estado do Rio com São Paulo e eram exemplo de prosperidade. Longas plantações de cana-de-açúcar e café, que começava ser coqueluche da cultura na região. O trabalho escravo era intenso e os grandes engenhos eram o exemplo da riqueza e justificavam o orgulho de seus proprietários que enriqueciam, em detrimento do trabalho escravo e da subjugação dos irmãos trazidos da África.

A fazenda São Manoel estava em festa naquele dia. Senhor Bernardes esperava a vinda dos filhos que estudavam no Rio de Janeiro. Antoine[7] havia-se formado em Engenharia e François em Medicina. Louise estava feliz com a vinda dos irmãos. Esperava com ansiedade para que soubessem de seu noivado com Charles, filho do fazendeiro vizinho. A alegria do velho Bernardes era tanta, que estendeu o dia de folga a todos os escravos, para que pudessem participar de tamanha felicidade. Louise esperava ansiosa de braços dados com seu noivo Charles, que também era amigo de infância. Só que Charles não quisera estudar, preferindo ficar na lavoura, ajudando o pai na administração.

Quando perceberam a nuvem de pó anunciando a chegada da carruagem, começou a música e a festa. Ao parar o veículo, os rapazes desceram alegres, com abraços efusivos. Tanto Antoine como François abraçaram Louise e Charles; era uma amizade de longa data e os rapazes se queriam bem. Por fim, Antoine anunciou aos familiares que tinha uma surpresa:

---

(7) Foram mantidos os mesmos nomes para facilidade de entendimento do leitor. NAE

Crepúsculo de Outono

— Pessoal, gostaria que os senhores conhecessem minha noiva, Jacqueline, que mora no Rio de Janeiro. Eu a trouxe, juntamente com sua mãe, e gostaria que fossem bem recebidas. Nós nos amamos muito, e em breve pretendemos nos casar. Como engenheiro formado, planejo após o casamento residir no Rio para que possa exercer minha profissão a serviço das grandes obras em andamento no Império.

Os pais de Antoine exultaram de felicidade. Principalmente pelas informações recebidas, que a moça era de boa família, e principalmente por seu pai ser rico comerciante, com muita influência na corte do imperador.

Jacqueline era linda; um sorriso meigo e maneiras graciosas, a todos encantou de imediato. Entretanto, tão logo pôs os pés para fora da carruagem, Charles sentiu seu coração disparar de emoção. Sentiu-se fortemente atraído pela moça, tendo que fazer grande esforço para não se trair. Por onde Jacqueline ia, abraçada a Antoine, Charles não conseguia desviar seu olhar da moça.

O fato não passou despercebido de Louise, que se sentiu ultrajada pela atitude do noivo. Esperou momento oportuno e, aborrecida, pediu-lhe que respeitasse seu irmão, e tivesse um pouco mais de compostura. Repreendido, Charles ficou esquivo por ter sido descoberto em seus pensamentos inconfessáveis. Afastou-se um pouco do grupo e não participava da alegria, quando no final da tarde começaram a dança. Antoine e François trouxeram o amigo para perto, estranhando que ele e Louise não estivessem juntos.

Charles ficou feliz com o alvitre, pois a pretexto da dança do chapéu acabou dançando com Jacqueline. Foram breves instantes, mas o rapaz sentia-se tomado de intensa paixão. Olhou fundo nos olhos da moça, que estremeceu em seus braços. Jacqueline como que recordando uma paixão do passado também sentiu-se atraída por aquele rapaz rude, mas de beleza extraordinária. Naquele instante, a moça percebeu que aquele era o homem de sua vida e que o casamento com Antoine seria um grande erro. Louise procurou manter segredo para não estragar a festa e a felicidade de seu irmão, mas percebeu de imediato que Charles não mais lhe pertencia em seus sentimentos. Terminada a festa, todos se recolheram e Charles retornou para sua fazenda. Jacqueline não saía de seus pensamentos, tornando-se uma obsessão. O rapaz começou a fazer seus planos para terminar o noivado com a irmã de seus amigos de forma amigável e civilizada, e conquistar a noiva de Antoine. No dia seguinte, não resistia de anseios de voltar a ver sua amada. Arreou o cavalo e dirigiu-se à fazenda dos Bernardes. Estavam à hora do almoço, de forma que foi convidado para a refeição, que aceitou com prazer.

Entre uma conversa e outra, seu olhar se cruzava com o de Jacqueline, que parecia corresponder ao seu afeto, fato que não escapava de Louise que, ofendida, já havia tomado uma decisão: tão logo pudesse conversar, iria desfazer o noivado com Charles, o que de fato aconteceu.

Entretanto, o rapaz implorara a Louise que a amizade fosse preservada, em nome das famílias e do afeto que sentia pelos seus irmãos.

Um mês se passou e Charles sentia-se perdidamente apaixonado por Jacqueline. O que fazer? Percebia que a moça também correspondia aos seus sentimentos e isto o encorajava. Precisava encontrar uma saída para seu problema. Tinha que afastar Antoine, para que o caminho ficasse livre e, enfim, ele pudesse ter em seus braços a mulher de seus sonhos. Mas fazer o quê? Tinha acima de tudo que manter as aparências, mas para ele ficava cada vez mais difícil. Às vezes tinha ímpetos de raptar a moça e tomá-la para si.

Entretanto, em determinada ocasião, apareceu a oportunidade que tanto esperava. Participava de mais um almoço

Crepúsculo de Outono

na casa dos Bernardes, naquele domingo. Terminada a refeição, conversava animadamente com os irmãos que planejavam uma caçada para o dia seguinte, em mata próxima, onde havia muitos bichos e pássaros. Convidaram Charles, que agradeceu o convite, alegando compromisso de trabalho já assumido com seu pai. Todavia, o rapaz já arquitetava sinistro plano.

No dia seguinte, seguido por um mateiro chamado Sebastião, embrenharam-se na mata. François e Antoine estavam com camisas iguais, diferenciando apenas no chapéu. Seguindo a orientação do guia, chegaram à uma clareira, onde havia uma palhada que servia como seva aos animais selvagens. De vez em quando, Sebastião levava espigas de milho e jogava no meio da clareira, de forma que os animais e pombas vinham comer e, com o tempo, acostumavam-se. Toda vez que fosse jogada outra quantidade de alimento, eles vinham, sem ter noção do perigo; aquele objetivo era a caçada.

Antoine postou-se sobre uma árvore ao lado da clareira, local privilegiado para atirar. François aboletou-se em outro ponto que também lhe permitisse ampla visão do local e facilidade de tiro, enquanto Sebastião também se arrumou como pôde em outra árvore.

Quando surgiram os primeiros animais, os tiros troaram simultâneos no silêncio sagrado da mata, reboando na distância o eco melancólico da morte. Quando os animais restantes fugiram, Antoine e Sebastião desceram para apanhar a caça abatida, percebendo que François estava caído ao lado da árvore. Antoine sentiu aguda dor em seu coração. Aproximando-se do irmão, percebeu que recebera um tiro no peito. Estava morto. O desespero bateu em sua alma, como que recordando a tragédia anteriormente vivida. Como poderia ter acontecido tal fatalidade? Se haviam atirado em direção à palhada, alguém havia atirado em François propositadamente, mas quem?

O enterro de François foi revestido de emoção intensa. O rapaz sempre fora criatura bondosa, carinhoso com as pessoas, piedoso com as criaturas menos favorecidas e não tinha inimigos. Ninguém suspeitou que Charles era o assassino, pois premeditara a morte de Antoine para poder ficar com Jacqueline, mas nas sombras da mata confundiu os irmãos, atirando em François por engano.

Seu peito remoía em remorsos, mas o mal já estava consumado. Alguns dias se passaram e Jacqueline começou a sentir-se mal; Charles viu então a ocasião oportuna para concretizar seus anseios. Em sua fazenda havia um preto velho que era excelente curandeiro. Preparava beberagens que curavam até mordidas de cobras. O rapaz ofereceu para que a moça passasse uns dias em sua fazenda, a fim de ser cuidada pelo benzedor. A família dos Bernardes não viu nenhum mal nisto, apenas Louise não gostou da idéia, pois Charles não conseguia enganá-la. Suspeitava até que fosse ele o assassino do seu irmão, mas não conseguia entender o porquê. Por que François? Se tivesse sido Antoine, então ela não teria dúvidas.

Jacqueline foi para a fazenda de Charles, justamente com sua mãe. Alguns dias depois, havia melhorado. Na verdade, o rapaz havia encomendado ao preto velho um trabalho, para que a moça se sentisse mal e, dessa forma, trazê-la para junto de si. Seu objetivo era conquistá-la. Desfeita a mandinga, Jacqueline recuperou-se e Charles aproveitou-se para insinuar-se junto dela. Despertando a velha paixão do passado, Jacqueline não resistiu e viveram tórrido romance na calada da noite, sem que a mãe da moça percebesse suas ausências. Antoine a visitava regularmente e percebia mudanças em sua amada, mas não conseguia entender o que estava acontecendo. Após duas semanas, resolveu retornar ao Rio, levando Jacqueline consigo.

Antoine era apaixonado por Jacqueline e, temeroso com a mudança de comportamento da noiva, resolveu marcar o ca-

Crepúsculo de Outono

samento para daí a três meses. Relutante, a moça não teve alternativa a não ser aceitar. Todavia, encontrava-se grávida e não sabia como enfrentar a situação. Previa uma tragédia se dissesse ao noivo que estava grávida de Charles, como resultado de uma paixão proibida e inconfessável. Resolveu romper o noivado. Conversou longamente com Antoine, que não podia entender o que acontecia. Como que por inspiração divina, o rapaz de joelhos, exatamente como no passado, disse-lhe:

— Jacqueline, você é o amor de minha vida. Se aconteceu algo errado, estou disposto a perdoar-lhe. Seja o que for, conte comigo, pois mais que noivos, eu a considero como se fosse minha irmã. Por você, seria capaz até de aceitar um filho que não fosse meu.

A moça foi tomado de estranho pressentimento em sua alma. Não, não poderia jamais revelar para Antoine o que realmente acontecera. Também queria bem seu noivo e não conseguia ela mesma se perdoar por tamanha traição. Não, não era justo o que fizera a Antoine.

Alguns dias mais tarde, Antoine novamente foi abalado por nova tragédia. Jacqueline havia suicidado e só então descobriram que estava grávida. No auge do desespero, o rapaz resolver retornar à fazenda de seu pai, para esquecer suas desventuras.

Os anos foram passando e jamais esquecia o grande amor de sua vida. Casou-se sem amor com humilde jovem, filha de um dos colonos. Era Marie, que uma vez mais lhe dera Anelise como filha, linda como o sol da manhã, e que passou a ser o alento para seus dias longos e tristes. Quantas vezes o rapaz se postava no alto do espigão da fazenda e lá ficava horas parado, olhar perdido no azul do céu e no rubro dos raios solares, apreciando o pôr-do-sol, como se o astro representasse a ele uma despedida de algo caro que ficara sepultado pelo tempo em sua memória.

Anelise crescia ficando mocinha. Antoine fizera da sua desilusão amorosa o móvel de sua vida, tornando-se um homem calado e amargo. Mais uma vez deixara de dar a atenção merecida para sua esposa e para a filha, de forma que, quando ficou sabendo que Anelise estava apaixonada por um rapaz simples da fazenda de Charles, não se conformou.

Era Pierre, fruto de um amor furtivo de Charles com Sophie, a filha de um dos empregados, cujo envolvimento o rapaz não tivera coragem de assumir. Antoine sentiu-se enlouquecer, proibindo terminantemente que sua filha namorasse um desclassificado sem nome. O amor proibido foi sufocado com mãos de ferro por Antoine, que por ser infeliz não admitia que sua filha pudesse ser feliz com alguém simples. Debalde Marie procurou interceder por sua filha. Pierre, amargurado e humilhado por Antoine, sumiu na vida. Ninguém jamais teve notícias do rapaz.

Dez anos se passaram e Charles, em uma caçada nas matas, foi picado por uma cobra com potentíssimo veneno. De nada adiantaram as beberagens do velho curandeiro, pois após intenso sofrimento Charles desencarnou em condições lastimáveis.

Louise mais uma vez se entregou à vida religiosa, levando consigo Anelise, que buscava na religião o consolo para sua vida de tristezas e saudades. Antoine faleceu em virtude de violenta febre contraída por uma infecção, devido a um ferimento acidental com seu próprio facão ao cortar um cipó.

Novamente o encontro no plano espiritual. Antoine purgou alguns anos no sofrimento do umbral, quando um dia, recordando com saudades a esposa e a filha injustiçadas por ele, pensou em seu irmão François. Orou a Deus em lágrimas sinceras de arrependimento, pedindo nova oportunidade de reajuste, quando percebeu diante das trevas que o envolviam surgir a figura radiosa de François, que lhe estendia as mãos.

Crepúsculo de Outono

François, como um artesão da paz, foi tecendo pacientemente os fios dos destinos daqueles entes queridos, proporcionando os reencontros de cada personagem, patrocinado pela espiritualidade superior que o assistia. Ao cabo de longos anos de intenso trabalho na espiritualidade, para resgate de Jacqueline que uma vez mais se encontrava segregada no Vale das sombras em virtude da reincidência no suicídio, tendo como conseqüência o aborto, finalmente o grupo estava completo.

O novo palco de reencontro daquelas almas queridas de François seria novamente o Brasil, na cidade de São Paulo, que representava a pujança do trabalho paulista, da economia que se desenvolvia com base na cultura do café. Era o final da década de 1930. François era um próspero fazendeiro que morava na Capital Paulista. Homem muito respeitado pelo caráter íntegro e de honradez ilibada. Humano e justo, para ele, a palavra dada e o fio do bigode eram garantia de que qualquer acordo assumido seria cumprido à risca. Casou-se jovem ainda com belíssima jovem chamada Sophie, filha de rico comerciante paulista, e esta lhe dera uma filha que era para ele a razão de seu orgulho e satisfação. Jacqueline era de singular beleza e inteligência ímpar.

Seu irmão, Antoine, formara-se em Medicina, tornando-se um clínico renomado. Casou-se com Marie, moça simples do interior por quem o rapaz se apaixonou numa das visitas à fazenda do irmão. Do casamento, teve a felicidade de ter duas lindas filhas, Anelise e Louise. Antoine era um pai feliz e orgulhoso, pois suas filhas eram para ele a razão de viver.

Eram felizes e tudo parecia conspirar para a felicidade de todos, quando estourou a Segunda Guerra Mundial. Charles era então rapaz bem postado, filho de família honrada e freqüentador assíduo da casa de François. O moço era apaixonado por Jacqueline e o advento do conflito trouxe um horizonte de apreensões para todos, pois Charles fora convocado

Antonio Demarchi – espírito Irmão Virgílio

para a guerra. Após dolorosas despedidas e promessas de amor eterno à Jacqueline, o rapaz parte para a missão dos pracinhas na Itália. Alguns meses se passaram. Charles escrevia regularmente cartas apaixonadas que Jacqueline lia e relia entre lágrimas de saudades. De repente as cartas não mais vieram para desespero da pobre moça, sendo notificados alguns dias depois que Charles enfrentara morte trágica na batalha de Monte Castelo, na península Itálica.

Ninguém sabia, mas Jacqueline guardava em seu ventre o fruto do seu amor por Charles e, no auge do desespero, uma vez mais, vencida pela fraqueza e pela dor inconsolável da perda do seu amado, tomou forte dose de formicida, levando consigo para o túmulo a vida que desabrochava em seu ventre. Para François foi a própria morte. O inconsolado pai perdeu a razão de viver, e não bastavam mais o carinho e a compreensão de sua esposa, Sophie. Desiludido da vida, deixou a fazenda aos cuidados de seu irmão Antoine e quantas vezes era encontrado chorando junto ao túmulo da filha, desconsolado pela perda irreparável. Pedia a Deus respostas do porquê de tudo aquilo. A lembrança de Jacqueline o perseguia e o entristecido pai desistiu da luta, quando contraiu violento câncer no fígado, que o levou ao túmulo em poucos meses. A morte para François representou as bênçãos para sua libertação, que pedia a Deus.

Demétrius fez uma pausa em sua narrativa. Seus olhos vertiam lágrimas de emoção pela evocação de tantas lembranças caras e amargas. Respirou fundo, enquanto eu não ousava quebrar aquele silêncio sagrado para sua memória. Por fim concluiu:

— Antoine nesta encarnação é o nosso querido Augusto. Charles veio nesta existência como Aprígio. Marie é Helena, a esposa rejeitada por Antoine, manifestando sua mágoa na separação desta existência com Augusto, que veio com a missão de reconciliar-se com seu antigo rival, mas instintivamente novamente o assassinou. A diferença é que Augusto desta vez

— *240* —

reencarnou com determinação, e, juntamente com a tarefa da mediunidade com Cristo, finalmente conseguiu reconciliar-se com seu secular desafeto. Lucimar é Anelise reencarnada e juntamente com Pierre, que veste a roupagem de Carlinhos, irão proporcionar o reencarne de Charles, na figura de Aprígio, para o devido reajuste. Sophie, a mulher que sempre acompanhou Charles como humilde companheira nesta trama, e na última como esposa de Augusto, apresenta-se como Milene.

O assistente fez nova pausa reordenando seus pensamentos. Em silêncio e respeitosamente aguardei que continuasse a narrativa.

— Jacqueline após o último ato de sua existência passada, em que pela terceira vez consecutiva colocou fim a sua vida, agravada pela condição da gravidez, purgou longas décadas em completa alienação e sofrimento no Vale das sombras, até que pela piedade do Pai Misericordioso e pela intercessão de amigos espirituais finalmente foi libertada. É a nossa Aline, que hoje se encontra aos nossos cuidados no Reajuste Materno.

— Augusto – continuou o assistente –, finalmente se reencontrou, superando suas dificuldades íntimas, vencendo seus medos e fantasmas. Já passava do tempo em que nosso irmão deveria dedicar-se à mediunidade com o Cristo e, não o fazendo, permitiu a interferência de nossos irmãos menos felizes do astral inferior, que não tinham interesse no sucesso de sua missão; assim, foi envolvido, sendo instilado em sua mente o terrível medo que ocasionou a morte involuntária de Aprígio. O objetivo era que Augusto desequilibrado novamente colocasse tudo a perder, mas pela bondade de Deus ele pôde ser redirecionado, encontrando no Evangelho e no trabalho com Cristo seu equilíbrio e a oportunidade abençoada de reajuste. O mal que causou no passado a Milene e Carlinhos foi devidamente reparado por Augusto, que lhe entrega a filha em casamento e faculta ao filho de Aprígio a oportunidade de erguer-se na vida.

Pelas conquistas efetuadas, Augusto granjeou simpatias do nosso lado espiritual. Nosso irmão ainda deverá passar por doloroso resgate, mas será sua alforria em termos espirituais. Já conquistou a benevolência, a paciência e já conseguiu perdoar sem ressentimentos, de forma que nesta existência deverá galgar importantes degraus em sua evolução espiritual.

— Como pode perceber, Virgílio, na vida tudo está certo. Como leigos e ignorantes das verdades eternas, desconhecemos os erros de nosso passado, muitas vezes sombrios, e quantas vezes nos revoltamos diante de acontecimentos infaustos, por desconhecer o que fizemos no pretérito. Todavia, a contabilidade Divina tem em nossa ficha o somatório de débitos e créditos, o respectivo saldo, que possivelmente para a maioria de nós deve ainda estar no vermelho. Mas o Pai é misericordioso e nos faculta oportunidades renovadoras para repararmos o mal, para nos reconciliarmos com nossos adversários e sempre recomeçarmos, pois assim é a lei, como nos asseverou com muita justiça e sabedoria Kardec. Todavia, se a lei é justa e misericordiosa, temos que estar atentos ao Evangelho do Cristo, pois um minuto de desequilíbrio pode nos custar séculos de sofrimento.

O assistente concluiu sua narrativa, recomendando-me o reencontro no dia seguinte no Reajuste Materno. Respeitei o sentimento sagrado de Demétrius, que ainda estava sob forte emoção, abraçando-o afetuosamente. O querido mentor afastou-se e fiquei por momentos sozinho, pensando nos mistérios de nossas existências, e nas teias intrincadas dos dramas reais da vida. Uma leve aragem soprava sobre meu rosto e com lágrimas nos olhos fiz uma prece de agradecimento ao Criador. O caminho de Santiago, como um lençol de gaze bordado de estrelas, tremulava no firmamento, como que me acenando na bondade infinita do Pai eterno.

Crepúsculo de Outono

Nquele dia Helena estava pensativa. Apesar da separação, ela sentia que Augusto era o homem de sua vida e ela mesma não sabia explicar o que de fato acontecera entre eles, para que houvesse a separação. Tinha consciência de que ela era a única culpada, pois Augusto a amava e fora ela que forçara a barra em busca do rompimento.

Lucimar agora ficava direto na casa do pai e sua solidão se acentuava cada vez mais. Suas amigas aconselhavam que procurasse outro companheiro, mas cada vez mais ela se convencia de que homem e companheiro como Augusto ela jamais iria encontrar em nenhum outro lugar.

Os dias iam correndo e às vezes Helena tinha ímpetos de voltar à chácara e declarar-se arrependida, implorar o perdão a Augusto e voltarem a viver juntos. Tinha certeza de que o marido a aceitaria e seriam felizes novamente, mas o orgulho a impedia de semelhante gesto. Ligava para casa e falava com Lucimar, sondando o ambiente, e, por fim, decidiu-se: para que continuar a ser infeliz e fazer o homem de sua vida também infeliz? Sentia ciúmes de Milene, mas agora confortada pela filha percebia que não tinha razão de ser a sua desconfiança com Augusto.

Naquele dia, acordou disposta. Era uma quinta-feira e já havia tomado uma decisão: iria procurar Augusto e pedir-lhe que se reconciliassem. Desejava abraçá-lo, beijá-lo e fazê-lo feliz, como ele merecia. Meu Deus, pensava, onde estava com a cabeça quando me separei? A verdade é que só damos valor às pessoas depois que as perdemos – concluía em seus pensamentos. Apanhou o aparelho telefônico e discou para a chácara. Lucimar atendeu-a e Helena conversou longamente com a filha. Estava arrependida. Desejava voltar com Augusto e pedia a opinião da filha. Lucimar exultou de alegria:

— Mamãe, esta é a melhor notícia que tenho depois de minha gravidez. Papai ainda é apaixonado pela senhora, mamãe. Vocês merecem ser felizes. Que bom, venha mesmo. Só que papai viajou para Belo Horizonte, onde está participando de um congresso médico. Volta apenas no domingo à tarde. Mas venha para cá, vamos preparar uma surpresa para ele.

Helena não resistiu. Chorou de emoção diante da manifestação de alegria da filha. Meu Deus, pensava – como fui injusta com Augusto. Lucimar tem razão, devemos ser felizes e ninguém mais que Augusto merece ser feliz e ter alguém ao seu lado para apoiá-lo em todos momentos e em todas suas atitudes. Se preciso fosse, participaria também com ele das atividades no Centro.

Passou a mão na chave do carro, deu partida e feliz como uma adolescente partiu em direção à chácara, chegando quando o sol já se estendia na linha do horizonte, tingindo de amarelo e avermelhado as nuvens esparsas pelo céu.

Diante do portão da chácara parou admirando o arrebol, com emoção incontida no coração. Era uma tarde de outono e o crepúsculo ao mesmo tempo que enchia seu coração de alegria e esperanças dava-lhe também um tom de tristeza, cuja sensação Helena não sabia explicar o porquê. Sacudiu a cabeça afastando os pensamentos de tristeza, para pensar apenas na felicidade que estaria por vir.

Crepúsculo de Outono

Lucimar e Carlinhos a esperavam com alegria. Pela primeira vez, Helena abraçou o futuro genro e acariciou a barriga da filha. Conversaram até tarde da noite e, quando Helena se recolheu para o descanso, deitou-se na cama que ainda era dela, e onde, tinha certeza, nenhuma outra mulher havia deitado. Aquele era o recanto sagrado do seu amor por Augusto. Era um santuário que deveria ser novamente cultuado. Adormeceu com um sorriso nos lábios, antevendo os dias vindouros em que novamente poderia dizer que era uma mulher feliz. Amava seu marido, sempre o amara e precisava dizer isto a ele. Mas tinha que ser apenas os dois, a sós. O tempo demoraria a passar, pensava. Sentia que o domingo estava distante demais diante dos seus anseios.

Neste ínterim, Augusto participava do congresso médico. À noite os colegas o convidavam para sair, divertir-se, conhecer a noite mineira. Saía para não ficar sem fazer nada no hotel, mas não conseguia divertir-se. Ultimamente pensava muito nas razões que levaram à separação no seu casamento e não conseguia encontrar uma lógica plausível.

Na verdade, continuava amando Helena. Ela era a mulher de sua vida, por quem se apaixonara nos doces anos da juventude inexperiente, mas com o tempo aquele sentimento amadureceu. Não era mais aquela paixão avassaladora, mas um sentimento sublimado que encontrou morada em seu coração, de lá, recusando-se a sair. Naquelas últimas semanas, a ex-esposa não saía de seu pensamento, mas decidira-se não procurá-la, pois conhecia o gênio de Helena e temia uma recusa e uma vez mais fazer papel ridículo.

A saudade se instalara definitivamente em seu coração, tornando-se apático às brincadeiras dos colegas que reclamavam de sua casmurrice. Saía com os amigos do congresso, mas ficava muitas vezes alheio às conversas. Com o copo de cerveja na mão, que não chegava a tomar, permanecia com os olhos perdidos no espaço vazio, com os pensamentos viajando nem ele mesmo sabia para onde. Não – pensava, tinha que mudar. Para que continuar pensando em uma mulher que o desdenhara? Agora tinha Lucimar, que em breve se casaria com Carlinhos, dando-lhe um netinho que haveria de preencher o espaço dos sentimentos em seu coração.

O congresso terminou no sábado à tarde, e Augusto pernoitou na capital mineira para retornar no domingo. Alguns amigos que residiam em Belo Horizonte haviam convidado os colegas para um churrasco no dia seguinte. Augusto desejava retornar o mais cedo possível, mas o almoço se estendeu até a tarde. Despediu-se de todos, apanhou o carro e tomou a Fernão Dias de retorno. O céu estava claro e algumas nuvens brancas como flocos de algodão passavam preguiçosamente pelo espaço infinito. A estrada estendia-se a perder de vista, enquanto o possante motor do carro vencia a distância, mas não acompanhava os pensamentos do médico, que na solidão da estrada dava asas às lembranças. Experimentava enorme desejo de estar junto de Lucimar, de Carlinhos e Helena. Sentia em seu coração que estas criaturas lhe eram caras e sabia que, como um vaso que se quebra, não se pode consertá-lo; assim seria sua vida, nunca mais se igualaria ao tempo em que todos estavam juntos e ainda não havia acontecido aquela fatalidade: ter atirado em Aprígio por engano.

Era um domingo de maio e, quando Augusto olhou o relógio, verificou que eram dezessete horas passadas. O sol descia no horizonte e com seus raios amarelos filtrados entre nuvens e montanhas tecia belíssimo espetáculo. Augusto dirigia com atenção, mas sem perder a oportunidade de apreciar aquele crepúsculo de outono que encantava seus sentidos e tocava seus sentimentos. Seu pensamento voou até seus entes queridos e uma lágrima lhe desceu pelo rosto. De repente em uma curva, percebeu que vinham ao seu encontro, em alta velocidade, duas

Crepúsculo de Outono

jamantas, que ultrapassavam em local proibido. Num relance, numa fração de segundo, o médico ainda tentou desviar-se para o acostamento, mas não houve tempo e a colisão foi frontal. Augusto de início sentiu uma dor aguda na caixa encefálica e um leve torpor que o envolveu, nada mais sentindo, adormecendo serenamente nos braços da morte.

Helena estava na chácara, observando aquele mesmo crepúsculo. Parecia que em pensamento estava junto do seu amado. Ah, meu Deus, permita que ele chegue logo, pois gostaria de pedir-lhe que me perdoasse ainda hoje. O sol foi aos poucos se escondendo por trás da linha do horizonte, dando lugar às sombras da noite e ao brilho dos astros. A ex-esposa de Augusto sentiu uma pontada no coração e uma tristeza imensa invadiu sua alma, não sabia por quê. Inexplicável vontade de chorar a fez soluçar, como se tivesse perdido alguém muito caro ao seu coração. Não tinha vontade de entrar, queria ficar lá fora, na varanda, esperando Augusto, mas o tempo foi correndo inutilmente. Já passavam das vinte horas e Lucimar, também preocupada com a demora do pai, foi chamar sua mãe para que entrasse, pois o jantar estava à mesa.

Helena entrou; desejava assistir ao jornal na televisão. Estranho pressentimento rondava seu coração, de forma que não conseguia comer direito. De repente, o repórter anunciou acidente fatal ocorrido na estrada. Disse o nome de Augusto. Helena deu um grito e desatou em choro convulsivo.

— Meu Deus!!! – gritava em desespero –, por que isto foi acontecer? Com tanta gente no mundo, por que justo Augusto?

Naquele instante, Milene e Carlinhos tiveram de amparar mãe e filha, pois Lucimar sentiu-se mal e desesperou-se com a notícia. Na verdade todos estavam abalados, mas o filho e a esposa de Aprígio tinham que ser fortes naquele momento, para reconfortarem Helena e Lucimar.

Antonio Demarchi – espírito Irmão Virgílio

Eu e Demétrius estávamos presentes no instante da colisão. O assistente havia-me informado que a partida de Augusto seria naquele dia, completando o resgate do amigo encarnado. No momento da colisão, Demétrius envolveu-o rapidamente em poderosos fluidos magnéticos, de forma que, ato contínuo ao choque, adormeceu sendo desligado do corpo físico, que ficara preso entre as ferragens. A morte foi imediata e praticamente indolor.

O assistente emocionado envolveu o amigo recém desencarnado em fluidos de equilíbrio e amor; assim adormecido, Augusto em espírito estava em paz. Enquanto outros irmãos de nossa esfera cuidavam dos despojos mortais, eu e Demétrius partimos para o pronto-socorro de nossa Colônia, onde Augusto seria atendido e recuperar-se-ia com o tempo.

Quando chegamos, Augusto foi colocado em uma câmara saturada de fluidos simpáticos e elevados, o que permitiria seu repouso sem interferências de pensamentos desequilibrados, pois, ao auscultar sua aura mental, percebi os chamamentos provenientes da esfera terrena, por parte de Helena, que não se conformava com a perda do ex-marido, justamente quando ela se propunha à reconciliação. Todavia, Augusto estava bem isolado; sua mente não registrava os chamamentos desesperados de Helena.

O assistente informou-me que passaria as primeiras horas ao lado de Augusto, para garantir sua tranqüilidade, fator importante em sua recuperação. Segundo me informava Demétrius, a expectativa era que despertasse dentro de alguns dias; as conquistas efetuadas no campo da renúncia, da abnegação, do trabalho em favor dos menos favorecidos, dos estudos e da compreensão das lei espirituais, permitiriam um despertar rápido e harmônico.

Despedi-me do assistente afastando-me. Ainda tinha em mente uma dúvida que me intrigava. Se Antoine era Augusto, e Charles – Aprígio, quem era François? Demétrius não havia revelado, de forma que eu resolvi procurar as informações no Departamento de Registros da Colônia. No meio do caminho, encontrei-me com Otávio, que me acompanhou na pesquisa também interessado.

Contamos com o concurso do responsável pelas fichas e registros. Lá encontramos os apontamentos de cada um, mas o mistério ainda continuou. A ficha de François não estava nos arquivos normais. Indaguei o porquê e fui informado que este fato poderia ocorrer, se por acaso a ficha tivesse sido requisitada pela Espiritualidade Superior, para efeito de planejamento de uma próxima reencarnação e que, nesse caso, o espírito encontrava-se desencarnado.

Não tive alternativas. Por algum motivo imperioso Demétrius não revelara a identidade de François, o que, entretanto, deveria fazer no momento que julgasse oportuno. Eu deveria esperar pacientemente isto.

Passaram-se mais alguns dias. Acompanhei com interesse a evolução de Aline e Augusto. Demétrius se desdobrava nas atenções, sem entretanto esquecer-se das demais assistidas pelo Reajuste Materno. Já havia transcorrido uma semana do desencarne de Augusto. O assistente informou-me que o médico despertaria naquela manhã de domingo, convidando-me para estar também presente.

Agradeci comovido o convite. Logo de manhã, passei na Ala do Reajuste Materno e, juntamente com o assistente, dirigimo-nos à Câmara de Recuperação, onde se encontrava Augusto. Otávio, juntamente com outros médicos, também se encontrava no ambiente, quando nos aproximamos. Afastaram-se todos respeitosamente à aproximação de Demétrius. Caberia a ele as providências para o despertar de Augusto.

O assistente iniciou uma prece de agradecimento a Deus. Sua aura iluminou-se em raios multicoloridos, enquanto do seu coração partia um raio de luz cintilante de tonalidade azul clara, que atingia o coração de Augusto. Demétrius elevou os braços e suas mãos se tornaram incandescentes pelas energias captadas. Desceu-as suavemente em direção ao Centro Coronário de Augusto, e em movimentos rítmicos direcionou-as para os centros frontal e cardíaco. Ao nosso redor, o ambiente se iluminava pela ligação do nosso mentor com os planos mais elevados. Alguns segundos transcorreram, e Augusto como que despertando de profundo sono abriu os olhos. Ainda confuso procurava se situar mentalmente onde estava. Olhou fixamente para Demétrius, que sorria feliz e exclamou:

— François, meu irmão, é você? Isto quer dizer que morri? Abrace-me e me conforte, querido irmão. Quantas saudades! Quantas saudades! – completou em lágrimas.

Demétrius estava comovido. Os dois irmãos se abraçaram, enquanto eram envolvidos em luzes de amor e alegria. Ao nosso redor, todos tinham os olhos orvalhados de lágrimas, pelo envolvimento daquela manifestação tão bela.

Eu estava atônito. Então Demétrius era o personagem que eu procurava. Mas por que sua ficha não estava com as demais? Esta era outra questão que, com certeza, no momento oportuno me seria esclarecida.

Afastamo-nos para que os dois irmãos espirituais pudessem ainda permanecer juntos. Certamente ainda tinham muito o que conversar, traçar planos e confidências, saciando as saudades que deviam sentir.

O restante daquele domingo aproveitei para meditação. Agradeci a Deus pelas bênçãos, pela bondade e misericórdia. Na praça da Colônia havia um concerto e eu ouvia os acordes musicais, que me alcançavam, enchendo-me o coração de esperança e alegria. No Reino de Deus, a alegria reside no coração daqueles que partiram na Graça do Senhor: os homens de boa vontade, os humildes de coração, os piedosos, aqueles que

Crepúsculo de Outono

souberam perdoar verdadeiramente, os que tiveram fé no coração e souberam transformar esta fé em trabalho em favor dos menos favorecidos, aqueles que souberam respeitar os outros credos religiosos sem sofismas nem fanatismo; aqueles que procuraram Cristo dentro de si, amando a Deus sobre todas as coisas e servindo ao próximo com amor e desprendimento. Este era o Reino do Pai, o Reino de Alegria, do dever cumprido, da satisfação em poder servir em nome do Mestre.

Chegava o fim de mais um dia e no firmamento, na alegria do Criador, o sol oferecia novamente espetáculo admirável em novo crepúsculo de outono, espargindo raios multicoloridos para depois dar lugar às sombras da noite, que breve cobririam as montanhas com seu negro manto, enquanto as estrelas ofereciam seu brilho na forma de inumeráveis mundos, no rodopio incessante da harmonia cósmica de Deus.

A despedida de Demétrius

A readaptação de Helena estava sendo um exercício de sublimação. A ex-esposa de Augusto sofrera o golpe de forma contundente, e não conseguia se perdoar por ter demorado tanto tempo em reconciliar-se. Às vezes passava horas pensando como o destino era caprichoso: bastara que ela tomasse a decisão de procurar reaver o que de mais caro havia perdido, para perdê-lo definitivamente. Mas de que Helena mais se culpava era que Augusto partira sem saber que ela ainda o amava; que desejava retomar a vida para viverem juntos novamente e, quem sabe, serem felizes.

Somente agora que o perdera irremediavelmente é que dava o devido valor ao marido, sentindo uma sensação de vazio em sua vida. Meditava por horas a fio, culpando-se de tantas coisas, mas nada a consolava. Helena tornara-se uma pessoa infeliz e amarga. Não tinha vontade de conversar com ninguém, até que em uma tarde Lucimar aproximou-se da genitora e observou que falava sozinha e chorava. Abraçou-a carinhosamente, sentindo-se naquele instante envolvida por forças invisíveis que a inspiravam:

Crepúsculo de Outono

— Mamãe, a senhora não deve mais ficar aqui, chorando a perda do papai. Infelizmente ele já partiu e tenha certeza de que onde ele estiver estará olhando por nós. Papai era um homem bom e sempre se preocupou com as pessoas pobres e os menos favorecidos da sorte. Sinto dentro de mim a convicção de que ele está bem.

Helena olhou a filha no fundo dos olhos e não se conteve. Abraçou-a com carinho e devoção, com lágrimas que desciam abundantes de seus olhos. Sim, pensou, restara sua filha e o neto que ela abrigava em seu ventre para alegrar seus dias. Quando conseguiu se recompor, respondeu:

— Sabe, filha, o que me magoa muito é que eu queria dizer tanta coisa a seu pai e não consegui. Por que não o fiz enquanto ainda era tempo? Confesso que errei muito e daria tudo em minha vida para que o tempo pudesse voltar. Eu agiria de forma diferente. Nós merecíamos ser felizes e eu joguei tudo pela janela, filha, por ser inconseqüente e imatura. Tenho orado muito e pedido perdão ao seu pai. Gostaria que ele soubesse que estou arrependida.

— Ah, mamãe – respondeu a garota, acariciando seu rosto –, onde papai está, ele sabe de tudo. Ele só não está mais feliz, porque também sofre pela angústia que a senhora transmite a ele por seus lamentos e choro. Olhe, ainda hoje eu estava pensando nele, quando tive uma idéia: por que não prosseguimos a tarefa que papai tinha no Centro que ele freqüentava? Tenho certeza de que podemos fazer isto para enfeitar-lhe a memória. Prosseguir a tarefa que ele desejaria fazer é uma forma de agradecermos a Deus e a ele o exemplo que nos deixou. O que a senhora acha?

Helena silenciou por minutos. Admirou a ponderação e o amadurecimento da filha. Sim, Lucimar tinha razão. Nunca havia pensado nisto antes. Como enfermeira poderia ser útil, fazendo alguma coisa em favor dos humildes. Seria uma forma de homenagear Augusto e demonstrar a ele que ela também aprendera e tiraria daquele episódio triste uma lição de vida.

— Sim, filha, você tem razão. Acho que este trabalho viria preencher o vazio que se instalou em meu coração. Confesso que nunca pensei em ser espírita e até tinha aversão; mas não quer dizer que vou deixar de ser católica, apenas porque vou atender os pobres do Centro, não é verdade? Vamos procurar o senhor Francisco tão logo seja possível, e ver com ele esta possibilidade.

Ambas se abraçaram longamente, embaladas nos sentimentos mais sagrados do ser humano. Fluidos de paz e harmonia envolviam aquelas duas almas queridas.

Já havia transcorrido três meses do desencarne de Augusto. Lucimar se casara com Carlinhos em cerimônia simples, no civil. Francisco se propôs a fazer uma oração pedindo a Deus bênçãos aos nubentes, em singela reunião no Centro, onde as luzes envolviam em profusão o casal. Eu e Demétrius comparecemos à reunião. Envolvido pelo mentor, Francisco proferiu tocante prece, seguida de profunda e inspirada pregação de orientação e bom ânimo ao casal. Demétrius em profundo estado de concentração ergueu os braços e projetou energias imponderáveis provenientes do Astral Superior, envolvendo Lucimar e Carlinhos, sendo ele o canal de ligação. Cumpria-se um desejo de Augusto e, embora não estivesse presente, nosso amigo acompanhava em pensamento o acontecimento de alegria para seu coração.

Mais um mês se passou e Augusto aos poucos se recuperava de forma admirável, demonstrando grande lucidez espiritual. Demétrius demonstrava júbilo e satisfação. Aline aos poucos se fortalecia e era motivo mais que suficiente para que o generoso mentor considerasse que os intrincados caminhos dos destinos fossem, pouco a pouco, encaixando as peças como complicado quebra-cabeça.

Crepúsculo de Outono

Naquele sábado iríamos em companhia de Augusto fazer uma visita ao Centro de Francisco. O médico estava ansioso e feliz, pois fora informado que a esposa estava trabalhando, dando prosseguimento na tarefa que era sua responsabilidade, quando encarnado. Era a primeira vez, na condição de desencarnado, que iria fazer uma visita à crosta, rever sua família e, particularmente, acompanhar Helena, Lucimar e Carlinhos, que também se engajara na tarefa. Sentia muitas saudades de Lucimar, e emocionara-se com as notícias recebidas à respeito da modificação de Helena e seus novos propósitos. Apesar de espírito desencarnado, sentia ainda o coração se enternecer, acompanhando as preces e os pensamentos de Helena.

Quando aportamos no Centro Espírita, eram quinze horas exatas. A aura que envolvia aquela casa de caridade era belíssima com luzes amarelo-claras que se irradiavam por alguns metros ao redor do estabelecimento. Adentramos o recinto, sendo recebidos pelo irmão Enoque. Augusto amparado por Demétrius emocionou-se ao ver Helena atendendo carinhosamente cada doente, orientando com paciência e abnegação. Olhou para Lucimar que, em função da gravidez bastante avançada, estava bem gordinha. Aproximou-se da esposa, beijando-a carinhosamente, com lágrimas nos olhos. Helena registrou sensitivamente o contato, pois imediatamente veio à sua mente a figura de Augusto. Ela teve certeza de que ele estava junto dela e seus olhos se umedeceram com lágrimas. Em seguida, abraçou Lucimar, que comentou:

— Mamãe, tenho certeza de que papai está aqui conosco hoje. Tive a nítida impressão de que ele me abraçou e deu-me um beijo, do mesmo jeito que ele fazia quando eu ainda era criança. Nossa, até me emocionei – completou a garota com lágrimas de emoção.

— Engraçado, filha, a mesma coisa me aconteceu. Seu pai deve realmente estar conosco hoje.

Do nosso lado, Augusto estava radiante de alegria pela percepção de seus entes queridos. Enoque convidou-nos para que o acompanhássemos, pois após o término do atendimento haveria uma reunião mediúnica em que Helena, Lucimar e Carlinhos participariam. Enoque nos informou que, apesar da resistência de Helena, Francisco a havia confortado através de esclarecimentos espirituais, de forma que a esposa de Augusto vencera o estigma e o medo da filosofia espírita e agora procurava uma entendimento maior da doutrina, participando ativamente das palestras, do Evangelho. Inclusive estava freqüentando a escola de médiuns do Centro.

Terminado o trabalho de Helena, subiram todos para o salão, onde Francisco os aguardava para a reunião. O médium já havia registrado pela vidência a presença de Augusto no ambiente, mas guardava silêncio, para que o amigo pudesse se manifestar no momento oportuno.

Francisco iniciou a reunião elevando singela prece de agradecimento a Deus pelas bênçãos do dia, pela graça da oportunidade de trabalho e pelo privilégio de servir em nome do Cristo. Terminada a oração, Enoque envolveu o médium em fluidos de paz e harmonia. Procedeu-se à leitura de breve trecho do *Evangelho Segundo o Espiritismo* e, em seguida, foi comentado com inspiração e sentimento por Francisco que, antes de dar passividade para a orientação do dia, dirigiu-se à Helena:

— Irmã Helena, estou sendo informado pelo plano espiritual que hoje teremos a palavra do mentor e depois haverá outra comunicação, dedicada especialmente à senhora.

Helena sentiu-se envolvida em fluidos de harmonia, emocionando-se. Seria uma comunicação de Augusto? – pensava. Ah! Meus Deus, seria um consolo ter uma palavra de alento.

O mentor Enoque envolveu Francisco, que discorreu sobre a necessidade de confiança em Deus em quaisquer circunstâncias. Se o momento é de dificuldade, Deus nos conforta. Se é de tristeza, o Pai nos alegra o coração. Se é de desespero, o Criador nos fortalece a fé. Se é de desânimo, o Todo Misericordioso nos levanta. Se é de descrença pela perda de entes queridos, o Senhor nos mostra a cada dia, no renascer do sol, que aqueles a quem amamos não partiram em direção ao nada, mas para um novo dia, uma nova vida, um novo recomeço, da mesma forma que após a longa noite escura sempre surge a luz de um novo dia. Assim também é a partida daqueles a quem amamos, renascendo na pátria espiritual em novo dia, nova vida, nova etapa para aqueles que partiram na graça e no seio do Senhor!

Helena chorava comovida. Sabia que a mensagem era dirigida a ela e sentia-se confortada com as palavras do mentor, mas não conseguia conter a emoção que tomava conta de seu coração. Em seguida, Enoque afastou-se para que Augusto, amparado por Demétrius, pudesse dar sua mensagem. O querido irmão ainda se apresentava emocionalmente fragilizado, de forma que o assistente o amparava para que não fraquejasse diante de sentimentos tão fortes.

Francisco, afastado do corpo físico, também colaborava para que a afinidade fluídica entre ambos se estabelecesse de forma harmônica. Em seguida, Augusto assenhoreou a organização física do médium, experimentando com grande emoção a possibilidade de transmitir sua mensagem para seus entes amados, pela psicofonia:

— Meus entes muito amados. Helena, Lucimar e Carlinhos, como é grande a emoção de estar aqui, junto de vocês, nesta tarde de amor e luz. Deus em sua infinita bondade e por acréscimo de misericórdia permitiu que eu pudesse estar aqui com vocês, hoje, pois tenho recebido as vibrações amorosas e de saudades que me enviam todos os dias, através de pensamentos positivos e das orações que se transformam em luzes para meu coração repleto de saudades! Ah! Quantas saudades sinto de todos vocês. Helena, tenho recebido em forma de pérolas suas lágrimas e seu pensamento amoroso tem me confortado o coração. Eu sei que você sempre me amou e que aquela tarde me aguardava para novo recomeço; mas os desígnios de Deus eram outros e pelo acidente fatal pude resgatar importante débito do passado, partindo de retorno à patria espiritual. Creiam-me, não senti dor, apenas uma pontada aguda na cabeça. Quando acordei estava amparado por espíritos amigos do lado de cá. Queria dizer-lhes o quanto me alegram por terem continuado o trabalho com os pobres, em minha homenagem. Ah! Helena, minha querida Helena, a morte não vence o amor verdadeiro; ele tem raízes profundas de existências pretéritas. Mas é necessário que vocês possam viver com alegria, pois a vida continua... A nossa Lucimar breve terá nosso netinho! Quando nascer, abrace-o e beije-o em meu nome. Não deixe de apoiar e estimular Lucimar e Carlinhos que me são muito caros ao coração. Estão me dizendo que devo partir agora. Gostaria de dizer-lhes ainda que estou muito bem. Deus foi misericordioso comigo, permitindo que espíritos irmãos me amparassem. Eu diria que sou feliz onde estou, se não fosse a saudade que ainda sangra o meu coração. Dê um abraço em nossa Milene e outro em Joaninha e em seu filhinho. A vocês, o meu abraço e as saudades imorredouras de quem não os esquecerá jamais. Adeus, meus queridos. Até outra oportunidade, se Deus assim o permitir.

Helena chorava em silêncio. Não conseguia articular sequer uma palavra e sua face estava molhada de lágrimas de alegria e agradecimento a Deus. Sim, pensava, Augusto sabia que ela ainda o amava, agora ainda mais que antes. Foi proferida a prece de encerramento em um ambiente de luz e harmonia.

Enquanto Augusto visivelmente emocionado era amparado por Demétrius, Enoque cuidou do médium para recompor suas energias. Do lado de cá, tocados pela emoção, observávamos o consolo que representava a mensagem transmitida aos entes queridos encarnados, como um lenitivo aos corações saudosos daqueles que partiram em demanda da Grande Viagem espiritual. Sim, pensei comigo mesmo, o espiritismo além de oferecer o Evangelho e o esclarecimento espiritual, trazia também o conforto e o consolo; por esta razão, efetivamente, era o consolador prometido.

Algum tempo depois, Lucimar deu à luz. Estávamos presentes, acompanhando do lado espiritual, para assegurar que tudo haveria de correr a contento. Augusto também estava presente e, quando Aprígio abriu os olhos, enchendo os pulmões de ar através do choro do recém nascido, nós comemoramos com alegria o evento, particularmente Augusto que não cabia em si de contente. Beijava orgulhoso a filha e o neto, sentindo-se recompensado por tudo. Helena, Carlinhos e Milene estavam do lado de fora do berçário, aguardando nervosos e, quando tiveram notícia de que tudo correra bem, abraçaram-se com júbilo no coração.

Periodicamente visitávamos o lar de Augusto, acompanhando a evolução de Helena, que decididamente se dedicava ao trabalho com Cristo. Desenvolvia sua mediunidade e já começava a burilar sua percepção. Muitas vezes, quando estávamos presentes, a esposa de Augusto tinha percepção de nossa presença. Augusto de vez em quando também era autorizado a visitar sua casa e, nestes momentos, percebíamos como era sublime o sentimento de amor verdadeiro, pois Helena se emocionava com o ósculo em sua fronte, que o marido lhe ofertava. Lucimar em homenagem à memória do pai registrou o filho com o nome de Augusto, com a aquiescência de Carlinhos, que viu nesta simples lembrança uma forma justa de homenagem ao seu benfeitor. Enfim, a vida seguia sua trajetória sob os auspícios de Deus.

Antonio Demarchi – espírito Irmão Virgílio

Mais um ano transcorreu. Uma tarde Demétrius enviou-me um recado, pedindo de forma carinhosa minha presença. Atendi de imediato sua solicitação. Quando cheguei ao Reajuste Materno, além do assistente, estavam também Otávio e Augusto. No semblante do querido mentor transparecia um sentimento de alegria. Quando me aproximei, abraçou-me demoradamente e, enquanto caminhávamos pelo corredor, informou-me as novidades, o motivo de sua satisfação:

— Virgílio, chamei-o para que participe conosco deste momento especial. Já havia uma prévia programação, mas acabo de receber a aprovação dos planos superiores: a autorização para duas novas reencarnações no plano material. Em primeiro lugar, gostaria de dizer-lhe que deverei começar os preparativos para meu reencarne próximo.

Olhei com carinho e admiração para Demétrius. Nosso tempo de convivência foi-me muito precioso e os ensinamentos recebidos foram inesquecíveis. Lembrei-me naquele instante da impressão que tivera, quando o vi pela primeira vez. Parecia-me ainda muito jovem de aparência, embora demonstrasse aguçada inteligência e bondade no olhar. Agora olhava para o querido mentor: não que algo houvesse mudado em sua fisionomia, mas ele parecia mais maduro e sua dimensão espiritual aos meus olhos se dilatara consideravelmente. Percebia sua aura de espírito sábio e bondoso, mas sua simplicidade era cativante. Fiquei emocionado com o anúncio do generoso amigo e, com pensamento sincero no coração, desejei que pudesse ser muito feliz e recompensado por tudo que representava no seu trabalho abnegado, em favor dos menos felizes. Meus olhos se encheram de lágrimas pela emoção que me tomou. Abracei-o forte de encontro ao peito, desejando transmitir-lhe meu sentimento. Não era preciso, pois Demétrius já sabia de minha sinceridade.

Crepúsculo de Outono

— Virgílio, é a oportunidade abençoada de reajustes e aprendizados importantes para mim e para aqueles a quem amo; nossas ligações remontam alguns séculos. Lucimar será minha mãe abençoada. Irei investido de tarefa difícil, mas gratificante no campo doutrinário. Muitos serão os desafios, no entanto vou confiante, pois em seguida Aline deverá reencarnar. Será minha irmã querida, a quem devo amparar e auxiliar na reintegração aos postulados do Cristo, por meio da mediunidade abençoada. Terá a saúde debilitada, com problemas gástricos sérios, em virtude do comprometimento do suicídio de suas existências passadas. Aprígio, reencarnado, também necessitará de apoio e compreensão, e também esta é parte de minha missão.

Pensei comigo mesmo, quem iria assumir o abnegado trabalho do assistente no Reajuste Materno? Demétrius me esclareceu incontinenti:

— Otávio está preparado para assumir as responsabilidades que hoje são minhas, no Reajuste Materno, de forma que o trabalho de Jesus não pode parar. Augusto será aquele que velará por mim no plano espiritual. Será o meu "anjo da guarda" dos momentos difíceis; peço-lhes que orem por mim, para que eu não fraqueje nos momentos de dificuldade, nem me desespere nos instantes difíceis de minha luta. Orem por mim, amigos – completou humildemente o querido mentor.

Nenhum de nós respondeu; a emoção tomava conta de todos. Os olhos de todos estavam em lágrimas e Demétrius sabia que, do lado de cá, ficariam amigos agradecidos por tudo que ele representava e pelo seu trabalho, que lhe permitia créditos consideráveis perante a espiritualidade superior. O assistente seria um missionário em sua futura existência, e todos nós tínhamos certeza de que por sua condição de elevação e desprendimento levaria a bom termo sua tarefa em nome de Jesus. Mas cada um de nós acompanharia e velaria pelo sucesso da empreitada do generoso amigo.

Naquela noite, Demétrius convidou-me a uma visita ao lar de dona Filomena e Antonina. Ele desejava fazer uma última visita antes de mergulhar nos preparativos que antecedem o sono, o esquecimento e a redução vibratória e perispiritual. Dona Filomena e Antonina eram criaturas merecedoras de carinho e atenção; o assistente a elas se havia afeiçoado.

Quando aportamos na humilde casa da velha anciã, eram vinte e três horas passadas. Encontramos a casa com alguma mobília nova, simples é verdade, mas tudo bem cuidado. Dona Filomena estava deitada ao lado de Ismael, tentando adormecê-lo. Sua fisionomia era de felicidade. Demétrius abraçou-a com carinho e, respeitosamente, depositou um ósculo em sua fronte emoldurada pelos fios de cabelos brancos como a neve. Antonina entretinha-se escrevendo uma carta para dona Celina. As duas se correspondiam com certa freqüência. Felipe ainda se encontrava nos Estados Unidos, e não havia previsão do seu retorno. A verdade é que Antonina jamais esqueceria as lembranças do seu eleito do coração. Ainda alimentava esperanças de que um dia ainda viesse encontrá-lo de novo.

O ambiente era de muita harmonia, o que deixou Demétrius extremamente satisfeito. Aproveitei para perguntar a respeito do destino de Antonina e Felipe. Ele me esclareceu que eram espíritos afins e ainda haveriam de se reencontrar[8]. Um irmão de nossa esfera dava assistência e amparo para aquele lar abençoado por Deus e, após as últimas recomendações de Demétrius, despedimo-nos do Irmão Salustiano, que ficaria com a incumbência de acompanhar aquelas criaturas queridas.

No caminho de retorno ao Reajuste Materno, enquanto vencíamos o espaço que nos separava da Colônia, detivemo-nos por instantes suspensos no ar. Demétrius desejava admirar

---

(8) O epílogo da história de Antonina e Felipe será objeto de nossa próxima obra. NAE

Crepúsculo de Outono

ainda uma vez mais o infinito cósmico, naquele instante cravejado de estrelas cintilantes, enquanto o orbe terrestre estava mergulhado na escuridão da noite. Suave brisa nos acariciava o rosto, enquanto no horizonte curvo da terra a lua minguante começava a despontar. A visão que descortinávamos era de magnificência ímpar. Demétrius pediu-me para acompanhá-lo em uma prece de agradecimento a Deus e a Cristo, o que aquiesci de bom grado.

— Senhor — começou o assistente —, ampare este seu servo humilde; dê-me forças e coragem, Pai, para que nos duros embates da vida não venha a fracassar. Dê-me, Senhor, a disposição da humildade e da disciplina com Cristo, para que eu possa servir sem reclamar e amar com desapego. Abençoe meus propósitos, Senhor, e guie meus passos para que eu possa sempre estar Consigo nos momentos de incerteza, em que o mundo de César me cobrar os altos tributos, Pai Amantíssimo. Por acréscimo de misericórdia eu peço para que possa me tornar pequeno para servi-lo, amparando os tristes e os aflitos, os irmãos desviados do caminho, iluminando os que se encontram nas trevas da ignorância, vestindo o desnudo e alimentando o que tem fome, levantando os caídos, amando ao próximo como O amo. Permita, Pai, que eu possa calçar a sandália pobre e trilhar o caminho do amor e da redenção, que eu possa, Pai, falar do Cristo em Seu Santo Nome, que eu possa, Senhor, levar a esperança a cada coração em desespero, pois só o Senhor é sumamente Bom e Justo. Permita que eu possa resgatar para Seu seio aqueles entes queridos a quem tanto amo, para que um dia possamos estar presentes no banquete simbolizado por Cristo na parábola do Evangelho! Ah! Senhor, não me desampare em nenhum momento, para que meu coração esteja sempre com alegria, e com ela eu possa servir o próximo em Seu Santo Nome e em nome do Cristo Jesus! Por fim, Pai, eu peço pela humanidade inteira, para que despertem em consciência para o terrível problema do aborto. Que possamos amparar nossos filhos com amor a Deus, no caminho de Jesus, aceitando em nosso seio os filhos que nós mesmos pedimos, como compromisso de amor e resgate, para que o homem não mate cruelmente seus filhos que ainda sonham no ventre materno! Piedade, Senhor, para aqueles que assim agem e retifique nossa trajetória, para que um dia sejamos dignos de ser chamados Filhos de Deus!

Quando o assistente concluiu sua rogativa, confesso que eu estava em prantos de emoção. Notei que permanecíamos envoltos em luz muito intensa. Não estávamos mais sozinhos, pois Irmã Clarissa se fazia presente. Abraçou demoradamente o assistente com carinho e emoção própria dos espíritos afins.

— Querido Demétrius — disse ela —, estaremos em nome de Maria Santíssima acompanhando sua jornada na carne, amparando-o e estimulando-o, quando necessitar. Creia, querido irmão, nunca estará sozinho, nós o acompanharemos passo a passo, não é mesmo, Virgílio? — disse, voltando-se para mim.

Aquiesci com um movimento de cabeça. Em seguida, Irmã Clarissa nos acompanhou até a Colônia, despedindo-se de Demétrius com um ósculo carinhoso em seu rosto. A emoção era intensa para todos nós.

No dia seguinte, no Reajuste Materno, uma surpresa para o querido amigo que nos deixava: quando o assistente fez pela última vez a visita às enfermarias, um coral de crianças, segurando um ramo de flor cada uma, entoou a "Ave Maria" de Gounod, em homenagem a Demétrius. As mães perfilaram uma a uma num abraço fraterno, enquanto cada criança presente disputava um momento de carinho e um beijo do generoso mentor. A emoção tomava conta do coração de todos e as lágrimas venciam os limites da retina ocular para descer pelo rosto naquela despedida. Demétrius era muito querido por tudo que representava, pelo carinho e desvelo que caracterizavam

Crepúsculo de Outono

suas atitudes, e pela bondade com que tratava cada irmão necessitado. O assistente ainda estava entre nós, mas a saudade já se fazia sentir em cada coração. Em pensamento, cada um de nós pedia a Deus que abençoasse os passos daquele amigo tão querido, para que sua missão pudesse ser coroada de êxito.

Três anos se passaram, e eu já me encontrava engajado em outra missão de esclarecimento, quando um dia recebi uma comunicação de Otávio, para que o procurasse no Reajuste Materno.

Encontrei-me com o filho de Petrônio, que dizia ter no dia seguinte uma missão na crosta e que fazia questão de que eu o acompanhasse. De imediato, agradeci sua lembrança e sua consideração, aceitando o convite. Mas do que se trata? – perguntei.

— Vamos fazer uma visita a um amigo muito especial de todos nós – disse-me com um sorriso de satisfação. – Demétrius fará amanhã dois anos de idade. É uma boa oportunidade de reencontrarmos nosso querido amigo, não é verdade?

Meu coração disparou de alegria. Meus olhos se encheram de lágrimas pela emoção do reencontro. Sim – respondi a Otávio –, seria uma grande satisfação rever o querido amigo, a quem eu devia tanto.

Eram quatorze horas quando aportamos no lar que fora de Augusto. A mesa estava repleta de enfeites típicos de aniversários infantis; a casa, cheia dos petizes que Francisco trouxera do Centro. Eram em sua maioria crianças pobres que Helena fizera questão de que estivessem na festa para cantar "os parabéns" para seu netinho predileto. Aprígio manifestava-se como uma criança inteligente, mas com frágil organismo, pois não conseguia acompanhar as demais crianças na correria. Demétrius o incentivava: "Vem comigo; eu te dou uma força", dizia para o irmão mais velho, de forma carinhosa. A zoada era intensa da criançada correndo para lá e para cá, num ambiente de alegria e gritos de crianças enchendo o ar. Além de Otávio, estava também presente nosso irmão Augusto. Enquanto a criançada brincava, procurei me aproximar de Demétrius. Era uma criança linda e sua aura amarelo clara irradiava a luz, como credencial de sua condição espiritual elevada. Fitei-o, verificando que sua fisionomia era um pouco diferente, em virtude da herança genética herdada dos novos pais, embora ainda conservasse alguns traços da época em que o conhecera. Mas os olhos, os olhos, ah!, aquela expressão era a mesma do Demétrius original. Não resisti à emoção e o abracei com carinho, beijando-lhe a fronte. O garoto parou por instantes os folguedos e registrou minha presença, manifestando vidência e lucidez. Olhou demoradamente ao redor e identificou a presença de Augusto e de Otávio, que sorriam. O garoto sorriu em retribuição, chamando Lucimar, querendo explicar o que via. Com seu entendimento infantil, estendia o dedinho indicador em nossa direção:

— Mamãe, mamãe, venha até aqui. Estou vendo uns homens cheios de luz bem ali, ó. Acho que são os anjos que a senhora sempre me fala. Eles estão sorrindo para mim e um deles me deu um beijo no rosto!

Carlinhos e Lucimar abraçaram o filho com emoção:

— Sim, filhinho, são os anjos que a mamãe sempre fala para você e seu irmão. São os bons espíritos que nos assistem e que pedem pelo Papai do céu por nós. Agora continue a brincar com seus amiguinhos.

Participamos do canto para o aniversariante, quando o sol já se deitava no horizonte, findando mais um dia. Despedimo-nos para retornar cada um a sua tarefa. Abracei Augusto e Otávio, que retornaram ao Reajuste Materno, enquanto eu fiquei ainda um pouco mais, admirando o fulgor do sol poente. A terra em seu giro incessante, suspensa no infinito cósmico em obediência às leis de Deus, privava-nos da luz so-

Crepúsculo de Outono

lar, mas, com o manto negro da noite, devolvia-nos o brilho das estrelas.

Elevei-me no espaço em retorno ao meu domicilio espiritual, com os olhos em lágrimas de alegria e de emoção. Recordei por instantes, e com saudades, os ensinamentos recebidos do assistente Demétrius. O ser humano afastou-se em demasia de Deus, pensei – apegou-se demais às filosofias transitórias, esquecendo-se do ensinamento básico que o Cristo nos ensinou: *Amar a Deus sobre todas as coisas e ao próximo como a ti mesmo*. Tornou-se um ser competitivo e frio em seus sentimentos. Em oração, pedi que o Pai em sua misericórdia infinita pudesse tocar o homem em seus sentimentos mais sagrados, para que não mais sacrifique vidas, do sangue do seu sangue, pelos abortos abomináveis.

As estrelas do Cruzeiro do Sul brilhavam sobre a terra abençoada da Pátria do Evangelho, como um sinal de Deus sempre vigia!

Um romance rural!
Uma obra de sucesso do médium Antonio Demarchi!

ALÉM DO INFINITO AZUL
(Espírito Irmão Virgílio)
Leonardo é um jovem médico que vai passar as férias na fazenda do tio de Otávio, seu amigo inseparável. Sua vida não seria a mesma depois daquela viagem. Lá, ele encontrará o verdadeiro sentido de sua missão na Terra.

Leia estes Romances de sucesso do Espírito Antônio Carlos psicografados pela médium Vera Lúcia Marinzeck!

VÉU DO PASSADO
Kim, garoto conhecido como "o menino das adivinhações", tem a vidência aflorada. Uma cena o acompanha: a da sua própria morte. Na espiritualidade, seus poderes e mistérios serão revelados...

O ROCHEDO DOS AMANTES
Uma estranha história de amor acontece num lugar de nome singular: Rochedo dos Amantes. Intrigas, mistério e disputa de grupos desencarnados estão presentes nesta obra com um final surpreendente.

ROSANA, A TERCEIRA VÍTIMA FATAL
Suspense, morte e o reencontro de Rosana e Rafael, na espiritualidade, depois de uma série de crimes misteriosos ocorridos em uma pequena cidade do interior.

ESCRAVO BERNARDINO
História que retrata, com fidelidade, o período da escravidão no Brasil, contado pelos personagens que viveram, na carne, o domínio dos senhores de engenho.

Infantil

O PEDACINHO DO CÉU AZUL
(Espírito Rosângela)
Livro que fala das brincadeiras, pensamentos e sonhos da garota Liliam, uma menina cega cujo maior desejo era conhecer o azul do céu infinito.

Leia estas obras psicografadas pelo médium
Eurípedes Kühl!

ALMAS EM CHAMAS
(Espírito Josué) Romance
Uma montadora de veículos multinacional, a H&H, passa a sofrer o assédio de um grupo de espíritos desencarnados. Suspense, tensão e ternura reunidos em uma obra atualíssima própria do cotidiano capitalista vivido nas grandes empresas.

JOGO – MERGULHO NO VULCÃO
(Espírito Claudinei) Romance
Lazer, diversão, sorte, azar ou vício? Descubra as respostas lendo a trajetória de Élcio, jogador inveterado, e as conseqüências espirituais de sua viagem pelo mundo dos cassinos.

ESCRAVOS DO OURO
(Espírito Van der Goehen)
Conheça o período do ciclo do ouro no Brasil-colônia e as aventuras do português Severo Cantilhão em busca de fortuna e poder em terras brasileiras.